하루 10분 필라테스 수업의 기술

하루 10분
필라테스 수업의 기술

체력과 면역력을 키우는 에브리데이 필라테스 시퀀스

린 로빈슨 지음
임윤경 옮김

동글디자인

지은이 소개

저자 린 로빈슨Lynne Robinson은 세계적으로 존경받는 필라테스 지도자이자, 안전하고 효과적인 강습으로 전 세계의 기준점이라 할 수 있는 보디 컨트롤 필라테스Body Control Pilates의 설립자다. 주요 저서로는 《필라테스 바이블》,《내 몸을 살리는 필라테스》,《임신기의 필라테스》 등이 있으며, DVD 역시 큰 인기를 얻고 있다. 전 세계의 초청을 받아 여러 콘퍼런스에서 강연을 하고 있으며, 미국과 일본, 남아프리카공화국, 태국, 오스트레일리아 등 여러 나라에서 필라테스를 가르치고 있다.

www.bodycontrolpilates.com

자문을 맡은 사라 클레넬Sarah Clennell은 램버트 발레 학교와 런던 현대 무용 학교에서 수련을 했다. 운동 지도자 훈련을 받고 유산소 운동 강사들을 가르치는 강사가 되었다. 허리 부상을 당하고 필라테스에 입문한 뒤 1999년에 보디 컨트롤 필라테스의 지도자 자격을 얻었고, 현재는 국제 강사 연수 팀에서 활동하고 있다. 40년 이상의 강의 경험을 바탕으로 필라테스와 유산소 운동뿐 아니라 라틴댄스와 사교댄스, 수영, 개인 운동을 가르치고 있다.

차례

서문	9
이 책은 무엇이 다른가	13
건강에 대해 조셉 필라테스가 남긴 유산	16
체중 — 과체중의 위험	19
만성 스트레스 — 신체 건강과 정신 건강의 적	23
다미주신경이론 — 투쟁, 도피 혹은 얼어붙음	26
호흡기 건강	38
면역 건강	42
균형 잡힌 삶	45

1부. 필라테스 익스프레스 운동법

시작하기 전에	51
올바른 필라테스 수련을 위한 팁	52
새로운 기본 원칙	56

호흡기 건강을 위한 운동	172
건강한 면역 체계를 위한 운동	228
힘과 유연성을 위한 운동	285

2부. 하루 10분 필라테스 프로그램

필라테스 익스프레스와 함께하는 하루	324
아침 운동 프로그램	325
점심 운동 프로그램	332
저녁 운동 프로그램	348
마음 챙김 필라테스	354
건강한 심장을 위한 심혈관 운동	357
부수적인 운동 — 한 걸음 한 걸음	361

감사의 글	364

> "신체 활동은 행복의 첫 번째 필요조건이다. 신체 건강이란 우리가 매일 해야 하는 다양한 일들을 즐겁고, 자연스럽고, 손쉽고, 만족스럽게 해낼 수 있다는 건강한 마음으로 계속 몸을 단련하고 건강한 몸을 유지하는 것이다."

조셉 필라테스 *Joseph Pilates*,
필라테스의 창시자

서문

《하루 10분 필라테스 수업의 기술》은 건강을 유지하고 몸매를 관리하기 위해 헬스장에서 많은 시간을 보낼 필요가 없다는 사실을 알리고자 만들어졌다. 조금 더, 제대로 움직이면서 하루를 보낸다면 건강을 유지하고 몸매를 관리할 수 있다.

이 책에는 약 40가지의 간단한 운동 프로그램이 담겨 있다. 각각의 프로그램은 하루 중 아침, 점심, 저녁에 맞게 만들어졌다. 완전히 새로운 필라테스 동작들은 여러분의 모습과 감정에 많은 변화를 가져올 것이다. 하지만 무엇보다 중요한 것은 이 운동이 건강을 유지하는 데 엄청난 도움이 된다는 사실이다. 목표는 몸의 균형을 되찾고, 앞으로 어떠한 어려움도 이겨낼 수 있는 유연함, 강인함, 회복하는 힘을 신체적·정신적·정서적으로 갖추는 것이다.

규칙적으로 운동을 하기 힘든 가장 큰 이유는 시간이 부족하기 때문일 것이다. 운동을 위해 따로 한 시간을 빼는 것은 불가능할지 모르지만, 10분은 어떤가? 분명 가능할 것이다. 따로 '운동 시간'을 계획할 필요 없이 각자의 하루에 신체 활동을 좀 더 포함시킬 수 있는 간단한 방법을 소개하고자 한다. 의지는 있지만 시간이 없는 사람들에게 매우 적합하다. 목표는 간단한 운동 프로그램을 통해 몸을 재정비하고 균형을 찾는 것이다. 또한 몸의 균형을 찾으려면 생활에서의 균형도 필요하다. 큰 변화로 이어지는 생활 방식의 작은 변화들도 살펴볼 것이다.

최소한의 시간으로 최대의 결과를

《하루 10분 필라테스 수업의 기술》의 운동 프로그램은 힘과 유연성을 기르고, 모든 신체 부위를 탄력 있게 만들며, 매끈한 몸매를 만들어줄 것이다. 대부분의 동작은 자세와 코어 안정성을 위한 것이고, 호흡의 효율성을 높인다. 이러한 점들은 이미 잘 알려진 필라테스의 장점으로, 이번에는 조금 더 넓고 깊이 들어가 보고자 한다. 또한 몸이 스트레스를 더욱 잘 해소하고, 만성 염증(많은 질병의 주요 원인)을 줄이고, 면역체계가 제대로 작동하는 데 도움이 되는 방법을 살펴볼 것이다.

만약 시간이 운동을 방해하는 요소가 아니라면 동기가 부족해서일 것이다. 아무래도 길고 힘든 하루를 보

내고 나면 요가 매트가 아닌 소파와 드라마가 더욱 매력적으로 다가오지 않을까? 하지만 조금이라도 더 몸을 움직여야 하는 이유를 모르지는 않을 것이다. 건강을 지키고 체중을 적정하게 유지해야 더 오랜 시간 행복하게 살아갈 수 있다. 우리는 천하무적이 아니다. 어떠한 위협이나 질병에 맞설 수 있을 만큼 힘을 기르고 싶다면 건강에 시간을 투자하자.

삶에서 어떠한 부분은 자기 마음대로 할 수 없지만, 또 어떠한 부분은 스스로 결정할 수 있다. 우리는 자신의 건강과 행복을 위해 스스로 몸을 움직일 수 있다. 언제 어떠한 방법으로 운동하느냐는 각자의 몫이니, 올바른 결정을 내리도록 하자.

조금씩 자주 움직여라

우리 중에서 적정한 수준의 운동을 규칙적으로 하는 사람은 약 20퍼센트에 불과하다. 너무나도 낮은 수치다. 그런데 꾸준히 걷는 것만으로도 심장마비와 뇌졸중 위험을 무려 31퍼센트나 줄일 수 있다. 655,000명을 분석한 한 연구에 따르면, 40세 이후 하루에 11분을 움직이는 것만으로도 평균 수명이 1.8년 늘어났다. 만약 매일 한 시간, 혹은 그 이상 운동을 한다면, 평균 수명은 무려 4.2년이나 늘어날 것이다.

본래 인간은 앉아 있기보다는 몸을 움직이도록 만들어졌다. 세계보건기구와 영국의 최고 의료 책임자들은 최근 한 연구 보고서를 통해 장시간 앉아서 생활하는 것은 건강에 매우 부정적인 영향을 미친다고 밝혔다. 앉아 있는 것이 이제는 흡연과 다를 바가 없어진 셈이다. 이 책은 짧은 시간이라도 운동을 하면 삶이 어떻게 변화하는지, 심지어 어떻게 수명이 늘어나는지를 보여주고자 한다.

> "장시간 앉아 있는 것은 해롭다. 심지어 적당한 신체 활동을 하는 사람들에게도 해롭긴 마찬가지다."
>
> ― 영국 정부 최고 의료 책임자

또한 최근의 연구에 따르면, 2형 당뇨병이 있는 사람들은 앉아 있다가 자주 일어나는 것만으로도 하루 동안의 포도당 수치와 인슐린 민감성이 개선되었다.

건강에 조금이라도 신경을 쓰는 사람들은 이미 일주일 중 몇 시간은 운동을 위한 시간으로 빼두었을 것이다. 하지만 만일 지금까지 그러지 못했더라도 이 책에서 소개하는 간단한 운동 프로그램들로 필라테스를 여러분의 하루에서 빼놓을 수 없는 존재로 만들 수 있다. 물론 전문가 선생님과 함께하는 필라테스 수업에 참여하는 것보다 더 좋은 방법은 없다. 일주일에 2번 선생님들과 함께하는 필라테스 수업은 나에게 너무나 소중하다. 그 시간은 지도와 집필, 할머니 역할까지 해내야 하는 내 일상에서 고요한 휴식처가 되어준다.

우리 조상들은 운동 시간을 따로 빼둘 필요가 없었다. 매일매일 생존을 위해 사냥과 채집을 하고, 안식처를 만들고, 가족과 영역을 보호하기 위해 온종일 고강도 활동을 했기 때문이다. 하지만 현대의 삶은 매우 다르다. 이제 우리가 사냥하는 것은 텔레비전 리모컨이고, 필요한 것은 모두 손이 닿는 곳에 놓여 있다.

스포츠 경기나 운동을 하는(혹은 손주들과 놀아주는) 경우가 아니라면, 이제 육체적으로 어려움을 겪을 일이 거의 없다. 내 인생만 돌아보더라도 일상생활이 엄청나게 변했다. 우리 할머니는 빨래를 말릴 때 나무로 만들어진 물을 짜는 기계를 사용했는데, 이는 팔에 좋은 운동이었다. 자동차가 없었기 때문에 쇼핑한 물건도 직접 옮겨야 했다. 나는 학교에서 돌아와 삽으로 석탄을 퍼 창고로 옮기는 일을 도운 기억이 있다.

《하루 10분 필라테스 수업의 기술》의 운동 프로그램에 유산소 운동에 대한 조언(357~360쪽)이 더해진다면, 신체 활동의 전반적인 수준이 상당히 올라갈 것이다. 세계보건기구의 최근 보고서 내용 중 중요한 변화 한 가지는 운동 효과를 위해 유산소 운동을 10분 이상 할 필요가 없다는 것이다.

> '지속 시간과 상관없이 적당한 신체 활동을 할 것을 추천한다. 지속 시간보다는 신체 활동의 총량이 더 중요하기 때문이다.'
>
> ― 세계보건기구, 2020년

이 책에서 소개하는 운동 프로그램의 목적은 몸을 탄탄하고 매끈하게 만드는 것이지만, 면역 체계와 호흡기를 활성화하고 스트레스에 좀 더 잘 대처하기 위해 운동을 활용하는 방법 또한 살펴볼 것이다. 만성 스트레스는 건강 전반과 체중에 영향을 미친다. 스트레스 수치를 낮추고 미주신경 긴장도를 개선할 수 있는 간단한 방법들을 소개하도록 하겠다.

> "오래된 것, 새로운 것, 빌려온 것, 여러분의 우울을 멈춰주는 것……."

이 책은 무엇이 다른가

이 책을 통해 전달하고자 하는 메시지를 단 하나만 꼽으라고 한다면 그것은 바로 운동은 해치워야 하는 하기 싫은 일이 아니라 일상생활의 일부라는 것이다. 무슨 일을 하든 조금 더 움직이고, 조금 더 잘 움직이는 것은 충분히 가능하다.

운동을 할 때는 최대한 여러 가지 일을 동시에 수행해야 한다. 또한 동작들에 대한 여러 가지 설명을 '동시에' 이해해야 한다. 이 책에서는 내가 '새로운 기본 원칙(56쪽)'을 바탕으로 만든 새로운 동작들과, 기존의 것을 변형해서 만든 동작들을 찾아볼 수 있다. 이 모든 동작들은 상상하지도 못한 방법으로 여러분을 시험할 것이다. 동작들을 영리하게 조합한 시퀀스는 시간을 절약할 뿐만 아니라 협응 능력, 움직임, 힘, 유연성을 향상시켜줄 것이다.

이에 더해, 각각의 동작마다 동작의 목적을 정확하게 이해할 수 있도록 도전 과제와 이점을 적어두었다. 신체적 도전을 통해 여러분의 몸이 적응하고, 더 강해지고, 좀 더 움직이기를 바란다. 그렇게 된다면 여러분의 몸은 일상생활에서 뻗고, 들어 올리고, 비트는 동작을 어려움 없이 손쉽게 수행할 수 있는 가동성과 힘을 가지게 될 것이다.

여러분은 이 책에서 소개하는 약 40가지의 10분 운동 프로그램을 직장 혹은 집에서 각자의 하루에 손쉽게 포함시킬 수 있다. 균형 있게 짜인 각각의 프로그램은 근육을 키우고, 림프계를 자극하며, 올바른 자세를 만들어줄 것이다. 또한, 관절을 움직여 유연성을 기르고, 중력에 대항하여 체중을 사용해 몸 전체를 탄력 있게 만들어줄 것이다. 호흡을 조절하는 연습을 하면 기운이 나고 기분이 좋아질 것이다. 각각의 운동 프로그램은 다양한 동작을 하기보다는 몇 개의 동작을 제대로 하는 것에 중점을 두었다. 매 호흡과 동작 하나하나가 모두 중요하다. 10분 운동 프로그램으로 남은 하루 동안 느끼고, 보고, 생각하고, 움직이는 것이 달라지기를 바란다.

필라테스 익스프레스와 함께하는 하루

가능하다면 야외에서 운동하자. 평평한 땅이 있다면 매트에서 하는 동작들을 할 수 있다. 땅이 평평하지 않을 때를 대비하여 일어서서 하는 동작 역시 많이 준비해두었다.

아침 운동 프로그램

잠을 깨우고 몸에 활력을 채워주는 동작들을 소개한다. 자신감은 넘치고, 몸은 유연하며, 호흡은 편안하고, 집중력이 갖추어진, 하루 동안의 어려움에 맞설 준비가 된 상태에서 집을 나설 수 있을 것이다. 대부분의 동작은 매트에서 하지만, 일어서서 하는 동작들도 준비되어 있다.

점심 운동 프로그램

앉아서 하는 운동, 일어서서 하는 운동, 앉았다가 일어서고, 일어섰다가 앉아서 하는 운동 중에서 선택할 수 있다. 가장 좋은 것은 일어서서 하는 운동으로, 야외에서 하는 것이 좋다. 하지만 모든 사람이 집 밖, 혹은 사무실 밖으로 나갈 수 있는 것은 아니므로 다른 선택지들도 준비해두었다.

앉아서 운동을 하면 척추가 모든 방향으로 움직일 수 있다. 직장에서는 좋은 자세를 염두에 두지 못할 때가 매우 많다. 집에서 일하는 경우는 더욱 그러하다. 식탁에서, 푹신한 의자에서, 심지어 침대에서 일을 하기도 한다. 그러면 척추가 눌리고, 척추뼈가 부자연스럽게 뒤틀릴 수도 있다. 또한 목에 통증이 생긴다. 요통과 긴장성 두통이 생기는 건 놀랄 일이 아니다! 목의 각도가 달라지면 턱뼈와 두개골을 연결하는 관절에 영향을 주므로 수면에도 영향을 미칠 수 있다. 치열이 변하면서 이갈이를 하게 될 수도 있다. 10분 운동 프로그램으로 오래 앉아 있어 뻣뻣해진 관절들을 움직이고, 올바른 자세를 만들어보자. 호흡 운동으로 차분한 호흡을 되찾고, 면역 운동으로 림프의 흐름을 원활하게 만들자. 아침만큼이나 생산적인 오후를 보내게 될 것이다. **일어서서 하는 운동**은 어디에서든지 할 수 있다.

다음으로는 **앉았다가 일어서고, 일어섰다가 앉아서 하는 운동**을 소개한다. 2015년에 진행된 한 연구에 따르면, 대부분의 사람은 하루에 적어도 45번 앉았다가 일어서고, 일어섰다가 앉는 동작을 하는 것으로 밝혀졌다. 근육들이 균형을 이루고 관절들이 바르게 정렬될 수 있도록 이 동작을 더욱 잘할 수 있는 방법을 설명할 것이다. 앉았다가 일어서고, 일어섰다가 앉아서 하는 운동에는 앉아서 하는 동작, 서서 하는 동작,

앉았다가 일어서고, 일어섰다가 앉아서 하는 동작이 모두 섞여 있다.

저녁 운동 프로그램

여러분이 느끼는 감정에 따라 운동 프로그램을 선택할 수 있다. 머리부터 발끝까지 탄력 있게 만들어주는 '힘과 유연성 운동 프로그램'을 선택할 수도 있고, 척추의 뒤틀림을 해소하고 몸과 마음을 진정시킬 수 있는 '이완 운동 프로그램'을 선택할 수도 있다. 혹은 추가로 '마음 챙김 필라테스'를 선택할 수도 있다.

어떤 것이든 시작하기 전에 '새로운 기본 원칙(56쪽)'을 살펴보자. 필라테스가 처음이라면 기본적인 내용을 배울 수 있을 것이고, 필라테스에 능통하다면 최신 경향을 살펴볼 수 있을 것이다. '정렬', '호흡', '중심화'는 필라테스 접근법의 기본이다. '정렬' 부분에서는 시작 자세에서 몸을 바르게 정렬하는 방법을 알 수 있다. 전통적인 시작 자세와 더불어 런지와 스플릿 같은 새로운 자세들도 있다. 또한 몸을 움직이면서 바르게 정렬하는 방법도 배워야 한다. 정렬을 확인하는 데 매우 유용한 '중심선'을 소개한다. 그런 다음 효율적인 '호흡'에 대해 살펴보자. 여기에서는 필라테스 방식의 측면 흉곽 호흡뿐 아니라 새로운 접근법도 살펴볼 것이다. 나아가 자신의 호흡 패턴을 평가하고 호흡의 효율성을 높이는 방법을 알려주고자 호흡기 건강(90쪽)에 대한 내용을 준비했다. '새로운 기본 원칙'의 마지막 부분은 '중심화'로, 운동을 할 때 심부 코어 근육을 잡고 제대로 사용하는 방법에 대해 설명한다.

다음으로는 '호흡기 건강을 위한 운동(172~227쪽)'을 해보자. 호흡을 개선할 수 있다면, 운동 프로그램에서 (생활하면서도) 더욱 많은 것을 얻을 수 있을 것이다. 그런 다음 '건강한 면역 체계를 위한 운동'으로 넘어가자(228~284쪽). 그리고 더 큰 도전을 할 준비가 되면 '힘과 유연성을 위한 운동(285~321쪽)'을 해보자. 동작들을 익혔다는 생각이 들면 앞서 설명한 동작들로 이루어진 운동 프로그램을 시작할 준비가 된 것이다. 운동 프로그램을 하루에 하나씩만 해낸다면, 일주일 동안 70분의 운동 프로그램에 맞먹는 운동 효과를 얻게 될 것이다.

건강에 대해
조셉 필라테스가
남긴 유산

우선 필라테스의 창시자인 조셉 필라테스와 건강에 대한 그의 접근법에 관해 살펴보도록 하자. 그는 생활 방식에 대한 많은 이야기를 남겼다. 1934년에 《당신의 건강》을, 1945년에 《컨트롤로지를 통한 삶의 회복》을 집필했고, 언제나 자신의 운동법이 시대를 앞서나가고 있다고 믿었다. 1967년 그가 세상을 떠났을 때만 해도 운동으로서 컨트롤로지의 영역은 매우 좁았다. 전 세계에 알려지기까지 수십 년이 걸렸다.

조셉의 책을 읽어 보면 지금은 연구를 통해 밝혀진, 생활 방식에 엄청난 도움이 되는 조언들이 많이 담겨 있다는 사실을 알게 될 것이다. 그렇다고 해서 조셉의 모든 가르침이 옳은 것은 아니었다. 일례로 그는 우리의 척추는 대쪽 같이 꼿꼿해야 하고, V자 모양의 침대에서 자야 하며, 자위 행위는 '인류의 저주'라고 믿었다. 그렇지만 그가 신체 건강뿐 아니라 정신 건강에도 주안점을 두었다는 점은 무엇보다도 중요하다.

또한 조셉은 맑은 공기와 햇빛, 추위에 노출되는 것의 이점을 믿었다. 그는 옷을 최소한으로 입는 것을 권장하며, 그렇게 하면 회복력을 높일 수 있다고 주장했다. 그의 사진을 보면 속옷만 입고 야외에 서 있는 모습이 많다. 그는 우리의 몸도 피부의 구멍을 통해 호흡한다고 이야기했다. 한 사진에서는 그가 80에 가까운 나이에 팬티와 신발만 걸친 채 캐츠킬 산맥의 눈밭에 서 있다! 조셉의 뉴욕 스튜디오에서는 회원들에게 수업을 마친 후 샤워를 할 때 뻣뻣한 브러시로 팔다리의 각질을 제거하고 마사지를 하라고 권했다. 그가 보기에 브러시를 충분히 강하게 사용하고 있지 않다고 판단되면 곧바로 지적했다는 소문도 있었다.

그는 영양에 대해서는 자세히 기술하지 않았지만, 적당함을 강조했다. 그의 한 저서에는 이렇게 기술되어 있다. '식습관에 관해 기억해야 할 가장 중요한 점은 몸에서 소비되는 연료를 회복할 만큼의 음식만 먹는 것이다.' 또한 그는 수면의 중요성을 이해했을 뿐만 아니라, 수면을 돕는 요소들 역시 잘 알고 있었다. '회복력이 좋은 수면을 위해 가장 중요한 것은 고요와 어둠, 맑은 공기, 정신적인 평온이다.'

'몸과 마음이 완벽한 균형을 이루었을 때 비로소 진짜 건강이 무엇인지 알게 된다.'

조셉 필라테스,《당신의 건강》

조셉은 건강을 위한 활동들 중 휴식과 더불어 가족, 그리고 친구와의 교류를 매우 중요하게 생각했고, 모든 종류의 즐거운 삶을 받아들이라고 조언했다. '단순히 집에서 가족들과 평온하고 즐거운 저녁 시간을 보내고 좋은 친구들과 이야기를 나누는 것이 바로 우리가 말하는 놀이의 형태로, 즐겁고 기분 좋은 사회적 활동이다.'

무엇보다도 그는 우리가 몸과 마음 사이의 연관성을 이해하기를 바랐다. 올바른 자세, 호흡, 근육의 꾸준한 발달이 핵심이다. '컨트롤로지는 계속해서 몸을 발달시키고, 잘못된 자세를 고쳐주고, 몸의 활력을 회복시키고, 마음을 북돋워주고, 사기를 올려준다.'

하늘에서 조셉이 오늘날 자신의 방법이 큰 인기를 얻고 있다는 사실을 알게 된다면 어떤 반응을 보일까? 전혀 놀라지 않을 것이다. 그는 자신의 방법이 효과가 있다는 사실을 잘 알고 있었다. 전 세계 사람들이 그의 업적으로 큰 도움을 받고 있다.

필라테스의 이점

다음은 필라테스 수강생들이 이야기하는 필라테스의 이점들이다.

1. 신체 인식 개선
2. 올바른 자세 유지
3. 척추의 유연성과 내구력 향상
4. 관절 가동성의 향상으로 관절 통증 감소
5. 균형 및 협응 능력 향상
6. 호흡의 효율성 향상
7. 골강도 향상
8. 체력과 지구력 향상
9. 근육 강화(특히 둔근, 대퇴사두근, 햄스트링, 종아리 근육, 위팔 근육, 등 근육, 복근, 골반기저근 강화)
10. 굴곡 있는 몸매(특히 잘록한 허리)
11. 통증이 줄어든 건강한 발
12. 수면의 질 향상
13. 자존감과 자신감 향상
14. 마음과 감정 상태를 돌보는 데 도움(마음 챙김 필라테스는 신체 건강뿐 아니라 정신 건강에도 매우 효과적이다.)
15. 건강하다는 느낌과 행복감
16. 스트레스에 대처할 수 있는 능력 향상
17. 몸의 균형

체중
─ 과체중의 위험

사람마다 체형과 체격이 다르다. 이러한 다양성은 축복이지만, 과체중이 건강에 엄청난 위협이 된다는 사실을 부정할 수는 없다. 50만 명이 넘는 사람을 대상으로 한 최근의 연구에 따르면, 과체중인 사람은 결코 건강할 수 없다. 의학 박사 알레한드로 루시아Alejandro Lucia는 "건강한데 뚱뚱한 사람은 없다"라고 말했다. 그리고 이렇게 기술했다.

'우리의 연구에 따르면, 신체적으로 활동적인 생활 방식이 과체중과 비만의 해로운 영향들을 완전히 상쇄시킬 수 있다는 믿음은 사실이 아니다.'

규칙적인 운동이 고혈압, 당뇨 등과 같은 질병의 위험을 줄여줄 수는 있지만, 과체중인 경우라면 심장마비와 뇌졸중 등의 위험은 여전히 존재한다.

코로나19 팬데믹 역시 건강과 과체중 사이의 관련성을 입증했다. 애석하게도 비만은 코로나19의 병세를 악화시키는 것으로 나타났다. 미국 질병통제예방센터는 비만과 관련이 있는 질병인 심장병과 당뇨를 앓고 있는 사람들이 코로나19로 인한 합병증에 걸릴 위험이 더욱 크다고 발표했다. 영국 공중보건국 역시 과체중일 경우 입원과 집중 치료가 필요한 위험성이 훨씬 더 높아진다고 밝혔다. 체중이 올라갈수록 위험도 커진다. 이것이 바로 우리가 체중을 줄여야 하는 이유다!

비만은 심각한 정도에 따라 기대 수명을 평균 3~10년 줄인다. 유럽에서 사망한 13명당 적어도 1명은 비만과 과체중으로 세상을 떠난 것으로 추정된다.

"비만과 싸우는 것과 몸을 움직이기 싫은 마음과 싸우는 것은 똑같이 중요하다. 합동 전투가 이루어져야 한다."

알레한드로 루시아, *의학 박사*

과체중과 관련된 위험은 매우 심각하고 다양하다.

그 위험들은 다음과 같다.

- 2형 당뇨

- 고혈압

- 고콜레스테롤, 동맥경화(지방이 쌓여 동맥이 좁아지는 현상), 관상동맥심장병, 뇌졸중

- 천식

- 대사증후군(당뇨와 고혈압, 비만 조합)

- 대장암, 유방암, 자궁암을 포함한 여러 종류의 암

- 위 식도 역류 질환(위산이 식도로 역류)

- 담석증

- 생식 능력 저하

- 골관절염(관절에 통증과 경화가 생기는 질환)

- 수면 무호흡증(수면 중 호흡을 멈추는 질환으로, 낮에 졸음으로 이어져 교통사고의 위험을 높일 뿐만 아니라 당뇨, 고혈압, 심장병의 위험도 훨씬 더 커진다.)

- 간 질환과 신장병

- 임신성 당뇨병이나 전자간증(임신 중 혈압이 위험할 정도로 오르는 현상)과 같은 임신 중 합병증

허리둘레 신장 비율 체크

체중을 줄일 필요가 있는지 확인해보는 가장 쉬운 방법은 허리둘레 신장 비율을 체크해보는 것이다. 계산이 어려운 신체 질량 지수(BMI)를 구하는 것보다 훨씬 더 간단한 방법이다. 또한 허리둘레 신장 비율로 복부에 살이 많이 쪘음을 알 수 있는데, 이는 내장, 간, 신장, 심장 주변에 내장 지방이 있을 수도 있다는 것을 의미한다. 내장 지방이 비만과 관련한 질병의 위험을 높이는 호르몬과 화학 물질을 만들어내기 시작했을 수도 있다.

끈으로 키를 재보자. 그리고 끈을 반으로 접은 뒤 배꼽 높이에서 허리에 감아주자.

- 반으로 접은 끈이 허리에 감기지 않는다면 복부에 살이 많이 찐 것이다. 허리둘레가 키의 50퍼센트가 되는 것이 가장 이상적이다.
- 60~70퍼센트라면, 과체중이 의심되고 여러 위험이 따른다.
- 70퍼센트 이상이라면, 비만이 의심되고 더 많은 위험이 따른다.
- 80퍼센트 이상이라면, 병적 비만으로, 모든 위험이 엄청나게 증가한다.

체중 줄이기, 매우 복잡한 문제

세계보건기구에 따르면, 비만의 근본적인 원인은 먹는 열량과 소비하는 열량 사이의 에너지 불균형이다. 최근 몇 년간 전 세계적으로 다음과 같은 일들이 발생했다.

- 지방 함량이 높은 고열량 식품 섭취 증가

- 많은 직종에서 주로 앉아서 일하는 추세와 교통수단의 변화, 도시화 증가로 인해 신체적 비활동성 증가

식사량의 증가도 문제가 되고 있으며, 사람들은 식탁에 좋지 않은 음식을 점점 더 많이 올리는 듯하다. 덜 먹고 더 움직이는 것만의 문제가 아니다. 다수의 다른 요소들이 체중에 영향을 미친다. 유전적인 요인 또한 충분한 햇빛과 어둠을 받아들이고, 숙면을 취하고, 스트레스를 잘 관리하는 데 영향을 미친다. 다음 장에서는 장기간의 스트레스가 건강과 행복에 어떠한 영향을 미치는지 살펴보고자 한다. 만성 스트레스는 신진대사의 변화를 일으키고, 이는 체중 증가로 이어질 수 있다. 스트레스로 인해 배고픔과 포만감을 제대로 느끼지 못할 수도 있고, 특정 음식(주로 기름지고 짜고 설탕이 든 음식)에 집착하게 될 수도 있다. 스트레스는 지금 몸이 힘든 시간을 보내고 있으니 더 많이 먹으라고 유혹한다.

만성 스트레스
— 신체 건강과 정신 건강의 적

현재 우리가 사용하고 있는 '스트레스'라는 단어는 불과 50년 전에 내분비학자 한스 셀리에$^{Hans\ Selye}$가 처음으로 사용했다. 셀리에는 건강 문제를 일으키는 것은 스트레스 그 자체가 아니라 '우리가 스트레스에 어떻게 반응하는가'이며, 좀 더 정확히 말하면 우리가 스트레스 상황을 어떻게 극복하느냐에 달려 있다는 것을 발견했다.

투쟁 혹은 도피 vs. 휴식과 소화

이 내용을 좀 더 잘 이해하기 위해 '투쟁 혹은 도피' 반응에 대해 논의해보자. 이런 이름이 붙여진 것은 우리 조상들이 위험에 직면했을 때 싸움이나 도망 중에서 선택을 해야 했기 때문이다. 오늘날 털북숭이 매머드와 커다란 송곳니를 가진 호랑이를 맞닥뜨릴 일이 많지 않다는 것은 다행이지만, 신문을 펼쳐보면 폭력 범죄, 자동차 사고, 테러 공격, 자연재해 등 다양한 위험을 접하게 된다. 코로나19 대유행은 삶과 건강을 위협하기도 했다.

또한 사람들은 삶을 위협하는 정도는 아니지만 돈 문제, 직장 생활, 결혼 생활에서 발생하는 스트레스, 시험과 같은 스트레스를 매일 겪고 있다. 앤 헬렌 피터슨$^{Anne\ Helen\ Peterson}$은 저서 《요즘 애들》에 1981~1996년에 태어난 사람들 중 다수가 완전히 지쳤다고 느끼는 이유를 언급했다. 그녀는 계속해서 기대에 미치지 못한다는 느낌, 열패감, 재정적 불안정, 시간을 낭비하고 있다는 두려움을 그 원인으로 꼽았다. 심지어 밀레니얼 세대는 여가 시간에도 생산성을 생각한다. 그들은 아무것도 하지 않는 법을 잊어버렸다.

밀레니얼 세대가 압박감을 느끼는 것은 당연한 일이다. 만성 스트레스가 항상 문제의 원인이라고 할 수는 없지만, 기여 요소가 될 수는 있다.

위협이라고 느껴지는 상황을 마주하면 자율 신경계가 작동한다. (자율이라는 용어는 생각할 필요 없이 작동하는 과정을 의미한다.) 자율 신경계는 두 갈래, 즉 교감 신경계와 부교감 신경계로 나뉜다.

교감 신경계는 투쟁 혹은 도피 반응의 활성화 신호를 보낸다. 스트레스 호르몬인 아드레날린과 코르티솔이 분비되고, 이 호르몬들은 심장 박동 수에 영향을 미친다. 도망치거나 싸우기 위한 주요 근육에 산소를 전달하기 위해 심장은 더 빠르게 뛴다. 혈액에 더 많은 산소를 전달하기 위해 호흡은 가빠지고, 주변 시야는 넓어진다(위험이 옆이나 뒤에서 접근하는 경우에 대비). 동공은 더욱 잘 보기 위해 확대되고, 청력은 더 좋아진다. 땀을 흘리거나 소름이 돋을 수도 있다. 행동에 대비하여 혈액이 주요 근육으로 흘러감에 따라 손과 발이 차갑게 느껴질 수도 있다. 어떤 음식은 소화가 잘 되지 않을 수도 있고, 구역질이 나거나 토할 수도 있으며, 본의 아니게 용변을 볼 수도 있다. 생존이 최우선이 되면서 일시적으로 고통을 덜 느낄 수도 있다.

만약 '위험'이 부상이나 감염으로 이어진다면, 치료 과정을 시작하기 위해 그 부분에 염증이 생길 수도 있다. 상처 부위의 염증, 혹은 바이러스나 감염에 대응하여 생긴 염증은 치료에 있어 매우 중요한 부분이다. 혈관은 혈류량을 높이기 위해 넓어지고, '침입자'를 무찌르기 위해 백혈구를 가져온다. 부기는 신경에 압박을 가하고 상처 부위를 부드럽게 만든다. 이 백혈구들은 '사이토카인'이라 불리는 화학 물질을 방출한다. 사이토카인으로 인해 열이 나는 것처럼 느껴질 수도 있지만, 사실 사이토카인은 감염과 싸울 때 필수적이다. 그런데 신체가 감염에 과잉 반응을 하거나(사이토카인 폭풍) 소극적으로 반응하는 경우, 혹은 염증이 신체 내에서 장기간 지속되는 경우 건강상의 문제가 발생한다. 만성 염증은 많은 퇴행성 질환의 원인이다.

"우리를 죽이는 것은 스트레스가 아니라, 스트레스에 대한 우리의 반응이다."

한스 셸리에$^{Hans\ Selye}$, 내분비학자

과잉 반응은 치명적일 수 있다. 코로나19로 인한 사망 원인 중 하나는 사망자의 면역 체계가 바이러스에 '과잉 반응'하여 사이토카인 폭풍이 일어났기 때문이다. 사이토카인 폭풍은 몸 전체에 염증을 엄청나게 만들어낸다.

교감 신경계는 위협을 받았을 때만 활성화되는 것이 아니다. 등교 첫날, 구직 면접, 연설, 스포츠 경기 등과 같이 스트레스를 느끼는 상황에 직면한다면 교감 신경계가 활성화된다. 일반적으로 위험(감염, 바이러스, 부상, 스트레스를 느끼는 상황)이 지나가면, 교감 신경계의 균형을 잡기 위해 부교감 신경계가 작동한다. 신체를 진정시키고 이완시키면서 다시 '휴식과 소화'를 할 수 있게 만들어준다. 심장 박동 수와 호흡은 느려지고, 혈압은 낮아지고, 염증은 줄어들기 시작한다. '안전한' 상태다.

부교감 신경계와 교감 신경계 사이에서 균형 상태를 이루는 중심에는 미주신경이 있다. 미주신경은 자율 신경계의 부교감 신경계에서 가장 긴 신경으로, 스트레스에 대응하여 심장 박동 수를 조절하고, 맥박을 느리게 하며, 장기들을 켜고 끄는 역할을 한다. 미주신경은 위, 폐, 심장, 비장, 간, 신장과 같은 주요 장기들과 뇌를 연결한다. 또한 면역 체계를 관장하고, 스트레스 수준을 조절하며, 염증을 줄이면서 우리의 몸을 건강한 상태로 만들어준다. 면역 체계가 과잉 반응을 하는 것을 막는 데도 주요한 역할을 한다.

다미주신경이론
— 투쟁, 도피 혹은 얼어붙음

'미주신경'이라는 주제는 최근 많은 연구에서 언급되었는데, 이는 노스캐롤라이나대학교 교수 스티븐 포지스Stephen Porges의 대단한 업적 덕분이다. 포지스는 신체는 위험에 대한 반응으로 싸우거나, 도주할 준비를 하거나, 두려움으로 움직일 수 없는 '얼어붙은 상태'가 될 수도 있다고 이야기했다. 얼어붙은 상태가 되면 그 자리에서 꼼짝하지 못하거나 정신을 잃을 수도 있다. 동물의 왕국에서도 동물들이 포식자에게서 살아남기 위해 죽은 척하는 모습을 볼 수 있다.

다미주신경이론은 신경계에는 하나 이상의 방어 전략이 있고, 싸우거나 도망가거나 얼어붙는 결정은 자신이 조절할 수 있는 것이 아니라는 점을 역설한다. 또한 포지스는 기존의 믿음과 달리 부교감 신경계에는 2개의 가지, 즉 복측 미주신경 복합체와 배측 미주신경 복합체가 있다는 것을 발견했다. 이 가지들은 서로 다른 생리학적 상태로 이어지므로, '다미주신경이론'이라고 부른다.

복측 미주신경 복합체는 횡격막 위 흉부의 앞쪽과 위쪽에 있는 신경에 관여하고, 얼굴 표정 근육 및 청력과 관련된 얼굴 근육을 심장과 연결한다. 이 복합체는 사회적 행동에 도움을 준다. 사람들은 상냥할 때는 미소를 짓고, 그렇지 않을 때는 얼굴을 찌푸리거나 화가 난 목소리로 말한다. 만약 친절한 신호를 받는 상황이라면, 지금 안전한 상황에 있다는 것을 의미한다. 따라서 심박수는 편안해지고 호흡은 느려진다. 친구와 가족, 지역 사회와 지속적으로 사회적 관계를 맺는다면 건강을 지킬 수 있다. 감염병이 대유행한 시기에 시행된 국가 봉쇄 조치로 사람들이 고립되는 부정적 결과가 나타난 것은 당연한 일이었다.

반면 배측 미주신경 복합체는 두 갈래 중 보다 원시적인 신경으로, 횡격막 아래 조직, 특히 소화기 계통에 연결된 신경에 관여한다. 배측 미주신경 복합체의 활성화는 '정지'와 '회피'로 이어질 수 있으며, 무기력, 느려진 심박수, 과민성대장증후군과 같은 소화 장애를 동반한다.

다미주신경이론은 많은 정신 건강 문제, 그중에서도 외상 후 스트레스 장애의 치료 방법을 크게 바꾸어놓았다. 포지스는 얼마나 안전한지, 혹은 얼마나 위험한지 느끼는 정도에 따라 신경계가 행동에 영향을 미칠 수 있다고 설명했다. 따뜻함, 미소, 웃음, 긍정적인 메시지가 곁에 있다면 치유에 도움이 될 것이다.

미주신경 긴장도의 중요성

'미주신경 긴장도'에 따라 스트레스에 얼마나 잘 대처할 수 있는지가 결정된다. 미주신경 긴장도는 미주신경 하부 조직이 얼마나 잘 작동하고 있는지를 보여주는 척도다. 어떤 사람들은 다른 사람들에 비해 더 나은 미주신경 긴장도를 가지고 있는데, 미주신경 긴장도가 높은 사람들은 스트레스를 받아도 훨씬 더 쉽게 진정한다. 미주신경 긴장도가 낮은 사람들은 스트레스를 풀기가 훨씬 더 어렵다. 미주신경 긴장도의 개인 간 차이는 심박변이도 HRV, Heart Rate Variability로 알 수 있다(미주신경이 심박수를 조절한다). 심박변이도를 측정해보면 스트레스에 얼마나 잘 대처하는지 알 수 있다.

낮은 미주신경 긴장도는 만성 염증성 질환으로 이어질 수 있다. 2013년 연구자들은 높은 미주신경 긴장도와 신체적으로 건강한 상태 사이에서 긍정적인 피드백 고리를 발견했다. 미주신경 긴장도가 올라갈수록 신체 건강과 정신 건강이 좋아지고, 신체와 정신이 건강할수록 미주신경 긴장도가 높아진다. 미주신경 긴장도는 어느 정도는 부모로부터 물려받지만, 그렇다고 해서 할 수 있는 일이 없는 것은 아니다. 긍정적이고 행복한 사람들과 함께하는 것이 큰 도움이 된다는 사실은 누구나 알고 있을 것이다. 할 수 있는 또 다른 일들도 있다. 옵티멀 리빙 다이내믹스 Optimal Living Dynamics의 설립자이자 최고 경영자인 조던 폴리스 Jordan Fallis는 '더 나은 정신 건강을 위해 미주신경을 자극하는 방법'이라는 제목의 기사를 통해 미주신경 긴장도를 개선할 수 있는 9가지 방법을 나열했다.

1. 추위에 노출되기
2. 노래 부르기, 콧노래 부르기, 가글하기
3. 프로바이오틱스 섭취하기
4. 오메가3 지방산 섭취하기
5. 마사지하기
6. 사회적 관계 맺기, 웃기
7. 운동하기
8. 명상하기, 마음 챙김 운동하기
9. 깊고 느리게 호흡하기

이 기사를 읽은 뒤 폴리스의 조언과 조셉 필라테스의 저서를 통해 알게 된 조언이 비슷하다는 점에 깊은 감명을 받았다. 이 리스트를 16~17쪽 내용과 비교해보면, 조셉은 폴리스의 기사가 나오기도 훨씬 전인 80년 전에 같은 내용을 설파했음을 알 수 있다.

덧붙여, 반려동물과 시간을 보내는 것도 미주신경 긴장도 개선에 도움이 된다. 반려동물에게 위안과 동지애를 느낄 수 있기 때문이다. 개인적으로는 고양이가 쓰다듬어 달라고 내 무릎 위에 올라올 때 정말이지 마음이 엄청나게 차분해지고 안심이 된다.

미주신경 긴장도를 개선하기 위한 9가지 방법

조던 폴리스가 제안한 내용을 좀 더 자세히 알아보자.

1. 추위에 노출되기

앞서 이야기했듯 추위에 노출되는 것은 조셉 필라테스가 좋다고 믿었던 방법이다. 그렇다고 속옷 차림으로 눈밭을 구르는 것은 무리이지만 찬물로 샤워하는 것은 가능하다. 아니면 차가운 물로 목욕을 한 다음 사우나를 가자. 자연에서 하는 수영이 갈수록 인기를 끌고 있다. 호수와 강에서 수영을 하면 위험이 따를 수 있으니 반드시 지역 자연 수영 모임에 가입하자.

2. 노래 부르기, 콧노래 부르기, 가글하기

내가 수업에서 노래를 부르기 시작한다면 회원들이 모두 자리를 박차고 일어날지도 모른다. 대신 나는 혼자 있을 때, 혹은 고맙게도 전혀 개의치 않아 하는 손주들과 있을 때를 위해 노래하고 싶은 마음을 아껴둔다. 그러나 혼자든 함께든, 음치든 아니든 노래 부르기의 즐거움은 누구나 알고 있을 것이다. 노래를 부르면서 슬프기란 어려운 일이다. 또한 노래를 부를 때 호흡도 조절할 수 있다.

콧노래 부르기는 남편이 싫어하는 나의 오래된 습관이다. 내 기억으로는 나의 아버지도 후진 주차에 어려움을 겪을 때마다 콧노래를 부르곤 하셨다. 아마도 아버지는 직감적으로 콧노래가 긴장을 풀어준다는 사실을 알고 계셨던 것 같다. 호흡 연습을 시작하기 전에 몇 분 동안 콧노래를 부르는 것은 매우 좋은 방법이다. 한 연구에 따르면, 콧노래는 공기 중에 작은 소용돌이를 일으켜 부비동을 원활하게 만드는 데 도움을 준다. 그러면 우리가 숨을 내쉴 때, 평소에 조용히 호흡할 때보다 공기와 점액이 더 힘차게 밖으로 나올 수 있다.

가글과 소금물로 입을 헹구는 것은 예로부터 전해 내려오는 치료법으로, 인후염, 감기, 독감, 알레르기, 구강 위생뿐 아니라 축농증에도 도움이 된다. 가글을 하는 방법은 어렵지 않다. 따뜻한 물 225ml에 소금 1/2 티스푼을 섞는다. 그리고 잠시 입에 머금은 뒤 삼키지 않고 뱉는다. (건강상 문제가 있는 경우에는 반드시 의사와 먼저 상의하기 바란다.) 놀랍게도 이 책을 집필하기 위해 조사를 하면서 조셉 필라테스의 저서 《당신의 건강》에서 소금물로 부비동을 씻어 내는 고대의 관습인 네티[neti]를 권하고 있는 사진을 발견했다.

3. 프로바이오틱스 섭취하기

요즘에는 시중에 좋은 제품이 많이 나와 있어 좋은 프로바이오틱스를 쉽게 섭취할 수 있다. 《셰이프 업 필라테스》의 저자이자 영양학자인 헬렌 포드 Helen Ford는 이러한 박테리아가 요거트에도 있다고 이야기했다 (과일 요거트는 설탕이 많이 들어 있으므로 플레인 요거트가 가장 좋다). 전 세계 발표 식품으로는 김치, 미소 된장, 낫토, 케피어, 사우어크라우트 등이 있다. (프로바이오틱스에 관한 더 자세한 내용은 47쪽을 참고하기 바란다.)

4. 오메가3 지방산 섭취하기

오메가3는 필수적인 지방이다. 사람은 몸속에서 오메가3를 만들 수 없고, 거의 모든 세포는 오메가를 필요로 하기 때문이다. 주로 기름진 생선(통조림은 훌륭한 재료로, 살아 있는 생선보다 더 나은 경우도 있다), 호두, 치아씨드, 햄프씨드, 아마씨에 포함되어 있다. 오메가3가 부족하면 세포들에 인슐린 내성이 생겨 고혈당을 유발할 수 있고, 이는 체중 증가와 2형 당뇨병의 주요 요인이다.

5. 마사지하기

마사지의 종류는 매우 다양하다. 편안하고 부드러운 마사지부터 치료 목적의 마사지까지 선택할 수 있는 종류가 무궁무진하다(모든 마사지는 치료 목적이라고 생각할 수도 있다). 먼저 집중하고 싶은 부분을 결정하자. 예를 들면 근육의 통증, 심부 조직, 근막 이완, 림프 배출 등이 있다. 그런 다음 전문기관에 등록된 전문 마사지사를 찾아보자.

스스로 마사지를 하기란 쉽지 않다. 우선 조셉 필라테스의 추천대로 브러시를 사용해보자. 브러시로 피부를 쓸어주면 혈액 순환과 림프계를 자극하여 독소와 노폐물을 제거하는 데 도움이 된다. 뻣뻣한 솔의 천연 섬유 보디 브러시로 건조한 상태에서 피부를 쓸어주는 것이 가장 효과적이다. 첫 주에는 가볍게 쓸어주는 것으로 시작하고 점점 압력을 늘려간다. 하루를 힘차게 시작하려면 아침에 하는 것이 가장 좋지만, 조셉이 추천한 것처럼 운동 후에 하는 것도 도움이 된다.

- 가장 중요한 것은 항상 심장 쪽으로 쓸어주어야 한다는 점이다. 신체기관의 흐름을 거스르기보다는 원활하게 만들어야 한다.

- 넘어지지 않도록 주의하며, 브러시로 양쪽 발바닥을 번갈아 쓸어준다.

- 다리 아랫부분을 시작으로 무릎, 골반까지 길게 쓸어올린다.

- 엉덩이와 허리를 쓸어준 뒤 배 위를 시계 방향으로 돌리며 쓸어준다.

- 손가락 끝에서 시작하여 가슴 쪽으로 쓸어준다. 어깨를 따라 올라간 뒤 심장을 향해 가슴뼈로 내려온다.

- 등 양옆을 쓸어내린다. 만약 브러시의 손잡이가 길다면, 등의 중간에도 닿을 수 있을 것이다.

6. 사회적 관계 맺기, 웃기

필라테스 선생님들은 "더 많이 미소 지어라!", "더 많이 웃어라!"라는 말을 끊임없이 한다. 필라테스 기술도 중요하지만 많이 웃는 것 역시 무척이나 중요하기 때문이다. 무엇보다 웃으면 심부 코어 근육들 중 하나인 복횡근이 움직인다. 간혹 필라테스 선생님들이 정확한 동작을 알려주는 과정에서 너무 진지해지는 경우가 있다. 물론 이 책에도 동작마다 정확한 방법을 알려주기 위해 '주의할 점'들을 정해두었다. 하지만 동작이 어렵다고 걱정하지는 말자. 연습하면 완벽해지기 마련이고, 그 과정에서 모든 움직임과 모든 웃음이 도움이 될 것이다. 스티븐 포지스는 친절한 얼굴을 한 사람들을 가까이에 두는 것이 중요하다고 강조했다. 조셉 필라테스 역시 마음이 맞는 사람들과 대화를 나누고 휴식을 취하는 것이 중요하다고 믿었다.

7. 운동하기

만약 몸을 움직이기 위해 더 많은 동기가 필요하다면, 규칙적인 신체 활동의 이점들은 얼마든지 준비되어 있다. 몸을 움직이고 운동을 하면 감염을 없애는 면역 세포인 '자연 살해 세포'의 활동이 증가하면서 면역 체계 기능이 좋아진다. 또한 새로운 미토콘드리아의 생성을 촉진하고, 그렇게 되면 에너지를 생성하는 능력이 높아진다. 염증을 줄이고, 혈압과 혈액 순환, 림프 순환을 돕는다. 장내 미생물군을 바꾸고, 호르몬 기능 장애를 조절한다. 이유가 충분한가? 아직도 충분하지 않다면 이건 어떤가? 규칙적으로 걷는 것만으로도 알츠하이머 예방에 도움이 되고, 규칙적인 운동은 암, 심장마비, 뇌졸중의 위험을 감소시키며, 2형 당뇨병에 걸릴 위험을 줄여준다.

근력 운동을 하면 몸은 화학적 전달자인 사이토카인을 방출한다. 사이토카인의 한 종류인 인터루킨은 염증이 진행되는 과정을 중단시키는 데 매우 중요한 역할을 한다. 나이가 들어갈수록 근력이 좋아지면 골다공증의 위험도 줄어든다. 또한 운동을 마친 뒤에는 기분이 좋아지는 호르몬인 엔도르핀이 분비되어 마음이 평온해진다.

8. 명상하기, 마음 챙김 운동하기

명상은 생각을 집중하고 전환하기 위해 마음을 훈련하는 과정이다. 명상을 하게 되면 여러모로 건강이 좋아진다. 한 연구에 따르면, 과민성대장증후군, 외상 후 스트레스, 섬유 근육통과 같이 스트레스와 관련된 질병의 증상을 완화시킨다고 한다. 만성 통증을 관리하는 데 도움을 주고, 우울증 증상을 개선하고, 불안을 줄일 수 있다. 또한 노화에 따른 기억력 저하를 감소시킨다. 그뿐만이 아니다. 혈압을 낮추고, 중독을 치료하고, 숙면을 하는 데도 도움을 준다. 명상은 운동과 병행할 수 있는 또 하나의 '기적의 치료법'으로 떠오르고 있다. 명상에 관한 자세한 내용은 이후에도 계속 알아볼 것이다.

명상이 어렵다면, 마음 챙김 운동을 해보는 것도 좋은 방법이다. 명상하는 동안 마음이 시끄럽고 집중하기 힘들다면 더더욱 도움이 될 것이다. 마음 챙김은 '실행'이 아닌 '상태'로, 명상은 아니지만 명상 과정의 일부라고 할 수 있다. 마음 챙김이란, 현재의 경험에 온전히 집중하며 현재에 충실하고 '지금 여기'에 있는 세계를 온전히 경험하는 것이다. 또한 비판적이지 않은 상태다. 마음 챙김은 여러 방면에서 도움이 된다. 예를 들면, 불안과 정신적 스트레스를 완화하고 정신 건강 문제를 개선하는 데 도움을 주기 위해 사용되고 있다.

《하루 10분 필라테스 수업의 기술》은 여러분이 하루 동안 조금이라도 더 움직이게끔 하기 위한 책으로, 움직임에 마음 챙김이 더해진다면 훨씬 좋을 것이다. 사실 필라테스는 항상 마음을 다해서 해야 한다. 호흡과 정렬, 움직임에 완전히 집중해야 한다. 지금은 아니더라도 언젠가는 가능해질 것이다. 언제라도 마음 챙김을 연습해볼 수 있지만, 특히 아침에 하는 것을 권장한다. 마음 챙김으로 마음을 깨끗이 한 뒤 하루를 준비할 수 있기 때문이다. 간단한 운동 프로그램 중 하나를 대신하여 마음 챙김 필라테스를 해보는 것도 좋은 생각이다. 아니면, 아침이나 점심, 저녁 운동 프로그램에 마음 챙김 필라테스를 추가하면 더욱 긍정적인 효과를 볼 수 있다.

9. 깊고 느리게 호흡하기

이 내용은 다음 장에서 설명하도록 하겠다.

미주신경 긴장도를 개선하기 위한 호흡 조절

불안하거나 스트레스를 받을 때 자신이 어떻게 호흡하는지 살펴보자. 그런 다음 편안한 상태일 때의 호흡과 비교해보자. 스트레스를 받을 때 호흡의 속도는 '정점'으로, 짧고 얕게 숨을 쉬어 과호흡이 올 수도 있다. 횡격막보다는 어깨나 가슴 위쪽을 더 많이 사용하게 된다. 단기적으로 문제가 되지는 않지만, 이러한 방식으로 계속 호흡하면 체내 기체의 균형이 깨지고 불안과 스트레스를 느낄 수도 있다. 다행히 호흡을 조절하는 연습을 하면 빠르게 진정할 수 있다.

호흡은 자율 신경 기능이다. 짧은 시간 동안은 호흡을 조절할 수 있지만 결국 조절은 뇌가 하는 것으로, 뇌에서 수용체가 호흡의 속도와 양을 조절한다. 그런데 이 책에서 소개하는 운동 프로그램에서처럼 불수의적 기능을 조절하는 신경계를 진정시키기 위해 조용하고 느리며 일정하게 조절된 호흡을 할 수도 있다. 숨을 들이마시면 심장은 산소포화도가 높은 혈액이 동맥을 통해 몸 전체에 빠르게 흐르도록 속도를 높이고, 숨을 내쉬면 심박수는 느려진다. 이런 식으로 미주신경을 자극할 수 있고, 깊은 호흡이 필요한 운동으로 미주신경 긴장도를 개선할 수 있다. 만약 호흡을 느리게 할 수 있다면, 다시 말해 깊지만 부드럽게, 일관되고 일정하게 호흡을 할 수 있다면, 미주신경 네트워크를 따라 신호를 전달할 수 있고, 부교감 신경 상태에서 자신을 진정시킬 수 있다. 기본적으로 호흡 운동을 통해 내 몸에 위험이 지나갔음을 알려줄 수 있다.

미주신경 긴장도를 개선하기 위한 가장 좋은 호흡법은 들이마시는 것보다 더 길게 내쉬는 것이다. 이 책 뒷부분에 미주신경 긴장도를 개선하기 위한 호흡 운동법을 실어두었다. 필라테스에서 사용하는 가장 기본적인 호흡법은 길게 내쉬는 것이다. 대부분의 운동을 위한 일반적인 규칙은 다음과 같다.

- 동작을 준비할 때 숨을 들이마신다.
- 동작을 할 때 숨을 내쉰다.
- 숨을 들이마시고 내쉬거나, 한 번 더 들이마신 다음 내쉰다.

롤 다운(169쪽)이나 흉곽 닫기(130쪽), 척추 말기(139쪽)와 같은 동작을 해보면 내쉬는 숨이 들이마시는 숨보다 더 길다는 사실을 알 수 있다.

움직임 통제와 스트레스 수준

필라테스를 꾸준히 하는 사람이라면 필라테스가 정신 건강과 행복에 미치는 엄청난 영향에 관해 이야기할 수 있을 것이다. 수업을 시작하고 10분 정도 지나면 걱정은 사라지고 세상이 더 좋은 곳처럼 보이는 마법과 같은 순간을 맞이하게 된다. 이것은 아마도 호흡을 조절함으로써 미주신경 긴장도에 영향을 주거나, 팔다리를 통제하는 데 집중하느라 다른 생각을 전혀 할 수 없어서일 것이다. 그런데 또 다른 이론도 있다. 피츠버그대학교는 《미국국립과학원회보》를 통해 '필라테스(요가와 태극권과 같은 신체 수련도 포함)는 왜 우리가 스트레스에서 벗어났다고 느끼게 만드는가'에 대한 새로운 관점을 제시했다. 연구진은 대뇌피질(뇌의 일부)과 부신수질을 직접 연결하는 회로를 발견했다. 부신수질은 스트레스 상황에서 도피나 투쟁, 얼어붙음을 관장하는 부신의 내부 조직이다. 부신수질은 위험에 직면했을 때 부신 기능의 항진을 촉발시킨다. 그리고 무엇보다 중요한 점은, 바로 앞서 이야기한 뇌의 관계망이 움직임을 조절하는 운동 피질과도 연결된 것처럼 보인다는 사실이다.

'그중 하나가 중심축의 움직임과 자세를 조절하는 것과 연관이 있는 일차 운동 피질의 한 부분이다. 이렇게 부신수질에 신호를 보내는 것은 왜 코어 운동이 스트레스에 대한 반응을 조절하는 데 매우 효과적인지를 설명해줄 것이다.'

호흡을 통제하는 것만이 스트레스를 조절하는 데 도움이 되는 것은 아니다. 필라테스에서 움직임을 통제하는 것 또한 스트레스를 조절하는 데 도움이 된다. 56쪽 '새로운 기본 원칙' 장에서 중심선에 대해 살펴볼 것이다. 이 책에서 소개하는 다수의 운동 동작들은 중심선을 인지하고, 중심선으로 움직이고, 중심선 주위로 움직여야 한다. 그렇게 중심축의 움직임과 자세를 통제할 수 있게 된다.

하지만 지금 가장 중요한 것은 제대로 호흡하는 방법을 배우는 것이다.

호흡기 건강

조셉 필라테스는 좋은 호흡이 중요한 이유를 정확히 알고 있었다. 그는 어렸을 때 천식을 앓았고, 나중에는 폐기종으로 고생했는데, 스튜디오에 난 화재로 연기를 흡입한 데다 시가를 너무나도 사랑한 탓에 건강이 더욱 나빠졌다. 그럼에도 그가 80세 가까이 살았고, 마지막 순간까지 엄청나게 활동적이었다는 점은 그의 운동 방법이 효과가 있다는 증거다. 그는 미국 정부에 결핵과의 전쟁에 도움을 줄 수 있는 '컨트롤로지'를 도입하라고 간청했다.

더욱 잘 호흡하는 방법을 배운다면 건강 상태가 지금과는 완전히 달라질 것이다. 이 책에는 많은 호흡법이 소개되어 있는데, 우선 호흡의 과정을 살펴보자. 호흡을 개선하기 위한 최고의 방법을 알게 될 것이다.

호흡의 과정

내호흡은 외호흡과 완전히 다르다. 사실상 '환기'라고 불러야 마땅하다. 내호흡은 모든 세포에서 발생하는 화학적 반응이다. 모든 세포는 에너지를 효율적으로 만들어내기 위해 산소가 필요하다. 세포가 에너지를 생성할 때 이산화탄소가 만들어진다. 숨을 들이마시면 산소가 몸속으로 들어가 기도를 통해 폐까지 간다. 산소는 폐에서 모세혈관을 통해 흡수되고 혈액으로 들어가 심장에서 몸 전체로 보내진다. 모든 세포가 산소를 흡수하고 나면, 산소가 부족한 혈액과 이산화탄소, '폐기물'이 정맥을 통해 다시 폐로 돌아간다. 이산화탄소는 숨을 내쉴 때 배출된다. 이산화탄소가 일정 수준에 다다르면 뇌에서 호흡근으로 신호를 보내 숨을 들이마시게 만든다.

이산화탄소는 몸을 활발하게 움직일수록 더욱 많이 만들어진다. 이것이 바로 몸을 많이 움직일 때 숨을 더 많이 쉬게 되는 이유다. 그런데 패트릭 맥커운 Patrick McKeown은 저서 《숨만 잘 쉬어도 병원에 안 간다》를 통해 이산화탄소를 폐기물로 생각해서는 안 된다고 이야기했다.

> '이산화탄소는 적혈구에서 방출된 산소가 몸에서 대사되게 만드는 핵심 변수다. 우리가 올바르게 숨을 쉴 때, 우리는 충분한 양의 이산화탄소를 가지게 되고, 그러면 우리의 호흡은 조용하고 차분하며 일정해진다.'

이산화탄소는 근육과 내장기관으로 들어가고자 산소가 혈액을 떠나도록 만든다. 이를 1904년 이산화탄소의 중요성을 발견한 과학자 크리스티안 보어 Christian Bohr의 이름을 따 '보어 효과'라고 부른다. 이산화탄소는 민무늬근(위와 장, 방광, 자궁에 위치)을 넓히고 이완시키는 것과 같은 다른 생체 기능에서도 중요한 역할을 맡고 있으며, 혈액의 산도를 조절하는 역할도 담당한다.

과호흡을 하는가

정상적인 호흡은 분당 8~12번이지만, 많은 사람이 분당 18~25번 호흡을 한다. 이렇게 되면 산소와 이산화탄소 농도 사이의 정교한 균형이 깨질 수도 있다. 그 결과, 근육들이 필요한 만큼 효과적으로 작동하지 못하게 된다. 습관적으로 과호흡을 하면 기도가 좁아지고, 산소를 공급하는 신체 능력이 제한되며, 혈관이 수축된다. 또한 심장과 다른 내장기관, 근육에 혈액의 흐름이 줄어들어 적혈구에서 산소를 방출하는 데 영향을 미칠 수 있다. 패트릭 맥커운은 이렇게 되면 건강과 행복에도 영향을 미칠 수 있다고 이야기했다. 그는 과호흡으로 인해 나타날 수 있는 부작용으로 심혈관 질환, 호흡기 질환, 위장 질환과 더불어 불안, 불면증, 피로, 심지어 비만까지 언급했다. 호흡 운동을 할 때는 '조용하고 차분하게, 일정한 간격'으로 호흡해야 한다. 목표는 자신의 호흡을 조절하는 것으로, 가장 먼저 해야 하는 일은 입이 아닌 코로 숨을 들이마시고 내쉬는 것이다.

" '첫 번째 수업은 올바르게 호흡하는 방법을 익히는 것이다.'

조셉 필라테스, 《당신의 건강》

비강 호흡의 중요성

비강 호흡은 가장 효율적인 호흡 방법일 뿐만 아니라 자연의 섭리에 따른 호흡 방법이라고 할 수 있다. 콧속에 있는 매우 작은 털들은 숨을 들이마실 때 공기 중에 있는 오염물질과 세균, 박테리아를 걸러낸다. 또한 공기를 따뜻하고 촉촉하게 만들어 폐에서 공기를 더욱 잘 받아들일 수 있게 한다. 비강 호흡을 하면 산소가 10~20퍼센트 더 많이 들어오게 된다. 연습이 필요할 수도 있지만, 노력할 만한 가치가 있다. 특히 부비강이 막혀 있는 경우라면 더욱 많은 노력이 필요하다.

자세와 호흡의 연관성

호흡과 관련된 근육은 매우 다양하다. 어떤 근육들은 숨을 들이마실 때, 어떤 근육들은 숨을 내쉴 때, 어떤 근육들은 양쪽 모두와 관련이 있다. 주요 근육은 횡격막이다. 횡격막은 둥근 지붕 모양의 큰 근육으로, 숨을 들이마시면 폐가 팽창하면서 횡격막이 수축해 평평해진다. 갈비뼈들 사이에 있는 근육들도 수축하고 위로 당겨지면서 흉강이 넓어지고 안쪽의 압력이 낮아진다. 그 결과, 공기가 빨려 들어가 폐에 가득 찬다. 숨을 내쉴 때는 횡격막이 이완하고 흉강 안쪽의 부피가 줄어들지만, 안쪽의 압력은 높아진다. 이에 폐는 수축하고 공기는 밖으로 배출된다.

자세와 호흡 사이에는 강한 연관성이 존재한다. 횡격막은 복근, 골반 기저부와 함께 코어 안전성에서 중요한 역할을 한다. 횡격막은 복강 내 압력의 내부 실린더를 만드는 근육들 중 일부분으로, 몸통을 안정감 있게 잡아준다. 그러나 횡격막의 첫 번째 임무는 언제나 호흡을 돕는 것이다. 만약 과도한 심혈관 운동과 같이 호흡이 많이 요구되는 상황이라면, 횡격막은 호흡에 최우선 순위를 두고, 몸통 안정성을 위해서는 다른 근육들이 필요할 것이다. 이것이 바로 '새로운 기본 원칙'을 습득해야 하는 이유다. 효율적으로 호흡하고 코어에 제대로 연결함으로써 산소와 이산화탄소의 균형을 올바르게 하고, 근육들이 제 역할을 하도록 도모할 수 있다. 자세가 나쁘면 제대로 호흡할 수 있는 능력에도 영향을 미친다는 사실을 기억하자. 구부정한 자세에서는 복횡근과 골반기저근이 제 역할을 다하지 못하고, 숨을 들이마시는 동안 횡격막이 제대로 내려가지 못하게 된다. 가슴을 펴고 자신감 있게, 흉곽이 팽창하고 호흡할 수 있도록 내부에 공간을 만든 상태에서 서고, 앉고, 걷기를 바란다.

유연한 흉곽

'호흡기 건강을 위한 운동'은 척추 윗부분과 흉곽의 유연성 향상에 도움을 준다. 흉곽은 80개 이상의 관절로 이루어져 있다. 보호하는 역할을 하지만 고정되어 있지 않고 유연하게 움직이는 구조라고 할 수 있다. 척추 윗부분과 갈비뼈가 잘 움직일수록 호흡 능력이 더욱 좋아진다. 척추를 회전시키는 동작들(비틀기)이 상체의 가동성을 높이는 데 특히나 좋다. 활과 화살(155쪽), 허리 비틀기(153쪽), 갈비뼈 돌리며 골반 돌리기(202쪽), 바늘 꿰기(206쪽)와 같은 동작들과 이러한 동작들의 변형 동작들 모두 도움이 된다. 그런 다음 흉곽의 양쪽 측면을 열고 팽창시키기 위해 척추의 측면을 구부리는(옆으로 구부리기) 동작들을 해볼 수 있다. 옆으로 내려가기(161쪽), 옆구리 늘이기(187쪽), 인어(217쪽)와 같은 동작들이다. 척추 윗부분을 구부리고 늘이는 것 역시 도움이 된다. 고양이(142쪽), 코브라 준비 운동(165쪽), 컬 업(151쪽)과 같은 동작들이다. 갈비뼈 돌리며 인어(220쪽), 갈비뼈 돌리며 사선으로 말기(200쪽), 굽히고 펴면서 문 열기(215쪽)와 같이 여러 가지 동작이 조합된 동작들로 자신을 시험해보자.

면역 건강

면역학자 제나 마치오키 Jenna Macciochi는 저서 《면역의 힘》에서 면역 체계를 '달갑지 않은 감염에 저항하고, 우리 몸의 질서와 균형을 유지하며, 상처를 치유함으로써 우리의 건강을 지키는 강력한 체계'라고 묘사했다. 면역 체계는 건강의 기초로, 자신에게 속하지 않는 것으로 보이는 '침입자'를 잠재적으로 위험하다고 판단하고 공격한다. 또한 면역 체계는 매우 복잡하고 정교하게 만들어진, 균형 잡힌 체계다. 면역 체계가 위험에 제대로 반응하지 못하고 약하게 반응하거나, 혹은 과도하게 반응하면 감기부터 암, 자가 면역 질환, 알레르기, 심지어 정신 건강 문제에 이르기까지 넓은 범위의 질병에 걸릴 수 있다.

조셉 필라테스는 건강한 편이 아니었다. 그는 어렸을 때 류마티스 열과 구루병, 천식을 앓았는데, 1880년대만 해도 이 병들은 모두 중병에 속했다. 그의 부모님은 그가 어린 시절을 넘기지 못할 수도 있다는 이야기를 들었다. 그러나 조셉은 그들이 틀렸다는 것을 증명했다. 그는 살아남았을 뿐만 아니라 운동 전문가가 되었고, 자신의 방법이 질병과 싸우는 데 도움이 된다고 굳게 믿었다. 조셉은 제1차 세계대전이 발발했을 때 런던에서 살고 있었고, 독일 태생이어서 전쟁 포로수용소에 억류되었다. 존 스틸 John Steel은 《우리 안의 사자》에 조셉이 오랜 시간 독방에 감금되어 있었다고 저술했다. 독방에서 나온 조셉은 자신이 매일 수감자들에게 운동을 가르치겠다고 자청했다. 그의 운동법으로 인해 스페인 독감 대유행으로 수백만 명이 세상을 떠났을 때 수용소에서는 단 한 명의 수감자도 목숨을 잃지 않았다.

현재 필라테스를 하는 대부분의 수강생은 필라테스가 건강에 도움이 된다는 점을 강하게 확신하고 있다. 한 조사에 따르면 사람들이 필라테스를 시작한 주된 이유는 특정 질병을 치료하기 위함이었지만, 계속하는 주된 이유는 '좋아진 건강과 행복' 때문이었다.

면역 건강에 대해 이야기하고 있으니 도움이 되는 주요 식품들을 간단히 정리해보도록 하겠다. 여러분은 비타민C와 D, 오메가3, 섬유질을 충분히 섭취하고 있는가? 자연의 색을 가지고 있는 재료들, 특히 짙은 색의 잎채소, 양파와 마늘 같이 유황이 풍부한 채소, 양배추와 브로콜리, 콜리플라워 같은 십자화과 채소를 포함하여 다양한 종류의 음식을 먹어야 한다. 장내 미생물을 건강하게 유지하는 것 또한 매우 중요하다.

림프를 흐르게 하자

제나 마치오키에 따르면, 림프가 없으면 건강도 없다. 마치오키는 면역 건강이 나빠지는 요인으로 '적게 움직이는 것'을 꼽았다. 필라테스를 규칙적으로 했을 때 좋은 점 중 하나는 필라테스가 림프계에 긍정적인 영향을 미친다는 것이다. 림프계는 우리의 몸에서 감시자 역할을 한다. 만약 문제를 발견하면, 그 문제를 처리하기 위해 해당 장소로 꼭 필요한 백혈구를 이동시킨다. 많은 사람이 모르고 있지만 사실 림프계는 림프관과 림프절로 이루어진, 몸 전체에 퍼져 있는 커다란 네트워크다. 손톱과 머리카락, 연골을 제외하면 인간은 사실상 림프액 안에서 수영을 하고 있는 셈이다. '유미'라 불리는 림프액은 상당수의 면역 세포와 단백질, 호르몬을 운반하며, 몸의 노폐물을 처리하는 역할을 한다.

세포들은 정상적인 신진대사 과정에서 노폐물을 만들어내고, 이러한 노폐물은 제거되어야 한다. 그래야 세포들이 건강한 상태를 유지하고, 영양분이 세포에 잘 전달될 수 있다. 림프는 이러한 독소들을 모으는데, 이 독소들은 몸 전체에 퍼져 있는 림프절에서 걸러진다. 그런 다음 림프는 림프관을 타고 가슴 림프관(쇄골 바로 옆)으로 이동하고, 그곳에서 깨끗해진 림프는 혈류로 되돌아간다. 매우 중요한 작업이지만, 수백만 개의 림프관이 있음에도 불구하고 림프계에는 심장처럼 림프를 계속해서 움직이게 하는 강력한 펌프가 없다. 그 대신 림프는 호흡, 걷기, 장의 활동, 근육의 움직임으로 이동한다. 신체적 활동이 부족하고, 오랜 시간 가만히 앉아 있고, 특히 주저앉아 제대로 호흡하지 못한다면 림프의 흐름이 매우 느려질 수도 있다. 림프가 원활하게 흐르는 것을 원하지 않는 사람은 없을 것이다. 많은 림프 조직은 몸의 중앙에 위치해 있고 호흡할 때마다 진공 효과가 발생하므로 림프가 흐르는 데 도움이 된다. 따라서 심호흡을 연습하고 운동 중에 호흡 조절에 집중한다면, 호흡을 효율적으로 할 수 있을 뿐만 아니라 림프계의 기능도 향상시킬 수 있다.

림프계를 개선하기 위한 또 다른 방법은 관절을 움직이는 것이다. 일정한 간격으로 반복해서 움직이는 필라테스는 혈액과 림프의 흐름을 자극하기에 매우 좋다. 근육이 수축하고 이완될 때 림프관이 압착되어 림프가 밀려 나가고, 정맥과 심장으로 되돌아가는 길에 림프절에서 걸러지게 된다. 몸을 움직이는 모든 활동이 림프계에 좋지만 특히 필라테스가 좋은 이유는 미처 있는지도 몰랐던 신체 부위까지 움직이게 하는 운동이기 때문이다.

몸 전체에는 600~1,000개의 림프절이 있는데, 림프절이 무리 지어 있는 곳은 따로 있다. 바로 목, 겨드랑이, 가슴, 배, 사타구니다. 우리가 이 부분들을 표적으로 삼는 것은 전혀 놀랄 일이 아니다. 건강한 면역계를 위한 모든 운동은 림프가 원활하게 흐를 수 있도록 특별히 선택된 동작들이다. 이러한 운동 중 다수는 필라테스에서 새롭게 선보이는 동작들이고, 나머지 동작들은 림프의 흐름에 도움이 되도록 좀 더 효과적으로 변했다.

과도한 훈련과 면역계

조금이라도 몸을 더 움직여야 하지만, 운동선수일 경우에는 지나치게 훈련하지 않도록 주의해야 한다. 과도한 훈련은 면역계에 부정적인 영향을 미치는 것으로 알려져 있다. 과도하게 운동을 하면 면역계를 억압하는 스트레스 호르몬인 노르에피네프린과 코르티솔의 수치가 높아질 위험이 있다. 마라톤 선수들, 철인 3종 경기 선수들과 같이 지구력이 필요한 운동선수들을 예로 들면, 이 선수들은 특히나 기도의 윗부분에 감염성 염증이 생기는 상기도 감염에 걸리기 쉽다.

운동을 한 후에는, 특히 긴 시간 동안 운동을 한 후에는 어떠한 느낌이 들었는지 항상 기억해두어야 한다. 몸이 회복할 시간을 주자. 휴식은 활동하는 것만큼이나 중요하다는 사실을 반드시 기억하자.

균형 잡힌 삶

조금 더 움직이고, 호흡을 조절하는 연습을 하고, 미주신경 긴장도를 개선하는 것은 더 건강해지기 위해 꼭 해야 하는 일들이다. 하지만 이것만으로는 충분하지 않다. 여기에 더불어 올바른 영양 섭취, 체중 조절, 심장 건강을 위한 심혈관 운동, 충분한 햇빛과 어둠, 편안한 수면과 같은 생활 방식을 선택해야 한다. 사람들은 수면이 얼마나 중요한지를 쉽게 잊는다. 수면은 몸이 고쳐지고 회복을 하는 시간이다. 자는 동안 혈압은 스스로 조절되는데, 이는 심장 건강에 영향을 미친다. 수면은 집중과 인지를 포함한 뇌의 기능과도 관련이 있다. 또한 염증을 줄이는 데도 도움을 준다. 한 연구에 따르면, 수면 패턴은 식욕을 조절하는 호르몬에 영향을 미치며, 당연히 정신 건강에도 영향을 미친다.

충분한 숙면의 비밀 중 하나는 타고난 생체 리듬으로 맞춰진다는 것이다. 생체 리듬은 뇌파 활동, 호르몬 생성, 세포 재생, 기타 많은 생물학적 과정에 영향을 미친다. 생체 시계는 졸음, 자야 할 때 잠들지 못하는 것, 배고픔에 영향을 미친다. 멜라토닌과 코르티솔과 같은 호르몬의 생성은 생체 리듬의 일환으로 늘어나거나 줄어든다. 환경과 체온, 일하는 시간, 모든 신체적 활동은 생체 리듬에 영향을 미친다. 생체 리듬은 나이가 들수록 조금씩 변한다. 아기들은 생체 리듬이 만들어지는 데 몇 개월이 걸린다. 잠자고 있는 10대를 깨워본 적이 있는 사람이라면 그들은 그들만의 생체 시계를 가지고 있다는 사실을 알 수 있을 것이다! 생체 리듬은 성인이 되면 좀 더 일관성 있는 패턴을 띠는데, 교대 근무와 같이 불규칙적인 일을 하면 생체 리듬이 망가질 수도 있다. 그리고 나이가 들면 생체 리듬은 또다시 바뀌어 더 일찍 피로해지고 더 일찍 일어나게 된다.

> "역학 연구는 현대의 생활 방식과 생체 시계 간의 관계를 지속적으로 밝혀내고 있으며, 이 2가지가 충돌할 때 비만, 유방암과 같은 질병으로 이어질 수 있다."
>
> — 스티브 케이^{Steve Kay}, 서던캘리포니아대학교 생명과학과 교수

낮잠에 관해 이야기해보자. 상하이교통대학에서 실시한 연구에 따르면, 오후에 딱 5분 동안 낮잠을 자는 것은 기억력과 두뇌 민첩성(인지 기능)에 도움이 된다고 한다. 만약 좀 더 긴 낮잠이 필요하다면, 40분 후에 알람이 울리도록 설정해두자. 40분이 지나면 몸은 깊은 수면으로 들어가게 되므로, 일어난다고 해도 여전

'생활 습관으로 인한 자살은 오랜 시간이 걸린다.'

빌 브라이슨 Bill Bryson, 《바디: 우리 몸 안내서》

히 나른함을 느낄 수 있다. 아니면 몸이 수면 주기에 맞춰질 수 있도록 알람을 2시간 후로 설정해두자. 만약 밤에 잠을 자는 데 문제가 있다면 오후 낮잠은 생략하기 바란다.

건강하고 균형 잡힌 식습관

만약 나의 저서 《셰이프 업 필라테스》를 읽었다면, 영양에 관한 나의 개인적인 믿음을 알고 있을 것이다. '먹어야 하는 것을 먼저 먹은 뒤에 먹고 싶은 것을 먹어라'라는 말은 성인이 되고부터 나의 삶에 큰 도움이 되었다. 균형 잡힌 식습관을 갖는 것은 매우 중요하다. 나는 통곡물, 견과류, 씨앗류, 지역에서 키운 제철 과일과 채소, 기름기 없는 단백질, 신선하고 올바른 방법으로 잡은 생선, 약간의 유제품을 잘 챙겨 먹는다. 그런 다음 하루 종일 건강하게 먹은 것에 대한 보상으로 내가 먹고(마시고) 싶은 것, 즉 다크 초콜릿, 레드 와인 한 잔 등을 즐긴다.

나는 가능하면 가공되지 않고 불필요한 첨가물이 들어 있지 않은 음식을 먹으려고 노력한다. 다행히 나는 요리하는 것을 좋아하고, 사람들에게 요리해주는 것은 더 좋아하므로, 재료 손질부터 직접 하곤 한다. 다행히 알레르기가 없어 특별히 가리는 음식도 없다.

중요한 것은 다양성이다. 1985년 일본 정부는 서구식 식습관의 인기가 높아짐에 따라 발생하는 부정적인 영향에 대응하고자 국민들에게 매일 30가지의 다른 식품을 섭취할 것을 권장했다. 그렇게 할 수만 있다면, 몸이 필요로 하는 영양분을 모두 섭취하는 데 도움이 될 것이다.

장내 미생물이 건강에 중요하다는 근거는 점점 늘어나고 있다. 장내 미생물은 몸속에서 살고 있는 박테리아, 바이러스, 균류를 통칭하는 말이다. 이러한 박테리아는 면역계와 뇌 건강에 주요한 역할을 하고, 심지어 체중에도 영향을 미친다. 최대 1,000종의 박테리아가 장내에 서식하고 있는데, 대부분은 이롭지만 일부는 질병을 일으키기도 한다. 당연히 '착한' 친구들은 격려해주고, '나쁜' 친구들은 저지해야 한다. 장내 세균 불균형은 체중 증가의 원인이 될 수도 있으므로, 매일 프로바이오틱스를 섭취해야 정신 건강과 신체 건강을 모두 지킬 수 있다.

자, 그럼 지금부터 본격적으로 운동을 시작해보자.

1부

필라테스 익스프레스 운동법

시작하기 전에

바람직한 필라테스 수련을 위해 알아두어야 할 모든 것이 다음 두 장에 담겨 있다.

운동을 시작하기 전에 '올바른 필라테스 수련을 위한 팁(52쪽)'을 읽은 다음 '새로운 기본 원칙(56쪽)'을 살펴보자. 만약 이전에 필라테스를 해본 적이 있더라도 반드시 살펴보기 바란다. '기본 원칙'은 계속해서 업데이트되고 있으므로, 주기적으로 살펴볼 필요가 있다. 쉽게 말하자면, 요리를 시작하기 전에 레시피 전체를 살펴본 뒤, 알맞은 냄비와 프라이팬, 재료들을 확인하는 것이다! 이 책에서 소개하는 결합 운동의 상당수는 '새로운 기본 원칙'에 나와 있는 운동들을 활용한 것이므로, 그 내용을 미리 알아두는 것이 좋다.

'새로운 기본 원칙'을 충분히 익혔다면, '호흡기 건강을 위한 운동(172쪽)'과 '건강한 면역 체계를 위한 운동(228쪽)', 마지막으로 '힘과 유연성을 위한 운동(285쪽)'을 시작할 수 있다. 이 책에서 소개하는 운동 프로그램을 시작해보면 '새로운 기본 원칙'과 더불어 각 장에서 소개한 각각의 운동들을 활용한다는 것을 알게 될 것이다.

준비물은 다음과 같다.

- 두꺼운 미끄럼 방지 매트
- 접은 수건, 또는 작고 납작한 베개
- 침대용 베개
- 중간 강도의 스트레치 밴드(가능하면 긴 것, 또는 신축성 있는 긴 스카프)
- 튼튼한 의자
- 깨끗한 벽면
- 아령(여러가지 요인을 고려하여 무게를 결정한다. 우선 자신의 기량을 고려해야 한다. 자신의 능력을 절대 과대평가해서는 안 된다. 다음으로는 운동의 목적과 목표를 고려한다. 원래 필라테스에서는 무거운 아령을 사용하지 않는다. 움직임의 흐름을 제한하고 근육이 팽창될 위험이 있기 때문이다. 특정 무게를 설정하지 않는 편이 좋다고 판단되므로, 각자가 스스로 판단하여 점차 강도를 높이는 것이 좋다. 만약 아령이 없다면, 음료수 캔이나 물병을 사용해도 좋다.)

올바른 필라테스 수련을 위한 팁

올바른 수련 = 최대의 성과

- 실내에서 운동하는 경우, 따뜻하고 편안하며 집중할 수 있는 공간을 마련한다. 반드시 팔과 다리를 움직일 수 있는 충분한 공간이 있어야 한다. 원한다면 배경 음악을 틀어도 되지만, 산만하지 않고 조용해야 한다.

- 자유로운 움직임이 가능하며 자세가 바른지 확인할 수 있는 옷을 입는다. 맨발이 가장 좋지만, 미끄럼 방지 양말을 신어도 좋다. 야외나 직장에서 운동하는 경우 신발을 신어야 한다면, 발을 잘 돌릴 수 있도록 밑창이 쉽게 구부러지는 신발을 신는 것이 좋다.

- 331쪽 '야외에서 운동할 때의 팁'을 살펴보자.

- 정렬, 호흡, 중심화를 항상 기억한다.

- 각 동작에 대한 설명을 주의 깊게 읽는다. 각 동작에서 중점을 두는 부분을 '도전 과제와 이점'에 적어두었다. 그 동작이 목표로 하는 신체 부위나 움직임의 기술이 포함되어 있다.

- 항상 시간을 갖고 올바른 정렬로 시작할 수 있도록 하자. 시작 정렬이 움직임의 정확성에 영향을 미칠 수 있기 때문이다. 시작 자세가 올바르지 않으면 그 이후의 자세들도 올바르지 않다는 것을 명심하자.

- 시작 자세는 마무리 자세가 될 것이다. 동작을 반복한 후나 여러 동작을 한 다음 흐트러지지 않고 정확하게 다시 시작 자세로 돌아가는 것은 운동 자체만큼이나 중요하다.

- 일부 동작의 경우 시작 자세를 선택할 수 있다. 그렇게 함으로써 운동을 다양하게 만들 수 있다. 어떤 동작은 시작 자세로 인해 상당히 어려워질 수도 있다.

- 반드시 설명하고 있는 모든 동작을 완전히 이해해야 한다. 설명과 함께 실려 있는 사진을 보면 움직임의 순서를 알 수 있다. 또한 완성해야 하는 모습을 이미지로 볼 수 있다.

- 동작을 제대로 하고 있는지 확인해줄 수 있는 전문가가 곁에 있다면 가장 좋겠지만, 혼자서 운동하는 경우라면 스스로 확인해야 한다. '주의할 점'에 동작을 완벽하게 만들고 흔히 발생할 수 있는 부상을 피하는 방법을 적어두었다. 자신이 바르게 정렬하고 있는지 거울로 확인하는 것도 도움이 될 것이다.

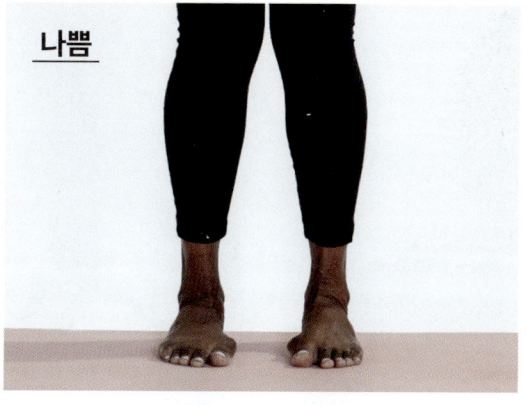
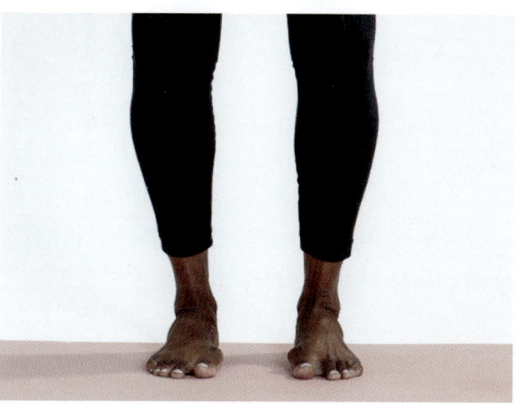

- 59~60쪽 중심선에 관한 내용을 살펴보자. 중심선이 바로 몸의 축이다. 몸의 축을 의식하면 운동을 시작하기 전에 올바르게 정렬할 수 있고, 몸의 중심을 잡는 데 도움이 되며, 몸을 움직이는 동안 올바른 정렬을 유지할 수 있다. 축의 움직임을 조절하는 것이 무엇보다 중요하다.

- 호흡법을 연습할 때는 새로운 방식에 적응하고 익히는 시간이 필요하다. 종종 자신의 호흡을 조절하려고 할 때 불안감을 느끼는 사람이 있다. 그런 경우에는 즉시 중단해야 한다. 호흡법을 전혀 하지 않아도 괜찮다. 호흡보다는 움직임에 집중하면서 다른 동작을 연습해볼 수도 있다.

- 매번 연습할 때마다 양쪽 다리와 팔, 몸을 번갈아가며 시작해보자. 누구나 어느 한쪽을 더 선호하는 경향이 있으므로, 균형을 맞추는 것이 좋다.

- 제시된 반복 횟수는 이상적인 목표 횟수다. 언제나 양보다는 질이 중요하다. 근육이 피로해 움직이기 고통스럽다면 즉시 멈추고 휴식을 취해야 한다. 다음에 언제든 다시 운동을 시작할 수 있다. 시간도 고려해야 한다. 만약 10분 규칙을 철저히 지키고 있는 경우라면, 반복 횟수를 제한해야 할 수도 있다. 동작이 익숙해지면 횟수를 모두 채우기가 더욱 쉬워질 것이다.

| 좋음 | 나쁨 | 나쁨 |

- 균형을 맞추는 것이 좋다. 만약 한쪽 다리나 한쪽 팔로 운동을 했다면 반대쪽 다리나 반대쪽 팔로 한 번 더 반복한 뒤 마무리하는 것이 좋다.

- 스쿼트나 런지를 할 때처럼 무릎을 구부리는 경우, 무릎을 두 번째 발가락 위쪽으로 굽혀야 한다. 그러면 엉덩이와 무릎, 발목을 바르게 정렬하는 데 도움이 된다. 무릎과 발목이 안쪽이나 바깥쪽으로 돌아가서는 안 된다.

- 244쪽 '제자리에서 걷기'처럼 발뒤꿈치를 발가락 위쪽으로 들어 올릴 때는 발목의 앞부분이 두 번째 발가락 위에서 앞쪽을 향해야 한다. 이때 발바닥의 앞꿈치에 체중을 싣고 발뒤꿈치를 들어야 한다. 발가락은 계속 바닥에 닿아 있지만, 바닥을 움켜쥐지 않고 움직일 수 있어야 한다.

- 아령이나 밴드를 사용할 때는 올바른 손목 정렬을 유지해야 한다.

- 아령을 사용하고 싶다면, 큰 관절을 먼저 풀어주는 것이 중요하다(운동 과정에 포함되어 있다). 처음에는 아령 없이 연습하다가 서서히 무게를 늘려나가는 것이 좋다. 그렇다고 동작을 망치면서까지 해서는 절대 안 된다. 일반적으로 남자들은 동작을 망치지 않으면서 좀 더 무거운 아령을 들 수 있다. 각자의 판단에 맡긴다.

- 이 책에서 소개하는 운동의 주요 장점들 중 하나는 시간을 절약할 수 있다는 것이다. '주의할 점'에서는 '동시에'라는 말이 자주 등장한다. 이 말은 주로 동작들을 서로 결합하면 좋을 때 나온다. 각 동작을 제대로 익히기 위해 처음에는 각각의 동작을 따로따로 몇 차례 반복하여 연습하고, 그런 다음 동작들을 결합하도록 하자.

- 운동을 할 때 속도를 높여서는 안 된다. 동작을 천천히 하는 것이 훨씬 좋고 좀 더 어렵다. 컬 업(151쪽) 동작을 빠르게 한 다음 천천히 해보면 무슨 말인지 이해가 될 것이다.

- 무엇보다 중요한 것은 디테일이다. 필라테스를 할 때는 세세한 부분까지 신경 써야 한다.

다음의 경우라면 운동을 하지 말아야 한다.

- 몸이 아플 때

- 과식한 직후

- 술을 마셨을 때

- 부상으로 인한 통증이 있을 때(운동을 하기 전에 휴식이 필요한 경우도 있다. 반드시 의사와 먼저 상의해야 한다.)

- 강한 진통제를 복용했을 때(진통제 복용으로 어떠한 위험 신호가 드러나지 않을 수도 있기 때문이다.)

- 병원 치료를 받고 있거나 약을 복용하고 있을 때(이런 경우에도 반드시 의사와 먼저 상의해야 한다.)

새로운 운동을 시작하기 전에는 반드시 의사와 상의해야 한다. 질환이 있는 경우라면 더더욱 중요하다.

새로운 기본 원칙

지금부터 소개하는 내용은 이 책에서 가장 중요한 부분이다. 절대 건너뛰어서는 안 된다.

이러한 기본 원칙들을 잘 지킨다면 운동을 제대로 할 수 있을 뿐만 아니라, 운동할 때 최대 효과를 얻을 수 있다. 필라테스에 능통하다 해도 여기에서 소개하는 동작들을 주기적으로 살펴봐야 한다. 우리의 방법은 새로운 과학 연구를 바탕으로 진화하고 있으므로, 새로운 내용을 정기적으로 살펴보는 것이 좋다.

정렬, 호흡, 중심화는 운동을 시작할 때만이 아닌, 모든 움직임에 포함되어 있어야 한다. 먼저 전체 맥락을 살펴보자. 정렬, 호흡, 중심화는 전체 접근법을 뒷받침하는 보디 컨트롤 필라테스의 8가지 기본 원칙 중 일부다.

1. 집중
2. 이완
3. 정렬
4. 호흡
5. 중심화
6. 협응 능력
7. 물 흐르는 듯한 움직임
8. 체력

간단히 말해, 다음과 같은 모습을 갖추기를 바란다. 모든 움직임을 의식하고, 자신이 하고 있는 동작에 온전히 집중한다. 불필요한 긴장에서 벗어난다. 동작을 시작하기 전에 가능한 한 가장 좋은 자세를 취하고, 일상생활에서도 최대한 자세를 정렬한다. 최대한 효율적으로 호흡한다. 동작을 할 때(삶에서도) 중심을 잡고 안정감 있게 움직인다. 움직임을 통제하고 조화롭게 만든다. 어렵지 않게 물 흐르듯 자유롭게 움직인다. 충분한 체력과 넘치는 에너지, 강렬한 열정으로 인생을 즐긴다!

필라테스를 규칙적으로 한다면 이 모든 것이 가능해진다. 그러나 이 장에서 중점을 두고 있는 부분은 '기본 원칙'이라고 부르는 내용들로, 다양한 동작을 할 때 올바른 자세로 정렬하는 방법, 운동하면서 효율적으로 호흡하는 방법, 중심화를 갖춘 상태에서 움직이는 방법이다.

정렬 Alignment

좋은 자세는 왜 중요할까? 조셉 필라테스는 주위에서 나쁜 자세를 흔하게 볼 수 있다고 이야기했다.

'어깨가 앞으로 말려 둥글고 배가 튀어나온 수천 명의 사람을 매일 마주친다.'

— 조셉 필라테스, 《컨트롤로지를 통한 삶의 회복》

그는 올바른 자세로 정렬하는 것은 동작을 할 때 좋을 뿐만 아니라 건강을 위해서도 중요하다고 믿었다.

위의 내용과 별개로, 정렬이 나쁘면 관절에 무리가 가고, 그렇게 되면 관절이 고르지 않게 마모된다. 이는 근육의 불균형으로 이어질 수 있다. 또한 그 사람의 모습에 엄청난 영향을 미친다.

거울에 비친 모습이 구부정하다면 매력적으로 보이지 않는다. 이상하게도 사람들은 거울에 자신의 모습을 비춰볼 때만 몸을 쫙 펴곤 한다. 거울에서 멀어진 뒤에는 어떨까? 여전히 꼿꼿하게 서 있을까? 대부분의 사람은 자신을 비춰주는 거울 또는 친절한 필라테스 선생님이 곁에 없다면 구부정한 상태로 돌아가는 경향이 있다.

거울 앞에서 구부정하게 선 다음 몸을 꼿꼿이 세운 뒤 그 차이를 살펴보자.

'자세가 구부정하면 몸의 균형이 깨지고, 몸의 뼈와 근육, 신경과 혈관을 포함한 몸의 여러 장기의 배열이 틀어질 수 있다.'

— 조셉 필라테스, 《당신의 건강》

구부정한 자세

01/ 배가 나왔다.

02/ 갈비뼈가 엉덩이 쪽으로 내려가면서 허리가 사라진다.

03/ 키가 작아 보인다.

좋은 자세에 관해서는 추후에 자세히 살펴볼 것이다. 여기에서는 정수리를 당겨 올리고, 어깨를 펴고, 팔을 양옆으로 편안하게 늘어뜨린다. 잠시 아랫배를 척추 쪽으로 부드럽게 당긴다. 호흡한다.

좋은 자세: 변화를 관찰하자.

01/ 즉각적으로 키가 더 커 보인다.

02/ 허리가 다시 나타난다.

03/ 배가 더 납작해 보인다.

문제는 몸을 꼿꼿이 세우고 서 있는 것은 결코 쉬운 일이 아니라는 점이다. 심부 자세유지근에서 나오는 내부의 힘으로 몸을 꼿꼿이 세워야 한다. 몸의 깊은 곳에 있는 '코어' 근육은 기본적으로 중력에 반하는 근육이다. 몸이 약할 때는 온종일 좋은 자세를 유지하기가 매우 어렵다. 필라테스는 힘을 들이지 않고 손쉽게 꼿꼿이 서 있을 수 있는 내부의 힘을 길러준다. 그래서 공연을 하는 사람들이 꾸준히 필라테스를 하는 것이다. 무대에서나 카메라 앞에서 하루 종일 몸이 긴장하고 있다고 상상해보라.

좋은 자세는 **뼈**를 제대로 정렬하고 코어 근육의 효율성을 높일 뿐만 아니라 그 이상의 효과를 만들어낸다. 꼭 좋은 자세를 느끼고, 이해하고, 경험해보기를 바란다.

이 장에서는 시작 자세를 위해 바르게 정렬하는 방법을 알아볼 것이다. 동작을 하면서 움직일 때도 정렬을 유지해야 한다는 것을 꼭 기억하자.

중심선 Centerline

시작 자세를 설명하기 전에, 중심선에 관해 이야기해보자. 중심선은 몸의 세로축이다. 앞서 중심축의 움직임과 자세 조절에 따른 정신 건강의 이점에 대해 살펴보았다. 중심선을 통해, 중심선을 따라, 중심선 주위로 움직이는 것은 올바른 정렬을 위해 필수적이다. 그리고 목표는 늘 축의 길이라는 점을 명심하자. 그러나 먼저, 각자의 중심선을 인지해야 한다.

위 사진을 보면, 코에서부터 목 아랫부분에 옴폭 들어간 부분을 지나 가슴뼈, 배꼽, 치골의 중심을 지나 양쪽 발 사이 중간에 정확하게 떨어져 있는 점선이 보일 것이다.

개인적으로 좋아하는 물리 치료사의 말을 빌리면, '우리는 가로등 기둥이 아니라 나무다!' 이 점을 꼭 기억하자. 누구도 이렇게 대칭을 이루지는 못한다. 사실 사진의 모델들도 대칭을 이루는 자세를 만들기까지 꽤 오랜 시간이 걸렸다. 만약 척추측만증이 있어 척추가 굽은 사람이라면, 중심선을 마음속으로 그려보고 그 중심선을 따라 운동을 하면 도움이 될 것이다.

몸에서 이 정도의 대칭을 이루어내기란 결코 쉽지 않다. 하지만 꾸준히 노력한다면 근육의 균형을 맞추고 관절을 나란하게 정렬하는 데 도움이 될 것이다. 근육이 균형을 갖추면 몸을 움직일 때 좀 더 제대로 된 길이와 힘으로 작동할 수 있다. 바르게 정렬된 관절은 일상생활에서의 스트레스와 통증을 보다 잘 견뎌낼 수 있다.

대다수의 동작은 이 중심선 주위로 움직이고, 축의 길이를 만들어야 한다. 이러한 내용을 몸을 비틀고 굽히거나 편 다음 동작을 마무리하며 제자리로 돌아올 때 항상 기억하자. 그러면 바르게 움직이는 것은 물론 스트레스를 완화하는 데도 도움이 될 것이다. 처음에는 자신의 정렬을 확인해볼 필요가 있겠지만, 결국에는 자신의 정렬을 보지 않고도 감지할 수 있어야 한다.

시작(그리고 마무리) 자세

여기에서는 운동 프로그램의 각기 다른 시작 자세를 설명하고자 한다. 기억해야 할 점은 시작 자세가 곧 마무리 자세라는 것이다. 또한 동작을 하는 동안에도 바르게 정렬을 해야 한다는 것을 기억하자. 이완 자세를 했을 때 올바른 정렬을 배우기가 가장 쉽다. 제대로 된 자세를 찾을 수 있도록 바닥이 피드백을 주기 때문이다.

이완 자세 Relaxation Position

이완 자세는 동작이기도 하면서, 누워서 하는 많은 동작의 시작과 마무리 자세이기도 하다. 동작을 정확하게 해야 하는 가장 중요한 자세다. 동작으로서 이완 자세는 긴장을 완화하고, 제대로 된 자세 정렬과 호흡, 안정성을 위해 몸을 인지하는 능력을 기르는 데 도움이 된다. 시작 자세로서는 정렬과 호흡, 중심화를 확인할 때 사용한다.

시작 자세 Starting Position

무릎은 구부리고 발은 평행하게 골반 너비만큼 벌린 뒤 등을 대고 매트에 누워라. 발뒤꿈치가 각각 양쪽 엉덩이의 중심을 향하게 하고, 빌은 골반 너비로 벌려야 한다. 필요하다면 작게 접은 수건이나 단단하고 납작한 베개를 머리 아래에 둔다. 이는 목의 자연스러운 곡선을 유지하면서도 목을 늘여주기 위함이다. 머리는 들려서도, 젖혀져서도 안 된다. 베개가 필요하지 않은 경우도 있지만, 2개가 필요할 수도 있다.

만약 이완 자세를 '유지'하고자 한다면, 어깨가 펴지고 열리도록 손을 아랫배에 둔다. 긴장을 완화시키기 위해 양쪽 팔꿈치 아래에 베개를 둘 수도 있다. 만약 이완 자세를 시작 자세로 한다면, 양팔을 몸 옆에 편안하게 내린 뒤 손바닥이 아래를 향하도록 둔다.

> ⚠️ **주의할 점**
>
> - 척추를 편안하게 만들고 매트가 척추를 받쳐주는 느낌을 받으면서, 전체 척추가 넓어지고 길어지도록 한다.
>
> - 체중이 실리는 세 부분인 흉곽, 골반, 머리에 집중한다.
>
> - 매트에 닿아 있는 신체 부분을 의식한다. 그 부분이 무겁게 느껴지고 받쳐지는 느낌이 들어야 한다. 척추 아랫부분은 매트에 닿아 있는 느낌이 적게 들 것이다.
>
> - 가슴의 전체 너비에 집중하고, 가슴뼈가 이완되는 것을 느낀다.
>
> - 목이 길어지는 것을 느끼고, 턱과 이마를 편안하게 만든다.
>
> - 몸이 편안해지고 척추가 이완되는 시간을 가진다.
>
> 이 자세를 끝낼 때는 옆으로 돌은 뒤 잠시 쉬었다가 일어난다.

나침반 Compass

이 동작은 골반과 척추 아랫부분의 중립 상태의 정렬을 인식하는 데 도움을 준다. 또한 등 아래쪽을 움직이고 이완시키기에 매우 좋은 방법이다.

이완 자세(주의: 사진에서는 척추 정렬을 보여주기 위해 팔을 들었다)를 취한 뒤 양팔을 몸 옆으로 길게 늘어뜨린다. 아랫배 위에 나침반이 있다고 상상해보자. 배꼽은 북쪽을, 치골은 남쪽을 나타내고, 골반의 튀어나온 양쪽 뼈는 서쪽과 동쪽을 나타낸다.

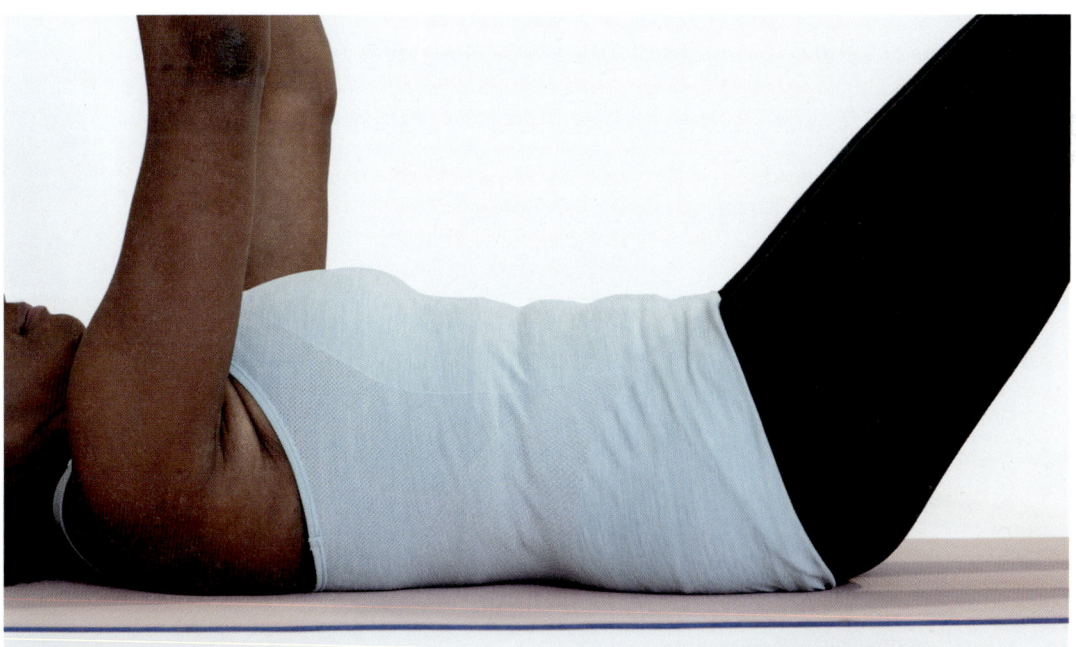

동작

01/ 숨을 들이마시며 준비한다.

02/ 숨을 내쉬며 골반을 부드럽게 북쪽으로 기울인다(치골은 앞쪽 위로 움직인다). 골반이 뒤로 젖혀지면서 척추 아랫부분이 매트 안쪽에서 이완되는 것이 느껴질 것이다.

03/ 숨을 들이마시며 골반을 다시 중간 지점까지 기울인 다음, 멈추지 말고 골반을 남쪽을 향해 앞으로 부드럽게 기울인다(치골은 뒤쪽 아래로 움직인다). 등 아래쪽에 아치가 살짝 만들어질 것이다.

북쪽/남쪽 기울이기를 5번 반복한다.

04/ 시작 자세로 돌아와 중립 자세를 찾는다. 중립 자세는 남쪽도 북쪽도 아닌, 그 사이의 중간 지점이다.

05/ 숨을 내쉬며 골반을 서쪽으로 돌린다. 골반이 회전하면서 골반 반대쪽이 살짝 들리는 것이 느껴질 것이다. 허리 한쪽이 짧아지지 않도록(즉, 고관절이 올라가지 않도록) 옆으로 곧장 돌린다.

06/ 숨을 들이마시며 골반을 중간 지점까지 돌린 다음, 멈추지 말고 반대쪽인 동쪽으로 돌린다. 골반이 회전하면서 골반 반대쪽이 살짝 들리는 것이 느껴질 것이다.

07/ 중간 지점으로 되돌아온다. 골반은 평평한 상태다. 이 상태가 바로 중립 자세다.

이 자세를 끝낼 때는 옆으로 돈 뒤 잠시 쉬었다가 일어난다.

 주의할 점

- 쉽고 편안하게 기울여야 한다.

- 마지막 중립 자세는 자연스럽게 느껴져야 한다. 자세를 억지로 만드는 느낌이 들면 안 된다.

- 골반 뒤쪽이 무겁게 느껴지고, 매트 안쪽을 파고드는 느낌이 들어야 한다.

- 양쪽 허리가 똑같이 길어져야 한다.

- 반드시 골반 양쪽에 똑같은 무게가 실려야 한다.

- 고관절이 편안하게 이완되어야 한다.

- 골반의 중립 상태를 찾고 난 뒤에는 몸의 나머지 부분도 챙겨야 한다.

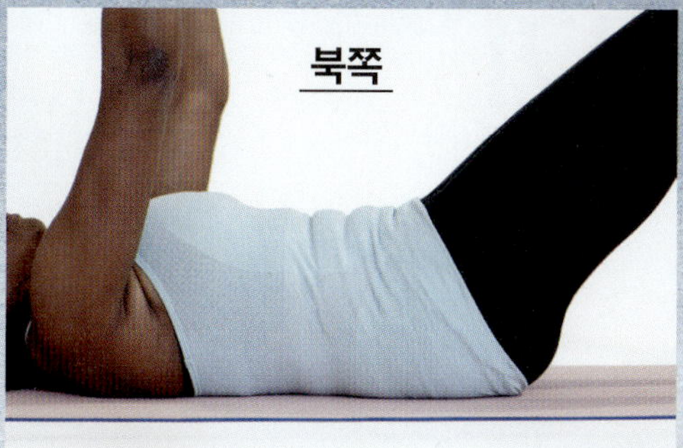

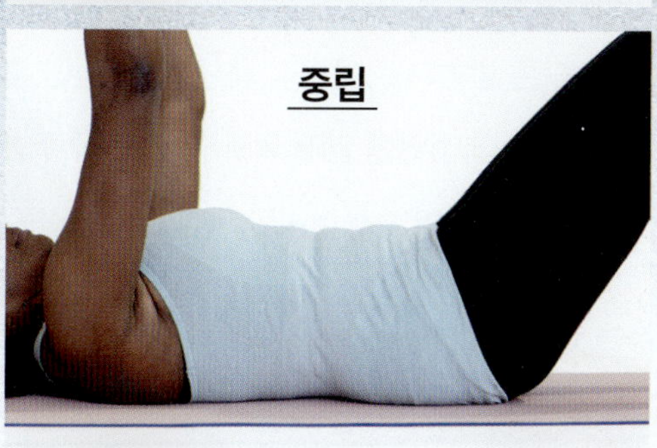

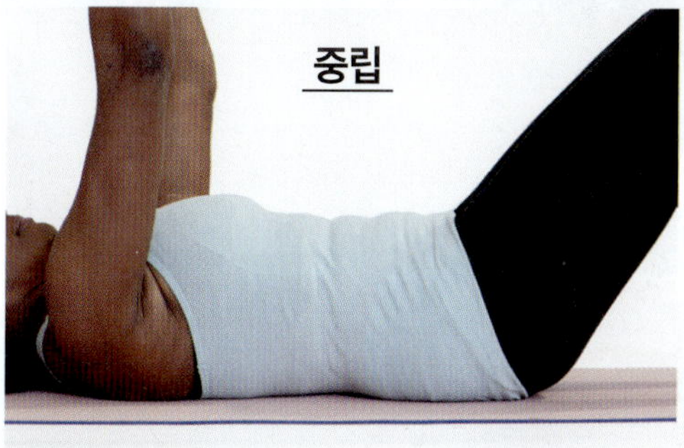

간단한 중립 확인법

아랫배에 손을 올린 뒤 삼각형을 만든다. 손가락 끝이 치골에 닿게 하고, 엄지손가락의 아랫부분은 골반뼈의 튀어나온 부분 위에 둔다. 중립 상태라면, 손이 바닥과 평행하고(배가 허락한다면) 양쪽 허리의 길이가 같아야 한다. 이제 척추의 나머지 부분과 관련 있는 머리와 목의 올바른 정렬에 좀 더 집중할 수 있다.

턱 당기기와 목 돌리기

Chin Tucks and Neck Rolls

이는 나침반과 비슷하지만 머리와 목을 위한 동작이다. 머리를 다른 방향으로 돌린 다음, 중립 지점인 중간으로 돌아와 휴식을 취할 것이다. 이 동작으로 머리와 목 주변의 중립 정렬을 알게 되고, 머리와 목 주변의 긴장을 효과적으로 풀어줄 수 있다. 운동 프로그램의 준비 운동으로 완벽한 동작이다.

이완 자세(61쪽)를 취한다. 몸을 꼿꼿이 세우고 앉은 상태, 혹은 선 상태에서도 턱 당기기와 목 돌리기를 할 수 있지만, 바닥에서 받쳐주지 않고 바닥으로부터 피드백을 받을 수도 없으므로, 꼿꼿이 세운 척추의 가장 위에 있는 머리의 위치를 좀 더 세심하게 신경 써야 할 것이다.

시작 자세

동작

01/ 숨을 들이마시며 준비한다.

02/ 숨을 내쉬며 목의 뒷부분을 길게 늘이고, 머리를 앞으로 숙여 턱을 밑으로 당긴다. 머리는 계속 매트에 닿아 있어야 한다.

03/ 숨을 들이마시며 머리를 부드럽게 뒤로 젖힌다. 멈추지 말고 중간 지점을 지나 목을 살짝 늘여준다. 턱이 위로 올라갈 때 뒤통수는 계속 매트에 닿아 있어야 한다. 아주 조금만 움직이는 동작이다.

04/ 위 동작을 5번 반복한 다음, 머리가 앞이나 뒤로 기울어지지 않고 목이 구부러지거나 젖혀지지 않는 중간 지점을 찾는다. 이것이 중립으로, 얼굴과 눈의 초점이 모두 똑바로 천장을 향해 있어야 한다.

05/ 계속 목을 편안하게 둔 상태에서 숨을 내쉬며 머리를 한쪽으로 돌린다. 이번에도 머리는 반드시 매트에 닿아 있어야 한다.

06/ 숨을 들이마시며 머리를 다시 가운데로 돌린다.

반대쪽으로도 최대 5번 반복한 다음, 머리를 다시 가운데로 돌린다. 이때 목의 양쪽 길이가 같아야 한다.

⚠️ 주의할 점

- 처음부터 끝까지 목을 길게 유지한다.

- 동작은 크지 않고 편안하게 느껴져야 한다.

- 턱을 아래로 당길 때, 단순히 목의 뒷부분을 매트 속으로 누르는 것이 아니라 반드시 뒤통수가 매트를 따라 미끄러져야 한다.

- 등의 윗부분과 아랫부분이 중립 자세일 때 나타나는 자연스러운 곡선이 흐트러지지 않아야 한다.

- 운동 프로그램에서 이 동작을 할 때는 매번 돌리는 방향을 바꿔주어야 한다.

 운동

앉아서 하는 시작 자세

Seated Starting Positions

이 책은 앉아서 하는 시작 자세를 다양하게 소개한다. 팔과 다리의 위치는 매번 달라진다.

매트 위에 앉기 — 긴 개구리^{Long Frog}

허리를 펴고 매트 위에 앉는다. 말아놓은 수건이나 쿠션 위에 앉으면 척추 중립 자세에 도움이 되어 훨씬 더 편안할 수도 있다. 무릎을 구부리고, 양쪽 다리를 골반 바깥쪽을 향해 돌린 뒤, 양쪽 발바닥을 서로 붙인다. 고관절에서 공간감이 느껴지도록 발은 몸에서 멀리 떨어져 있어야 한다. 손은 정강이 위에 두고, 두 팔은 길게 뻗고, 팔꿈치는 살짝 굽힌다. 머리는 흉곽 위쪽 가운데에서, 흉곽은 골반 위쪽 가운데에서 균형을 잡는다.

짐볼 위에 앉기

만약 짐볼을 사용한다면, 코어 근육이 자연스럽게 몸을 꼿꼿이 세워줄 것이다. 이때 코어 근육이 피곤해질 수 있으므로 종종 짐볼에서 내려와 짧은 휴식을 취하며 가슴을 펴고 앉아 있는지 확인해야 한다. 구부정하게 앉아 있으면 안 된다. 균형을 맞추기 위해 발을 넓게 벌려 주어야 할 수도 있다. 332쪽 '앉아서 하는 운동 프로그램'에 포함된 대부분의 동작을 할 수 있어야 하지만, 각자의 안정성과 균형감에 따라 달라질 수 있다. 안전에 유의하고, 떨어지지 않도록 하자!

의자에 앉기

의자에 앉아 있을 때의 정렬에 대해 조금 더 자세히 살펴보자. 점심 운동 프로그램(332~347쪽)의 경우, 일하는 도중에 책상을 벗어나지 못할 수도 있다. 다시 한 번 말하지만, 장시간 앉아 있는 것은 건강에 몹시 해로우므로, 불가피한 상황이 아니라면 언제나 대안이 되는 자세를 선택해야 한다.

의자는 튼튼하고, 팔을 움직이는 동작을 할 수 있도록 팔걸이가 없는 것을 선택하는 것이 좋다.

동작

01/ 의자에 앉아 몸을 꼿꼿이 세운다. 발은 바닥에 붙인 상태에서 골반 너비로 벌린 뒤 평행하게 둔다. 무릎은 거의 90도로 굽히고, 다리 아랫부분은 직각을 이루고, 발뒤꿈치는 무릎

뒷부분과 일직선이 되어야 한다. 그러기 위해서는 낮은 받침대(큰 책 몇 권) 위에 발을 올려야 할 수도 있다.

02/ 체중이 양쪽 좌골 중심에 고르게 실려 있는지 확인한다.

03/ 목표는 척추의 모양이 무너진 'C' 모양이 아니라, 길쭉한 'S' 모양이 되는 것이다. 등의 아랫부분에 살짝 들어간 곳이 있는지 확인해보자(요추 전만). 꼬리뼈 쪽으로 구부리면 구부정한 'C' 모양이 될 수 있으므로, 마찬가지로 치골을 향해 너무 앞으로 내밀면 등의 아랫부분에 아치가 생길 수 있으므로 주의해야 한다. 아주 약간의 자연스러운 곡선이 유지될 수 있도록 전체 척추를 위로 늘여준다.

04/ 흉곽은 뒤로 빠지거나 앞으로 기울어지지 않고 골반 바로 위에 있어야 한다.

05/ 손가락 끝을 흉골에 대고, 올바른 자세를 확인하기 위해 이 부분을 살짝 들어 올린다.

06/ 등 위쪽에서 어깨뼈가 펴지고 가슴 앞쪽에서 쇄골이 열리는 것을 느낀다.

07/ 목을 길게 빼고, 머리는 척추의 가장 위에서 자연스럽게 균형을 맞춘다.

앉아 있는 동안 앞서 설명한 길쭉한 'S' 모양을 유지하기란 쉽지 않겠지만, 규칙적으로 필라테스를 한다면 도움이 될 것이다. 의자에 등받이가 있는 경우, 허리 곡선 부분에 작은 도구를 두는 것도 좋은 방법이다. 말아놓은 수건이나 25퍼센트 정도 부풀린 작은 공도 도움이 될 것이다. 단, '앉은 자세에서 고양이(146쪽)'와 같은 동작을 할 때는 이러한 보조 도구를 치우도록 하자.

운동

네발 기기 Four-point Kneeling

이 자세는 그냥 쉬는 게 아니다. 몸을 움직여야 한다!

매트 위에서 네발 기기 자세를 취한다. 양손은 어깨 바로 밑에, 무릎은 엉덩이 바로 밑에 둔다.

시작 자세

⚠️ 주의할 점

- 나침반(63쪽)과 마찬가지로, 골반을 살짝만 기울인다. 척추의 나머지 부분은 약간 반응하겠지만, 너무 과장되게 반응해서는 안 된다.

- 팔은 최대한 늘이되, 팔꿈치가 잠기면 안 된다.

- 쇄골은 펴주고, 목의 긴장을 풀어준다.

중립 자세

동작

중립 상태의 골반과 척추를 찾는다.

01/ 숨을 들이마시며 척추를 늘인다.

02/ 숨을 내쉬며 골반을 뒤쪽으로 기울인다(꼬리뼈가 말려 내려간다). 허리 아랫부분이 살짝 둥글게 올라올 것이다.

03/ 숨을 들이마시며 척추를 늘이고 골반을 앞으로 기울인다(꼬리뼈가 튀어나온다). 허리 아랫부분이 아래쪽으로 살짝 아치를 이룰 것이다.

위 동작을 3번 반복한 다음, 골반이 중립 상태인 중간 지점을 찾는다. 이 자세는 구부러지거나 휘어지지 않은 길고 평평한 자세다.

요추의 자연스러운 곡선을 유지하고, 목의 긴장을 풀 수 있도록 올바른 어깨 정렬을 찾는다.

04/ 숨을 들이마시며 팔꿈치가 펴진 상태에서 어깨뼈를 부드럽게 당겨 모아준다(안쪽으로 당겨준다). 척추 윗부분이 매트 쪽으로 살짝 내려갈 것이다.

05/ 숨을 내쉬며 어깨뼈가 흉곽 위에서 더 넓어지도록 부드럽게 움직인다(어깨뼈를 늘여준다). 척추 윗부분이 살짝 둥글게 될 것이다.

위 동작을 3번 반복한 다음, 어깨뼈의 양쪽 끝 사이에 있는 중간 지점을 찾는다. 척추 윗부분과 목의 자연스러운 곡선을 유지한다. 정수리에서 꼬리뼈까지 척추 전체를 늘여준다.

세발 기기 Three-point Kneeling

세발 기기 자세에 도전해보자. 한쪽 팔을 떼어주는 것으로, 지탱하는 힘이 줄어든다.

보통 이 동작을 할 때는 몸을 지탱하지 않는 팔로 갈비뼈를 감싸준다.

이 동작을 할 때는 어깨를 열어서 펴고, 골반은 직각을 이루고 중립 자세가 될 수 있도록 노력해야 한다. 척추를 움직일 때 도전 과제는 바로 중심선을 지키는 것이다.

무릎으로 서기 High Kneeling

모든 사람에게 이 자세가 편안한 것은 아니다. 만약 이 자세가 편안하지 않다면 이 자세 대신 기립 자세(81쪽)를 시도해보자.

두꺼운 매트(무릎을 보호하기 위해) 위에서 무릎으로 선다. 이때 매트가 불안정하게 느껴질 만큼 푹신해서는 안 된다. 무릎을 골반 너비로 벌리고, 원한다면 허벅지 사이에 작은 쿠션을 끼워준다(쿠션의 두께는 대략 골반 너비가 되어야 한다). 무릎에만 체중을 싣지 말고, 양쪽 정강이 전체에 고르게 체중을 실어야 한다.

동작

01/ 척추를 길게 늘인다.

02/ 양쪽 허리를 똑같이 늘인다.

03/ 흉곽은 뒤로 빠지거나 앞으로 기울어지지 않고 중립 상태의 골반 바로 위에 있어야 한다.

04/ 등 위쪽에서 어깨뼈가 펴지고, 가슴 앞쪽에서 쇄골이 열리는 것을 느낀다.

05/ 손가락 끝을 흉골에 대고, 그 부분을 살짝 들어 올린다. 손의 긴장은 풀지만 들어 올린 상태는 유지해야 한다.

06/ 어깨에서 팔을 자연스럽게 늘어뜨린다. 겨드랑이 아래에 공간이 느껴져야 하고, 손에서 길이감과 무게감이 느껴져야 한다.

07/ 목의 긴장을 풀고, 머리는 척추의 가장 위에서 자연스럽게 균형을 맞춘다. 정수리가 천장으로 당겨 올려지는 것을 느낀다.

08/ 턱의 긴장을 풀고, 정면을 응시한다.

무릎으로 선 런지 자세 High-kneeling Lunge Position

이 자세가 편안하지 않다면, 무릎으로 선 자세나 엇갈리게 선 자세를 시도해보자.

무릎으로 선 런지 자세를 하려면, 앞의 설명에 따라 시작하고(쿠션 부분은 제외), 한쪽 다리를 골반과 일직선이 되게 앞으로 가져온다. 무릎은 발목 바로 위에서 90도로 굽혀야 한다.

⚠️ 주의할 점

- 골반을 앞으로 내밀지 않도록 주의하고, 골반 위에 흉곽이, 흉곽 위에 머리가 있어야 한다.
- 운동을 하는 동안 90도의 각이 흐트러질 수 있으므로 무릎과 발목의 정렬을 확인해야 한다.
- 골반뼈는 기울어지지 않아야 한다

엎드려서 시작하는 자세

Prone Starting Positions

이 책은 엎드려서 시작하는 자세를 다양하게 소개한다. 다트(222쪽)와 풀 스타(269쪽), 코브라 준비 운동(165쪽)은 팔과 다리의 위치가 각각 다르다.

항상 직선으로 누워 있는지 확인한다. 매트 가운데에 테이프를 붙여두면 도움이 될 것이다.

다트 시작 자세

코브라 시작 자세

다이아몬드 프레스 Diamond Press

직선으로 엎드린 뒤 팔로 다이아몬드 모양을 만든다. 손가락 끝을 모으고, 손바닥은 매트를 향하게 하고, 팔꿈치는 열어준다. 이마를 손등 위에 올린다. 좀 더 쉽게 하고 싶다면 어깨가 벌어지고 이완될 수 있도록 손의 간격을 넓힌다(이렇게 하려면 이마 밑에 접은 수건이 필요할 수도 있다). 다리는 골반 너비로 벌리고 서로 평행해야 한다.

다이아몬드 프레스 시작 자세

⚠️ 주의할 점

- 척추 아랫부분이 납작해지거나 구부러지지 않도록 주의한다. 척추 아랫부분이 길어지는 느낌이 들어야 한다. 만약 불편함이 느껴진다면, 척추를 받쳐주기 위해 아주 작고 납작한 쿠션이나 접은 수건을 배 아래에 둘 수도 있다.

- 흉곽 아래쪽 앞부분과 골반 윗부분을 연결한다고 생각한다. 매트에서 흉곽이 이완되면서 느껴지는 무게에 집중한다.

- 가슴을 열고 쇄골을 펴준다.

- 목은 계속 길게 빼주되 턱을 당기거나 들어서는 안 된다.

- 정강이 아래에 베개를 두면 쥐가 나는 것을 방지할 수 있다.

운동

옆으로 누워서 하는 시작 자세 Side-lying Starting Position

이 책은 옆으로 누워서 하는 시작 자세를 다양하게 소개한다. 머리와 팔, 다리의 위치는 매번 다르고, 이에 따라 난이도가 달라지기도 한다. 몸이 바닥에 닿아 있는 부분이 많아질수록 지탱해주는 부분이 많아지므로 동작이 훨씬 더 쉬워진다.

옆으로 누워 있는 의자 Side-lying chair

옆으로 누운 뒤 엉덩이와 무릎이 직각이 되도록 양쪽 무릎을 몸 앞으로 구부린다. 골반 위에 골반, 무릎 위에 무릎, 어깨 위에 어깨가 일직선을 이루어야 한다. 일직선임을 확인하고 싶다면 매트 뒤쪽 가장자리에 몸통을 맞추어보면 된다. 무릎, 발목, 발이 골반과 나란하도록 무릎 사이에 베개를 끼울 수도 있다. 이렇게 하면 골반과 등에 문제가 있을 때 특히 도움이 된다.

아래에 있는 팔을 척추와 일직선으로 뻗어준다. 머리가 바르게 정렬되도록 머리와 팔 사이에 납작한 쿠션이나 접은 수건을 두는 것이 좋다. 일반적으로 남자들은 어깨가 더 넓기 때문에 쿠션이 한 개 이상 필요하다. 위에 있는 팔은 구부리고, 손은 몸을 지탱할 수 있도록 몸통 앞에 가볍게 둔다.

155쪽 '활과 화살'과 같은 동작을 하는 경우, 머리와 목은 척추와 나란히 정렬하고, 팔은 몸 앞에서 어깨높이로 뻗을 수 있도록 머리 밑에 베개를 둔다.

⚠️ 주의할 점

- 몸이 앞으로 쏠리거나 뒤로 넘어가지 않도록 주의한다. 2장의 유리 사이에 누워 있다고 상상하며 몸을 세워본다.

- 척추의 자연스러운 곡선을 유지해야 한다.

- 양쪽 허리를 똑같이 늘인다. 이는 옆으로 눕는 자세에서 매우 중요한 부분으로, 척추 아랫부분이 매트 쪽으로 처지면서 척추가 쉽게 무너지기 때문이다.

운동

기립 Standing

시작 자세

언제 어디서나 몸을 쫙 펴고 서 있는 것은 매우 중요하다. 그렇게 하려면 연습을 통해 심부 자세유지근의 힘을 길러야 한다. 체력은 앞서 이야기한 8가지 기본 원칙 중 하나다(56쪽). 몸을 펴고 서 있는 것은 '자세'라기보다는 역동적인 운동이라고 할 수 있다.

목표는 체중의 80퍼센트를 발의 아치 위에 균형 있게 싣는 것이다. 제대로 기립하기 위해 주의할 점을 18가지나 준비했다. 그야말로 만반의 준비를 마쳤다! 몸을 꼿꼿이 세우고 서 있을 때 중력에 대항해 몸을 지탱하고 있는 다수의 심부 자세유지근을 사용하고 있다고 생각하자.

중심선을 상상해보자(59쪽).

몸을 꼿꼿이 세우고, 발은 골반 너비로 벌린 채 자연스럽게 바닥에 선다. 발끝이 바깥쪽을 향하거나 어색하게 평행을 이루어서는 안 된다. 팔은 몸 옆으로 길게 늘인다.

> **주의할 점**
>
> - 체중이 발바닥 앞쪽으로 옮겨갈 수 있도록 발뒤꿈치를 아래로 내리면서 발목 관절에서 살짝 앞으로 기울인다.
>
> - 체중이 뒤꿈치로 옮겨갈 수 있도록 발목 관절에서 뒤로 살짝 기울인다. 발가락은 긴장을 풀고 길게 늘인다.
>
> - 발의 가운데에 있는 아치 위에 체중을 싣고, 바닥과 연결되어 있는 세 부분, 엄지발가락이 바닥에 닿는 지점, 새끼발가락, 뒤꿈치의 중앙을 의식한다. 발가락은 움직일 수 있어야 한다.

- 다리를 길게 늘이되, 무릎이 경직되어서는 안 된다.

- 골반을 앞쪽으로 살짝 기울인다(치골이 뒤로 빠지면서 등 아랫부분에 아치가 살짝 생길 수 있도록 골반을 남쪽으로 기울인다).

- 중립 위치를 지나, 골반을 뒤쪽으로 살짝 기울인다(치골을 앞으로 내밀면서 등 아랫부분이 살짝 둥글게 되도록 골반을 북쪽으로 기울인다).

- 골반을 중립 위치로 되돌린다. 중립 위치에서 치골은 골반의 튀어나온 부분과 같은 선상에 있어야 하고, 골반의 튀어나온 양쪽도 서로 높이가 같아야 한다.

- 양쪽 허리를 똑같이 늘인다.

- 골반기저근과 복부 심부 근육을 부드럽게 모으면서 중심선을 찾아본다(59쪽).

- 흉곽은 뒤로 빠지거나 앞으로 기울어지지 않고 골반 바로 위에 있어야 한다.

- 가슴뼈를 부드럽게 위로 올린다.

- 등 위쪽에서 어깨뼈가 펴지고 가슴 앞쪽에서 쇄골이 열리는 것을 느낀다. 가슴뼈를 부드럽게 만든다.

- 어깨에서 팔을 자연스럽게 늘어뜨린다. 겨드랑이 아래에 공간이 느껴지고, 손에서 길이감과 무게감이 느껴져야 한다.

- 목의 긴장을 풀고, 머리는 척추의 가장 위에서 자연스럽게 균형을 맞춘다. 정수리가 천장으로 당겨 올려지는 것을 느낀다.

- 턱의 긴장을 풀고, 정면을 응시한다.

- 몸을 위로 길게 늘이면서, 하체에서 벌어지는 일에 대한 감각을 유지하는 동시에 발이 바닥에 닿아 있음을 의식한다.

- 자연스럽게 흉곽으로 호흡한다.

- 이 자세는 억지로 만드는 느낌이 들어서는 안 된다. 마치 위로 힘차게 뻗어 나가는 듯한 느낌이 들어야 한다.

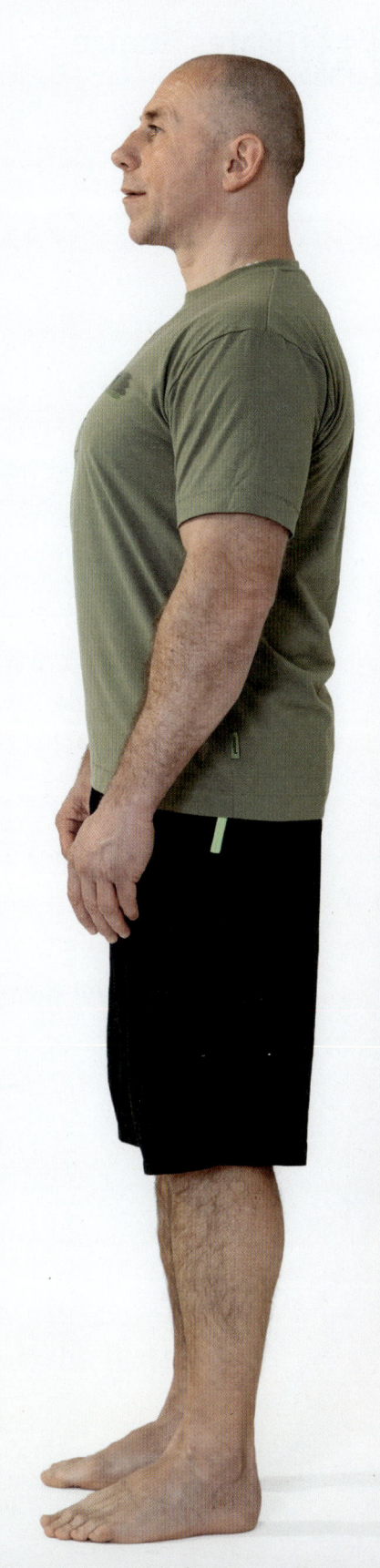

운동

필라테스 자세 Pilates Stance

이는 심부 코어 근육을 연결하고 심부 둔근과 허벅지 안쪽 근육을 섬세하게 조절하는 데 매우 유용한 기립 자세다.

동작

01/ 다리를 골반 바깥쪽으로 살짝 돌린다. 가능하다면 허벅지 안쪽이 서로 닿게 한다 (다리 모양에 따라 가능하지 않을 수도 있다).

02/ 가능하다면 발뒤꿈치도 서로 붙인다. 발가락 사이를 살짝 벌려 작은 'V' 모양을 만들어준다.

03/ 팔은 몸 옆으로 편하게 늘어뜨린다.

04/ 허벅지 안쪽을 치골 쪽으로 당겨 올린다는 느낌으로 허벅지 안쪽 전체가 서로 닿게 한다. 만약 허벅지 안쪽이 서로 닿지 않는다면 억지로 하지 않는다.

스플릿 스탠스 Split Stance

스플릿 스탠스로 정렬하는 방법을 처음으로 책에서 소개하고자 한다. 전통적인 필라테스 시작 자세는 아니지만, 필라테스 수업에서 스플릿 스탠스를 사용하는 빈도가 점점 더 늘어나고 있다. 그 이유는 무엇일까? 스플릿 스탠스는 기능적으로 매우 뛰어나다. 사람들은 스플릿 스탠스로 하루 중 많은 시간을 보낸다. 예를 들면 걸을 때다. 일상생활 중에 갑자기 멈춰 서서 발을 골반 너비로 나란히 평행하게 벌리는 일은 거의 없다!

물론 발을 나란히 두고 하는 운동도 계속해야 한다. 몸의 대칭과 균형에 도움이 되기 때문이다. 그러나 가끔은 스플릿 스탠스와 같은 자세에도 몸이 대응할 수 있도록 도전하는 것이 필요하다.

스플릿 스탠스로 인한 도전 과제들도 살펴보자. 예를 들면, 스플릿 스탠스일 때 몸에서 회전을 조절하는 능력에 도전하게 될 것이다. 중심선을 따라 축의 길이를 의식하면 도움이 된다.

운동 프로그램을 할 때는 되도록 스플릿 스탠스가 아닌 평행한 자세로 시작하고 끝내도록 하자. 그래야 균형을 회복할 수 있다. 동작을 반복할 때마다 다른 쪽 발을 앞으로 내밀어야 한다는 것을 기억하고, 한쪽을 다른 쪽보다 '편애'하는 것을 막기 위해 처음 앞으로 내미는 발을 매번 다르게 하도록 노력하자.

엇갈리게 서기 Split Stance Standing

몸을 꼿꼿이 세우고 선 뒤 한 발을 앞으로 내디딘다. 이때 너무 멀리 내밀어서는 안 된다. 몸통의 중심을 지키고(중심선을 기억하자) 체중을 양쪽 발에 똑같이 실어야 한다.

뒤에 있는 다리가 바깥쪽을 향하거나 평행을 이루어도 된다. 더 자연스럽게 느껴지는 쪽으로 정한다. 자, 이제 다른 자세에 스플릿 스탠스를 적용해보자.

엇갈리게 네발 기기 Split Stance Four-point Kneeling

네발 기기(71쪽)의 설명을 따르되, 손이나 무릎의 위치, 혹은 손과 무릎 모두의 위치를 조절한다. 손의 배열을 조절할 때 상체는 여전히 양손 사이에서 제대로 균형이 잡혀야 하고, 어깨는 펴지고 열린 상태를 유지해야 한다. 무릎의 위치를 조절할 때도 마찬가지다. 이때는 골반이 중심을 유지해야 한다. 골반이 살짝 회전하겠지만 최대한 중심선을 벗어나지 않도록 노력하고, 체중은 양쪽 무릎에 똑같이 실려 있어야 한다. 손과 무릎 모두의 위치를 조절하는 경우에는 서로 반대쪽 위치를 조절하는 것이 훨씬 자연스럽다.

이완 자세에서의 스플릿 스탠스

Split Stance in Relaxation Position

이완 자세(61쪽)에서 똑같은 간격으로 한 발은 앞으로, 한 발은 뒤로 움직인다. 한 발의 뒤꿈치가 반대쪽 발의 발가락과 거의 나란할 것이다.

움직이지 않고 서서 하는 런지 Static Standing Lunge

런지 동작은 필라테스에서는 비교적 새로운 동작이지만 헬스장에서는 많이 사용되는 동작이다. 조셉 필라테스 역시 요가, 동양 무술, 발레 등에서 많은 방법과 기술을 차용했다. 정렬, 호흡, 중심화를 적용해야 한다는 것만 잘 기억하자.

런지는 일반적으로 역동적인 동작이지만, 필라테스 익스프레스에서 소개하는 운동 프로그램 중 일부 동작에서는 움직이지 않고 서서 하는 런지 동작을 사용하고자 한다. 만약 무릎에 문제가 있다면 이 동작은 피하자.

01

동작

01/ 몸을 꼿꼿이 세우고 선 뒤 발을 골반 너비로 벌리고 평행하게 둔다.

02/ 오른쪽 발을 앞으로 한 발 내디디면서 오른쪽 무릎과 오른쪽 엉덩이가 거의 90도가 되도록 굽힌다. 그와 동시에 왼쪽 무릎을 가능한 한 평행에 가깝게 굽힌다. 최대한 몸을 편 상태를 유지한다. 이 런지 동작을 유지할 수 있어야 하므로 균형감과 안정성 모두를 시험하게 된다.

03/ 시작 자세로 돌아간 뒤 왼쪽 발을 앞으로 내밀며 반복한다.

> ⚠️ **주의할 점**
>
> - 각자의 안정성과 유연성을 고려하여 올바른 정렬을 유지할 수 있을 만큼 발을 내디딘다.
>
> - 골반과 척추가 중립을 유지하는지 확인한다. 몸을 편 상태를 최대한 유지한다.
>
> - 앞에 있는 다리: 무릎은 발목 위에 있고, 두 번째 발가락과 나란해야 한다.
>
> - 뒤에 있는 다리: 무릎은 굽히고 발꿈치는 위로 들어준다.
>
> 다이내믹 런지(292쪽)도 살펴보자.

호흡

"
'호흡은 강력한 치료제다.'

제임스 네스터 James Nestor, 《호흡의 기술》

호흡은 인간이 인생에서 가장 처음에 하는 일이자 가장 마지막에 하는 일이다. 사람은 살아가면서 하루에 대략 2만 번의 호흡을 한다. 누구나 호흡하는 것을 당연하게 여기며, 호흡하기 힘들어진다면 매우 고통스러울 것이다. 천식으로 고생하는 사람들은 이를 십분 이해할 것이다. 코로나19로 심하게 고생한 사람들도 호흡에 문제가 생기는 것은 참으로 고통스러운 일이라고 이야기했다. 이 책에서 소개하는 호흡 연습법이 호흡에 대한 이해도를 높이는 데 도움이 되기를 진심으로 바란다.

하루에 몇 분만이라도 호흡을 조절하는 연습을 하면 호흡의 질이 상당히 변화될 것이다. 자신이 하는 일이나 하려고 하는 일에 맞춰 다양한 종류의 호흡을 활용할 수 있다. 젊음과 생기를 되찾아주는 호흡 기술도 있고, 에너지가 넘치게 만들어주는 호흡 기술도 있다. 호흡 운동은 아침에 하는 것이 가장 좋고, 그다음은 저녁이다. 운동 전에 하도록 만들어진 호흡법도 있고, 운동 후에 하도록 만들어진 호흡법도 있다. 호흡은 각자의 정신 상태에 따라 달라진다. 호흡에 집중하고 숨을 천천히 내쉬는 방법을 알게 된다면 스트레스가 많은 상황을 이겨내는 데 큰 도움이 될 것이다.

호흡하는 방법에 영향을 미치는 요소 중 하나는 바로 자세다. 몸을 움츠리고 있으면 제대로 호흡하기가 매우 힘들어진다. 나쁜 자세에서는 흉곽과 가슴이 제 기능을 하지 못하고 눌리게 된다. 이 책에서 소개하는 운동 프로그램을 통해 일어서고 앉을 때 몸을 꼿꼿이 세우고, 가슴을 펴서 열고, 척추 윗부분과 흉곽을 이용하여 호흡할 수 있는 공간을 만들 수 있기를 바란다. 또한 이렇게 개선된 자세를 하루 종일 유지할 수 있는 힘을 길렀으면 한다. 잠깐, 내가 너무 앞서나간 듯하다. 우선 현재 자신이 어떻게 호흡하고 있는지부터 체크해보자.

호흡 테스트

여기에서 소개하는 호흡 테스트는 매우 간단하다. 앉아서 할 수도 있고, 이완 자세에서 할 수도 있다. 주의할 점은 둘 중 어떤 자세를 취하든 목을 올바르게 정렬해야 한다는 것이다. 횡격막을 조절하는 횡격막 신경이 경추(목)의 3번, 4번, 5번을 지나가기 때문에 목의 정렬을 바르게 하는 것은 매우 중요하다. 목의 정렬은 호흡에 영향을 미친다.

01/ 튼튼한 의자에 몸을 꼿꼿이 세우고 앉은 뒤 발을 골반 너비로 벌리고 평행하게 둔다. 만약 키가 작다면 발밑에 책을 여러 권 둔다. 체중을 양쪽 좌골에 똑같이 싣는다.

02/ 흉곽은 골반 바로 위에 있어야 한다. 정수리를 위로 당겨 올리고, 척추의 자연스러운 곡선

을 유지한다.

03/ 목의 위치를 확인한다. 척추의 가장 위쪽에 있는 머리는 가운데에서 균형을 잡아야 한다. 턱은 편안한 상태인지 확인한다.

04/ 한 손은 가슴에, 다른 한 손은 배에 둔다.

평소대로 호흡하면서 다음 내용을 살펴본다.

- 코로 호흡하는가, 입으로 호흡하는가?
- 호흡이 어디로 가는지 살펴본다. 가슴이 올라가는 것이 느껴지는가? 숨이 복부에 도달하는가? 갈비뼈가 옆으로 넓어지는가?
- '편안한 상태'일 때 자신의 호흡 패턴을 관찰하자.

대부분의 사람은 필요한 것보다 훨씬 더 얕고 빠르게 호흡한다. 이렇게 되면 산소의 공급이 제한되고, 이산화탄소를 제거하는 능력이 감소할 수도 있다. 주로 가슴의 윗부분만 사용한다면 공기를 처리하는 능력을 일부만 사용하는 것이다. 만약 좀 더 빠르게 호흡하게 되면, 폐에서 오래된 공기를 비우기도 전에 새로 숨을 들이마시게 된다. 그렇게 되면 오래된 공기가 신선한 공기와 섞이면서 산소가 적게 공급되고, 그 결과 에너지도 줄어든다.

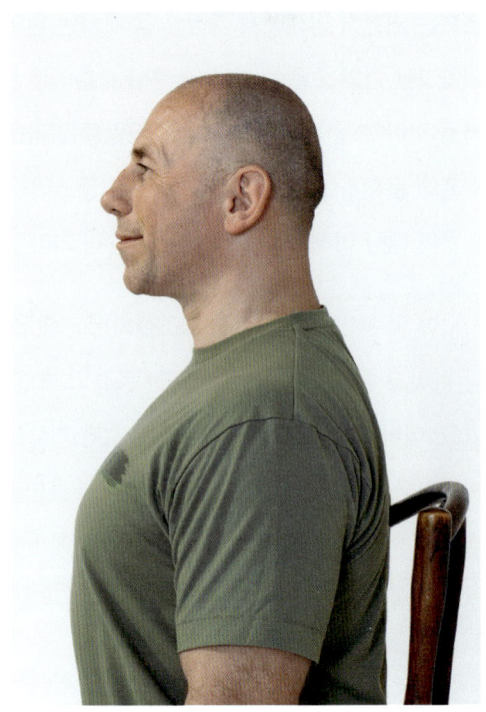

올바른 목의 정렬

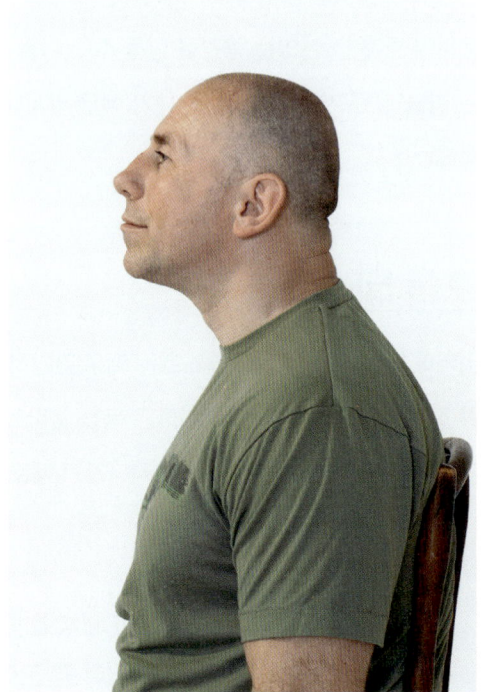

나쁜 목의 정렬

더욱 잘 호흡하기

이제 더욱 잘 호흡할 수 있을지 살펴보자. 이때에는 자신에게 너그러워야 한다. 바꾸기 위해서는 시간이 필요하다.

코를 통해 숨을 들이마시고 코를 통해 숨을 내쉬는 연습을 할 것이다. 숨을 들이마시면 숨이 저 아래 복부에 도달할 수 있도록 하자. 가슴에 대고 있는 손은 가능한 한 움직이지 않아야 하고, 배에 올린 손은 위로 올라와야 한다.

- 숨을 내쉴 때는 반대로 해야 한다. 아래쪽에서부터 위쪽을 비워준다.
- 1분에 대략 8~12번 호흡하는 것을 목표로 하자.

좀 더 깊이, 좀 더 리듬감 있게 호흡하는 방법에 집중해야 한다. 이는 횡격막이 좀 더 위아래로 움직이고, 그에 따라 흉강이 최대한으로 넓어지는 것을 의미한다. 깨끗한 공기를 들이마실 수 있는 용적을 넓히기 위해 숨을 완전히 들이마신 다음, 깊게 내쉰다.

스카프/밴드 호흡하기

스카프/밴드 호흡하기는 필라테스에서 측면 호흡을 가르치는 전통적인 방법으로, 측면 호흡은 필라테스를 할 때 이상적인 방법이다.

스카프(혹은 밴드)는 몸에서 느껴지는 피드백을 주기 때문에 흉곽이 호흡과 함께 넓어지고 닫히는 것을 느낄 수 있다. 나중에는 엎드리는 자세를 제외한 어떤 시작 자세에서도 스카프 호흡하기를 연습해볼 수 있지만, 처음에는 앉거나 서서 연습하도록 하자.

몸을 꼿꼿이 세우고 앉거나 서서 스카프나 스트레치 밴드로 갈비뼈 아랫부분을 감은 뒤 몸 앞에서 교차시킨다. 만약 밴드가 충분히 길다면, 흉곽 앞에서 교차시킨 뒤 양쪽 끝을 뒤로 가져가 교차시키고, 양쪽 끝을 다시 앞으로 가져와 양손으로 하나씩 잡는다. 아니면 밴드를 묶어 매듭을 짓는다(이때 너무 꽉 묶지 않도록 주의한다).

이렇게 밴드로 몸통을 감으면 흉곽을 360도로 느낄 수 있게 된다. 일부 동작은 불편하지만 않다면 제대로 호흡하고 있는지 살펴보기 위해 밴드를 그대로 두고 할 수도 있다.

내쉬기

숨을 내쉬며 폐의 가장 밑바닥에서부터 공기가 부드럽게 완전히 밀려 나와 마지막에는 코를 통해 몸에서 빠져나가는 것을 느껴보자.

횡격막이 올라가기 시작할 것이고, 폐가 비게 되면서 흉곽이 닫히기 시작하는 것을 느껴야 한다.

들이마시기

숨을 들이마시며 풍선이 공기로 점점 부풀어 오르는 것을 상상해보자. 폐는 팽창하고 흉곽 내벽을 넓힐 것이다. 숨을 억지로 들이마시면 긴장만 야기되므로 주의하자. 갈비뼈가 팽창하면서 스카프가 팽팽해지는 것이 느껴져야 한다.

폐가 가득 차면서 흉곽을 팽창시킬 뿐만 아니라 횡격막은 복부 쪽으로 내려간다. 따라서 복부가 밖으로 나오게 될 것이다. 코로 숨을 들이마시도록 노력하고 어깨는 긴장을 푼 상태를 유지한다.

호흡에 대한 새로워진 초점

필라테스는 언제나 호흡에 중점을 둔다. 또한 각 동작의 움직임과 어우러지는 타이밍에 주의를 기울인다. 필라테스의 이점 중 하나는 호흡으로 움직임을 쉽게 만들 수 있고, 반대로 움직임으로 올바른 호흡을 쉽게 만들 수 있다는 것이다. 다수의 동작은 움직임의 타이밍에 따라 내쉬는 숨이 들이마시는 숨보다 자연히 더 길다. 이는 미주신경 긴장도(28쪽)를 개선하는 데 도움을 준다. 호흡은 조용하고 리듬감 있게 조절해야 한다는 것을 기억하자.

'호흡기 건강을 위한 운동(172~227쪽)'에서 호흡을 개선할 수 있는 더 많은 방법을 살펴보자. 종종 호흡에 너무 집중한 나머지 불안감을 느끼는 사람이 있다. 만약 그렇다면 정렬과 중심화, 동작 그 자체와 같은 동작의 다른 면들에 초점을 맞추도록 노력하며 호흡이 자연스러운 패턴을 따라갈 수 있도록 하자.

이완을 위한 깊은 복식 호흡

다음 장에서는 심부 코어 근육을 연결하는 방법을 배우게 될 것이다. 필라테스를 올바르게 하기 위한 중심에는 코어 근육이 있지만, 코어 근육을 과도하게 개입시키고 과도하게 사용하기가 매우 쉽다. 초보자들만 코어 근육을 과도하게 사용하는 것이 아니다. 경험이 많은 필라테스 선생님들도 코어 근육을 놓아주는 방법을 배워야 한다. 과도하게 사용하는 것에 대응하는 가장 쉬운 방법은 각 운동 프로그램의 시작과 끝에 잠깐 동안 깊은 복식 호흡을 하는 것이다. 이러한 방법으로 호흡하면 횡격막에 피스톤 작용이 발생한다. 숨을 들이마시면 횡격막이 내려가고, 그에 대한 반응이 골반 기저부에서 생겨난다. 숨을 내쉬면 횡격막이 올라간다. 만약 숨을 들이마실 때 복부가 완전히 팽창한다면, 이는 불필요한 긴장을 하고 있지 않다는 의미다.

어떠한 자세로도 이러한 방법으로 호흡할 수 있지만, 아마도 이완 자세(61쪽)와 앉은 자세(68~70쪽)일 때 가장 성공적일 것이다. 양손을 배 아래쪽에 올려두면 도움이 될 것이다. 휴식 자세(177쪽)에서는 중력의 도움을 받아 숨을 곧장 복부로 보낼 수 있다. 만약 코어 근육을 과도하게 사용하고 있다는 의심이 든다면, 운동 프로그램 전후에 몇 분간 깊은 복식 호흡을 하도록 하자.

휴식 자세

앉은 자세

코어 안정성과 가동성

북유럽 신화에서 토르는 착용하기만 하면 힘과 강인함이 생기는 '메긴교로드' 벨트를 가지고 있었다. 안타깝게도 필라테스는 아무리 열심히 한다 해도 신화 속 주인공처럼 될 수 없다. 하지만 꾸준히 한다면 몸속에 힘의 '거들'을 갖게 될 것이다. 어떻게? 중심화를 통해 가능하다.

그런데 여기에서 이야기하는 중심화란 무엇인가? 중심화라는 용어는 '안정성 훈련'과 관련한 개념을 이야기할 때 널리 사용된다. 일반적으로는 어떤 물체가 그 물체에 주어진 요구들을 감당할 수 있을 때 안정적이라고 이야기한다. 예를 들면, 안정적인 의자는 사람의 체중을 견딜 수 있도록 만들어졌고, 충격이 가해진다 하더라도 똑바로 서 있을 수 있다. 그런데 안정성은 움직이는 물체에도 적용될 수 있다. 예를 들면 자전거는 안정적일 수도 있고, 안정적이지 않을 수도 있다.

만약 정렬과 호흡을 통제하고 있다면 중심화도 이루어졌을 것이다. 움직여야 하는 부분들을 계속해서 통제하고, 움직여서는 안 되는 부분들을 계속해서 유지하면서 모든 부분(움직이는 부분과 움직이지 않는 부분)의 정렬을 올바르게 유지한 상태에서 효율적으로 호흡한다면 중심화가 이루어진 상태라고 할 수 있다.

예를 들어, 한쪽 무릎 접기(109쪽)를 할 때 다리가 움직이는 동안 골반은 움직이지 않아야 한다. 반면 척추 말기(139쪽)를 할 때의 도전 과제는 골반이나 척추를 옆으로 기울이지 않고 엉덩이를 위로 들지 않으면서 중심선을 따라 척추를 뼈 하나하나 분절하며 움직이는 것이다. 필라테스에서 모든 동작은 안정성을 시험한다.

코어 안정성

필라테스를 배울 수 있는 곳은 매우 많다. 그곳들은 모두 코어 근육을 사용하는 법을 설명하는 저마다의 방법을 가지고 있다. "배꼽을 척추 쪽으로 당기세요", "파워하우스를 사용하세요", "복부를 조이고 움푹하게 만들어주세요"와 같은 지시어를 사용하기도 한다. 이러한 지시어는 무궁무진하다. 그러나 말이 중요한 것이 아니다. 중요한 것은 지시어가 전달하고자 하는 '내부의 통제에 연결'되는 느낌이다. 이러한 연결을 찾아 필요에 따라 움직임을 조절할 때 사용해야 한다.

안정화 과정의 상당 부분이 무의식중에 이루어지긴 하지만, 의식적으로 통제하면서 안정성을 훈련하고 개선하는 것 역시 가능하다. 여기에서는 이러한 연결을 찾고 바르게 유지하는 방법에 초점을 맞추고자 한다. 필라테스를 함으로써 몸에 가해진 어떠한 요구에도 즉각적으로 반응할 수 있도록 몸을 준비할 수 있기를 바란다. 심부 코어 근육은 자극 없이도 자연스럽게 개입할 것이다. 필라테스는 움직임을 통제하고 올바른 움직임을 반복함으로써 마음과 몸에 스며들게 하고, 그러면서 일상생활에서의 움직임의 질을 높인다는 원칙을 바탕으로 한다.

이러한 과학적인 내용에 더하여, 안정성 훈련이 몸통을 감싸고 척추를 지지하는 천연 코르셋을 발달시키는 데 도움이 되면서 허리둘레를 매끈하게 만들어준다는 사실도 알아두기 바란다.

디머 스위치, 빛의 밝기를 조절하는 스위치 The Dimmer Switch

운동을 하면서 중심화를 떠올릴 수 있도록 다음과 같은 설명을 적어두었다.

'코어를 적절하게 연결하여 정렬과 움직임을 통제한다.'

그런데 '적절한'은 무엇을 의미할까? 만약 수업을 듣고 있다면 안정적인 상태를 유지할 수 있도록 선생님이 알려주겠지만, 책을 보고 운동을 하고 있다면 스스로 그 의미를 찾아야 한다.

나는 도움을 주기 위해 '디머 스위치'를 만들었다.

호흡과 관련한 부분(90~97쪽)에서 이야기했듯, 필라테스를 할 때 가장 흔히 하는 실수 중 하나는 코어 근육을 과도하게 사용하는 것이다. 문제는 심부 코어 근육을 처음부터 너무 강하게 개입시키면 결국 '고정'된 상태, 말하자면 뻣뻣하거나 버티게 되어 자연스러운 움직임을 방해하는 상태로 끝날 수도 있다는 것이다. 움직임을 통제하는 데 필요한 만큼만 심부 코어 근육을 개입시켜야 한다. 더 많이도, 더 적게도 아니다. 우리는 이것을 '디머 스위치'라 부른다. 코어 근육을 얼마나 강하게 사용할지 조절하는 것을 디머 스위치의 다이얼을 위아래로 돌리는 것과 비슷하다고 생각해보자.

그렇게 되면, 몸에 가해진 요구에 맞추어 계속해서 수준을 조절할 수 있다. 한쪽 무릎 접기와 양쪽 무릎 접기(109~111쪽)를 해보면, 동작의 난이도에 따라 필요한 중심화의 양이 다르다는 것을 알 수 있을 것이다. 한쪽 무릎 접기를 할 때는 심부 근육을 어떻게 부드럽게 개입시켜야 하는지 살펴보자. 양쪽 무릎 접기를 할 때는 두 번째 다리를 들어 올리려고 할 때 디머 스위치를 높이고, 코어 근육을 좀 더 강하게 개입시켜야 한다는 것에 주목해보자. 이 동작들이 능숙해지면, 적극적으로 코어를 개입시킬 필요가 전혀 없을 수도 있다. 움직이면서 정렬을 통제하는 법을 배우게 되면 코어 근육은 자동으로 개입할 것이다.

운동

자신의 중심 찾기
— 가스 잠그기 The Wind Zip

이 운동은 심부 코어 근육을 느끼고 심부 코어 근육을 개입시키는 방법을 배우는 데 도움이 된다.

시작 자세

의자에 앉은 뒤 몸을 꼿꼿하게 세운다. 발을 바닥에 두고, 골반 너비로 벌린다. 반드시 체중이 양쪽 좌골에 똑같이 실려야 하고, 척추는 중립 상태에서 길게 늘여야 한다.

동작

01/ 잠시 동안 배가 완전히 팽창될 수 있도록 깊게 호흡한다.

02/ 숨을 내쉬며 마치 방귀를 참으려고 하는 것처럼 부드럽게 항문을 조인 다음, 그 느낌을 앞쪽 치골로 가져온다. 계속해서 안쪽에서 골반기저근을 부드럽게 당겨 올린다. 복근이 자동으로 안쪽으로 들어가기 시작하는 것을 느껴야 한다. 몸속에서 내부의 지퍼를 뒤에서 앞으로, 다시 위쪽으로 잠그고 있다고 상상해보자.

03/ 이러한 코어 연결을 유지하면서 평소대로 5번 호흡한다. 갈비뼈가 계속해서 자유롭게 움직이는 것이 느껴져야 한다. 그런 다음, 완전히 긴장을 풀어준다.

디머 스위치를 기억하고, 그러한 근육을 개입시켜야 할 때를 인지해야 한다. 사람은 모두 제각각이다. 목표는 자신의 정렬과 움직임을 통제하는 것이다.

01

⚠️ 주의할 점

- 지나치게 잠그거나, 당겨 올리거나, 끌어당기지 않도록 하자. 이 동작은 억지로 하지 않는 것이 매우 중요하다.

- 엉덩이의 긴장을 풀고, 골반은 수평을 이루어야 한다. 골반을 북쪽으로 밀어 넣어서는 안 된다.

- 가슴과 어깨 앞쪽을 열고, 목 주변은 긴장을 푼다.

- 호흡을 부드럽고 고르게 유지한다.

- 흉곽은 숨을 들이마실 때 팽창되어야 한다(과도하게 개입하지 않았다는 좋은 신호다).

- 내부의 연결을 잃어버린 경우, 긴장을 풀고 처음부터 다시 시작한다.

- 골반기저근을 뒤에서 앞으로 가져왔으므로 풀어줄 때는 반대 방향으로(앞에서 뒤)로 풀어준다.

골반기저근을 식별하기 힘들다면, 다음을 시도해보자(결국은 알게 될 것이다).

- 골반기저부를 당겨 올리면서 엄지손가락을 빤다.

- 혀를 내민다.

- 양쪽 좌골을 당긴다(이 동작은 골반기저근의 다른 층을 목표로 한다).

- 남성의 경우, 자신의 음경이 짧아지는 상상을 해보자(걱정하지 말자. 계속 짧아지는 건 아니다!).

중요한 것은 몸을 움직이면서 부상을 당하지 않도록 몸을 통제하는 것이다. 이는 연습을 거듭할수록 자동으로 가능해질 것이다. 다양한 자세에서 코어 근육을 사용하는 연습을 해보자. 한 사람에게 적용되는 방식이 다른 사람에게는 적용되지 않을 수도 있기 때문이다.

운동

코어에 연결하기

시작 자세

네발 기기(71쪽)

동작

01/ 숨을 들이마시며 준비한다.

02/ 숨을 내쉬며 마치 방귀를 참으려고 하는 것처럼 부드럽게 항문을 조인 다음, 그 느낌을 앞쪽 치골로 가져온다. 복근이 자동으로 안쪽으로 들어가기 시작하는 것이 느껴질 때까지 몸 안쪽에서 이 근육들을 위로 당겨준다.

03/ 이러한 연결을 유지하면서 평소대로 5번 호흡한 다음, 긴장을 풀어준다. 이때 복근과 갈비뼈는 호흡에 따라 계속 움직일 수 있어야 한다.

 주의할 점

- 코어 근육을 개입시킬 때 척추나 골반을 움직이면 안 된다. 나중에 골반과 척추를 움직여야 할 것이다.
- 계속해서 편안하게 호흡하고 있는지 확인한다.

몸의 중심 시험하기

지금쯤은 자신감 있게 몸을 바르게 정렬하고, 측면 호흡을 하며, 몸의 중심에 연결할 수 있기를 바란다. 이제 정렬과 이 모든 것을 통제할 수 있는 자신의 능력을 시험해볼 시간이다. 지금부터 골반과 척추를 움직이지 않으면서 팔과 다리를 움직이는 방법을 배울 것이다. 고관절에서 다리만 독립적으로 움직이는 것이다. 운동의 종류는 달라질 수 있지만, 모든 운동의 시작 자세는 같다. 이 책에서 소개하는 운동 프로그램에서는 이러한 운동들을 반복적으로 사용하여 각자의 능력에 도전하게 될 것이다.

도전 과제와 이점

지금부터 소개할 골반 안정성 운동들(106~117쪽)은 도전 과제와 이점이 비슷하며, 다음 내용을 포함한다.

- 허벅지를 골반과 분리하는 능력에 도전한다(골반을 움직이지 않고 다리를 움직인다).
- 코어 안정성에 도전한다.
- 필라테스를 안전하게 할 수 있도록 돕는다.
- 엉덩이와 무릎의 가동성을 높인다.
- 림프가 흐르도록 한다.

다리 밀어내기 Leg Slides

시작 자세

이완 자세(61쪽)를 취한 뒤 양팔을 몸 옆으로 길게 늘인다. 처음에는 불필요한 움직임을 확인하기 위해 손을 골반 위에 올려도 된다.

동작

01/ 숨을 들이마시며 준비한다.

02/ 숨을 내쉬며 한쪽 다리를 엉덩이와 일직선으로 바닥을 따라 당겨준다. 이때 골반과 척추는 안정되고 중립 상태를 유지해야 한다.

03/ 숨을 들이마시며 다리를 엉덩이와 일직선으로 밀어내면서 시작 자세로 돌아간다.

양쪽 다리로 5번씩 반복한다.

02

> **주의할 점**
>
> - 코어를 적절하게 연결하여 정렬과 움직임을 통제한다.
> - 골반과 척추는 처음부터 끝까지 움직이지 않고 중심을 유지해야 한다. 다리만 단독으로 움직여야 한다. 다리를 움직일 때 양쪽 허리를 똑같이 늘여야 한다.
> - 발은 엉덩이와 일직선으로 계속해서 바닥에 닿아 있어야 한다. 가슴과 어깨 앞쪽을 계속해서 열어주고, 목이 긴장하지 않게 한다.
> - 매번 양쪽 다리를 번갈아가며 시작한다.

무릎 열기 Knee Openings

시작 자세

이완 자세(61쪽)나 의자에 앉은 자세(69쪽)를 취한다. 의자 앞쪽을 향해 앉거나, 정사각형 좌석이라면 모서리에 앉는다.

동작

01/ 숨을 들이마시며 준비한다.

02/ 숨을 내쉬며 한쪽 무릎을 천천히 옆으로 연다. 발은 계속 매트를 디디고 있어야 하지만, 발의 바깥 날 쪽으로 돌리는 것도 괜찮다. 골반이 움직이지 않는 선에서 최대한 열어준다.

03/ 숨을 들이마시며 무릎을 다시 시작 자세로 가져온다.

양쪽 다리로 5번씩 반복한다.

02

> ⚠️ **주의할 점**
>
> 앞 내용에 다음을 추가한다.
>
> - 코어를 적절하게 연결하여 정렬과 움직임을 통제한다.
> - 골반이 옆쪽으로 움직이지 않도록 특히 신경을 쓴다.
> - 지탱하고 있는 다리는 바르게 정렬하고 움직이지 않는다. 지탱하고 있는 다리가 열려 움직이고 있는 다리와 멀어지면 안 된다.

02

한쪽 무릎 접기 Single Knee Folds

동작

01/ 숨을 들이마시며 준비한다.

02/ 숨을 내쉬며 한쪽 무릎을 몸 쪽으로 접는다.

03/ 숨을 들이마시며 중심을 유지한다.

04/ 숨을 내쉬며 천천히 발을 매트로 돌아오게 한다.

양쪽 다리로 5번씩 반복한다.

⚠️ 주의할 점

앞 내용에 다음을 추가한다.

- 코어를 적절하게 연결하여 정렬과 움직임을 통제한다.

- 골반을 움직이지 않고 중립을 잃지 않은 상태에서 무릎을 최대한 당겨준다.

- 무릎이 고관절과 일직선이 되도록 접는다.

- 일어서서 하는 경우, 무릎 접기를 하기 전에 체중 이동을 해야 한다. 처음부터 끝까지 몸을 위로 길게 늘이고, 양쪽 허리를 똑같이 늘여주는 것에 초점을 맞춘다.

- 이완 자세에서 하는 경우, 다리의 무게가 고관절 쪽으로 떨어져야 한다. 골반은 바닥에 닿아 있어야 하고, 척추는 길게 늘인 상태를 유지해야 한다.

양쪽 무릎 접기 Double Knee Folds

여기에서 양쪽 무릎 접기를 소개하는 이유는 이 동작이 골반 안정성을 높이기 위해 꼭 필요한 운동이자 복부 운동의 일부가 될 것이기 때문이다. 그러나 결코 쉬운 동작이 아니므로 앞서 소개한 운동들을 제대로 하기 전까지는 시도하지 않는 것이 좋다.

시작 자세

이완 자세(61쪽)에서만 가능하다. 이 운동은 일어서서 해서는 안 된다!

동작

01/ 숨을 들이마시며 준비한다.

02/ 숨을 내쉬며 오른쪽 무릎을 안으로 접는다. 골반은 바닥에 닿아 있어야 하고, 척추는 길게 늘인 상태를 유지해야 한다.

03/ 숨을 들이마시며 중심을 유지한다.

04/ 숨을 내쉬며 몸의 중심과의 연결을 강화하고, 왼쪽 무릎을 몸 쪽으로 접는다.

05/ 숨을 들이마시며 골반은 바닥에 닿아 있는 상태로 중립을 유지한다.

06/ 숨을 내쉬며 오른쪽 발을 천천히 매트 쪽으로 내린다. 복근이 튀어나오거나 골반이 중립을 잃어서는 안 된다.

07/ 숨을 내쉬며 왼쪽 다리와 발을 천천히 매트 쪽으로 내린다.

먼저 움직이는 다리의 방향을 번갈아가며 6번 반복한다.

04

⚠️ 주의할 점

앞 내용에 다음을 추가한다.

- 두 번째 무릎을 들고 내릴 때 훨씬 더 많은 안정성이 필요하다는 것을 꼭 기억한다.
- 계속해서 호흡한다.

나아가… 몸을 통제하며 이 동작을 손쉽게 할 수 있게 된다면 한 번에 한쪽씩, 한 번 내쉬는 숨에 다리를 올리고 내린다.

무릎을 접고 뻗기 Knee Fold and Extension

한쪽 다리 늘이기(307쪽)에 도움이 되는 준비 동작이다.

동작

앞 동작 1~2를 따라 한 다음,

03/ 숨을 들이마시며 접은 무릎을 유지한다.

04/ 숨을 내쉬며 대략 45도가 되도록 다리를 펴준다. 이때 골반을 움직이면 안 된다.

05/ 숨을 들이마시며 무릎을 안으로 접어준다.

06/ 숨을 내쉬며 몸을 통제하면서 발을 바닥으로 내려준다.

양쪽 다리를 번갈아가며 최대 8번 반복한다.

04

무릎 돌리기 Knee Rolls

이 운동은 안정성을 시험하면서 골반의 가동성을 높일 수 있는 아주 좋은 방법이다. 준비 운동으로도 매우 유용하다.

시작 자세

이완 자세(61쪽)나 의자에 앉은 자세(69쪽)를 취한 뒤 발을 골반 너비보다 살짝 넓게 벌린다. 양쪽 팔을 어깨높이보다 살짝 낮게 옆으로 뻗으면서 손바닥은 아래를 향하게 하거나, 불필요한 움직임을 확인하기 위해 두 손을 골반 위에 올려놓는다.

동작

01/ 숨을 들이마시며 준비한다.

02/ 숨을 내쉬며 왼쪽 다리를 고관절에서 바깥쪽으로 돌리는 동시에 오른쪽 다리를 고관절에서 안쪽으로 돌린다. 양쪽 무릎이 왼쪽으로 돌아갈 것이다. 발 역시 돌아가며 발 날이 매트에서 살짝 떨어질 것이다.

03/ 숨을 내쉬며 양쪽 다리가 동시에 가운데로 돌아오게 한다.

반대 방향으로도 시행한다. 전체 과정을 최대 5번 반복한다.

주의할 점

- 코어를 적절하게 연결하여 정렬과 움직임을 통제한다.
- 골반은 최대한 움직이지 않는다.
- 무릎이 돌아가는 것을 통제하여 무릎이 한쪽으로 무너지지 않게 한다.

02

무릎 돌리고 열기 Knee Rolls and Openings

골반의 가동성을 높이기 위한 복합 운동이다.

동작

앞 동작 1~2를 따라 한 다음,

03/ 숨을 들이마시며 오른쪽 다리를 열어주고 고관절을 더 열어준다. 중심을 유지하며, 골반은 최대한 움직이지 않아야 한다(골반을 완전히 움직이지 않기는 어렵다).

04/ 숨을 내쉬며 오른쪽 다리를 안쪽으로 돌린다.

05/ 숨을 들이마시며 양쪽 다리를 돌려 시작 자세로 돌아온다.

반대 방향으로도 시행한다. 전체 과정을 최대 5번 반복한다.

무릎 돌리기, 무릎 열기와 지그재그

Knee Rolls, Knee openings and Zig Zags

이 운동은 하면 할수록, 특히 엉덩이 주변이 당기면 그 느낌이 상당히 좋다. 이 책에서 소개한 새로운 운동 중에서 개인적으로 가장 좋아하는 운동이다!

동작

앞 동작 1~3을 따라 한 다음,

04/ 다리가 계속 바깥쪽을 향한 상태에서 숨을 내쉬며 다리를 바닥을 따라 밀어준다.

05/ 숨을 들이마시며 다리를 엉덩이에서부터 안으로 돌린다.

06/ 숨을 내쉬며 다리를 다시 당겨온다.

07/ 숨을 들이마시며 양쪽 다리를 반대 방향으로 돌린다.

양쪽으로 최대 6번 반복한다.

도전 과제와 이점

105쪽 내용과 동일하다.

> **주의할 점**
>
> 앞 내용에 다음을 추가한다.
>
> - 다리를 밀고 당기는 동안 다리가 밖으로 향하고 안으로 향한 상태를 유지한다.

나아가… 앞서 소개한 모든 운동(106~116쪽)을 팔을 들어 올린 상태에서 시도해보자. 팔을 들어 올리면 팔로 안정성을 확보하는 속임수를 쓸 수 없게 된다.

앉아서 무릎 돌리기 Seated Knee Rolls
무릎 열기와 지그재그 Knee Openings and Zig Zags

앉은 자세는 이 동작을 하기에 최고의 자세는 아니지만, 만약 의자에 묶여 있는 상황이라면 골반을 움직일 좋은 기회가 될 것이다.

튼튼한 의자 앞쪽에 몸을 꼿꼿이 세우고 앉는다. 만약 의자의 좌석이 정사각형이라면, 엉덩이에 좀 더 많은 공간을 줄 수 있도록 모서리에 앉을 수도 있다. 또한 발을 쉽게 내밀 수 있어야 하므로, 신발을 벗어야 할 수도 있다. 그런 다음 116쪽 설명을 따라 한다. 이때 체중을 양쪽 좌골에 똑같이 싣고 계속해서 척추를 위로 늘여야 한다.

운동

테이블 탑 Table Top

이는 매우 중요한 운동으로, 단계적으로 쌓아갈 수 있도록 동작을 세분화했다. 나중에 재미있는 변형 동작들을 살펴볼 수 있을 것이다(264쪽).

시작 자세

네발 기기(71쪽)

동작

01/ 숨을 들이마시며 준비한다.

02/ 숨을 내쉬며 한쪽 다리를 몸 뒤쪽으로 엉덩이와 일직선이 되도록 밀어낸다. 부드럽게 뻗은 발은 계속 매트에 닿아 있어야 한다. 골반이나 척추를 움직이면 안 된다.

03/ 숨을 들이마시며 뻗은 다리를 시작 자세로 당겨온다.

반대쪽 다리로 반복한다.

나아가… 위 동작 1~2를 따라 한 다음,

03/ 숨을 들이마시며 다리를 엉덩이 높이까지 올려준다. 다른 곳은 움직이지 않는다.

04/ 숨을 내쉬며 발을 바닥으로 내린 뒤 안쪽으로 당겨온다.

반대쪽 다리로 반복한다.

다시 한 번 나아가… 위 동작 1~2를 따라 한 다음,

03/ 숨을 들이마시며 다리를 엉덩이 높이로 들어 올리는 동시에 반대쪽 팔을 올려준다. 팔은 어깨높이로 올리는 것이 가장 좋다. 몸통은 계속해서 길게 늘이며 안정감 있게 유지한다.

04/ 숨을 내쉬며 길게 뻗은 다리를 매트로 내리는 동시에 팔을 어깨 아래로 돌아오게 한다.

05/ 숨을 들이마시며 다리를 시작 자세로 당겨온다.

반대쪽 팔과 다리를 번갈아가며 최대 5번씩 반복한다.

도전 과제와 이점

- 코어 안정성과 균형, 협응 능력에 도전한다.
- 팔, 팔목, 어깨, 복근, 엉덩이 근육 운동이 된다.
- 림프의 흐름을 돕는다.
- 심부 자세유지근의 지구력이 높아진다.
- 올바른 정렬과 이를 통제하는 법을 알려준다.

주의할 점

- 코어를 적절하게 연결하여 정렬과 움직임을 통제한다.

오이스터 Oyster

인기가 있는 동작은 아니지만 정말 유용하다. 반드시 시간을 들여 몸을 똑바로 세워야 한다.

시작 자세

02

일직선이 되도록 옆으로 눕는다. 머리 아래로 왼쪽 팔을 뻗어 척추와 일직선이 되게 만든다. 납작한 쿠션이 필요할 수도 있다. 오른쪽 손을 흉곽 앞에 둔다. 양쪽 무릎을 구부리고, 뒤꿈치가 골반 뒤쪽과 일직선이 되도록 발을 뒤로 당겨준다. (원한다면, 무릎 사이에 베개를 두자.)

동작

01/ 숨을 들이마시며 준비한다.

02/ 숨을 내쉬며 발은 계속 붙어 있는 상태로 위쪽 무릎을 열어준다. 이렇게 '밖으로 향하는' 움직임은 고관절에서부터 나온다. 골반은 움직이지 않고 안정적이어야 한다.

03/ 숨을 들이마시며 다리를 시작 자세로 당겨온다.

최대 10번 반복한 다음, 반대쪽도 반복한다.

밴드를 이용한 오이스터 Oyster with Band

허벅지 둘레에 스트레치 밴드(혹은 신축성 있는 스카프)를 묶는다. 이때 운동을 열심히 할 수 있도록 저항을 줄 수 있을 정도로만 묶는다.

도전 과제와 이점

- 척추와 골반의 안정성에 도전한다.
- 고관절의 가동성을 높인다.
- 손목과 심부 엉덩이 근육 운동이 된다.
- 림프를 흐르게 한다.

⚠️ 주의할 점

- 코어를 적절하게 연결하여 정렬과 움직임을 통제한다.

- 어깨 위에 어깨, 엉덩이 위에 엉덩이, 무릎 위에 무릎으로 정렬을 유지해야 한다.

- 골반과 척추의 위치가 변하지 않는 선에서 위에 있는 다리를 최대한 움직여준다.

- 양쪽 허리를 처음부터 끝까지 계속해서 늘여준다.

- 위쪽에 있는 팔은 몸을 지탱하는 데 도움이 되도록 둔다. 그러나 팔에 너무 많은 체중을 실어서는 안 된다.

- 계속해서 가슴을 열고 정면을 응시한다.

> 운동

힙 힌지 Hip Hinge

이는 앉았다가 일어서고, 일어섰다가 앉아서 하는 운동 프로그램(338쪽)에서 중요한 운동이 될 것이다. 또한 스쿼트 자세(279쪽)에서도 필수적인 부분이다. 척추가 아닌 골반을 움직여야 한다. 척추는 길게 늘인 상태를 유지하고 하나의 덩어리로 움직여야 한다. 이상하게 들릴 수도 있겠지만, 기다란 막대기를 삼켰다고 상상해보자.

튼튼한 의자에 앉은 뒤 발을 골반 너비로 평행하게 벌린다. 의자 앞쪽에 더 가깝게 앉아야 할 것이다. 손바닥은 아래를 향하게 두고, 손은 다리와 골반이 만나 주름이 생기는 곳에 둔다.

시작 자세

동작

01/ 숨을 들이마시며 준비한다.

02/ 척추를 세운 상태에서(그렇지만 자연스러운 굴곡은 유지한 상태) 숨을 내쉬며 다리와 골반이 만나는 곳에서부터 앞으로 기울인다. 척추는 하나의 긴 덩어리로 움직인다.

03/ 숨을 들이마시며 몸을 똑바로 세운다.

최대 5번 반복한다.

도전 과제와 이점

- 머리와 흉곽, 척추, 골반을 정렬하는 능력에 도전한다.

- 엉덩이에서 몸통과 다리의 움직임을 분리하는 능력에 도전한다.

- 골반의 가동성을 높인다.

⚠ 주의할 점

- 코어를 적절하게 연결하여 정렬과 움직임을 통제한다.

- 결국에는 코가 발가락 위에 와야 한다. 힙 힌지를 앉았다가 일어서는 운동(338쪽)의 일부분으로 사용할 때 이 부분이 가장 중요하다.

- 머리가 뒤로 기울어지거나 앞으로 떨어지지 않도록 주의한다. 목의 뒷부분은 길게 늘인 상태를 유지해야 한다.

- 등을 둥글게 만들지 말고, 고관절에서부터 단독으로 움직이는 것을 확인한다.

- 척추 전체를 계속해서 늘여준다.

운동

어깨 떨어뜨리기 Shoulder Drops

지금까지 주로 다리를 사용하여 코어를 통제하는 연습을 했다면, 이제는 팔을 사용하는 방법을 연습해보자. 그러나 그 전에 먼저 어깨 떨어뜨리기 동작으로 어깨를 최상의 위치에 두어야 한다.

이완 자세(61쪽)를 취한 뒤 양쪽 팔을 가슴 위로 수직으로 올려준다. 팔을 어깨너비로 벌리고 손바닥은 서로 마주 보게 한다.

동작

01/ 숨을 들이마시며 어깨뼈가 매트에서 떨어지도록 한쪽 팔을 천장 쪽으로 뻗는다.

02/ 숨을 내쉬며 어깨뼈가 다시 바닥에 닿을 수 있도록 팔을 부드럽게 아래로 이완시킨다.

양쪽 팔을 번갈아가며 최대 10번 반복한다.

시작 자세

엇갈리게 어깨 떨어뜨리기 Cross-over Shoulder Drops

앞의 설명을 따르되, 팔을 직선으로 뻗는 대신 대각선 모서리를 향해 뻗는다. 머리와 목, 상체가 회전하겠지만, 골반은 움직이지 않아야 한다. 이완 동작을 통제해야 할 것이다.

어깨 떨어뜨리기는 스트레치 밴드 위에 누워서 하기에 매우 좋은 운동이다. 스트레치 밴드의 반동이 긴장을 풀어주는 데 도움이 되기 때문이다. 스트레치 밴드가 겨드랑이 바로 아래에 올 수 있도록 매트 위에 가로로 둔다. 반드시 스트레치 밴드 가운데에 누워야 하고, 각 팔에 주어진 밴드의 양은 같아야 한다.

도전 과제와 이점

- 어깨의 위치를 인지하고 있는지 알아본다.
- 어깨와 목의 긴장을 풀어준다.
- 림프가 흐르도록 한다.
- 올바른 호흡을 위해 흉곽과 척추 윗부분을 사용한다.

⚠️ 주의할 점

- 코어를 적절하게 연결하여 정렬과 움직임을 통제한다.
- 골반과 척추는 안정적인 상태를 유지하고 움직이지 않아야 한다.
- 목은 길게 늘이고 긴장을 풀어준다. 머리는 처음부터 끝까지 움직이지 않고 무거워야 한다.
- 팔은 최대한 늘이되, 팔꿈치가 잠기면 안 된다.

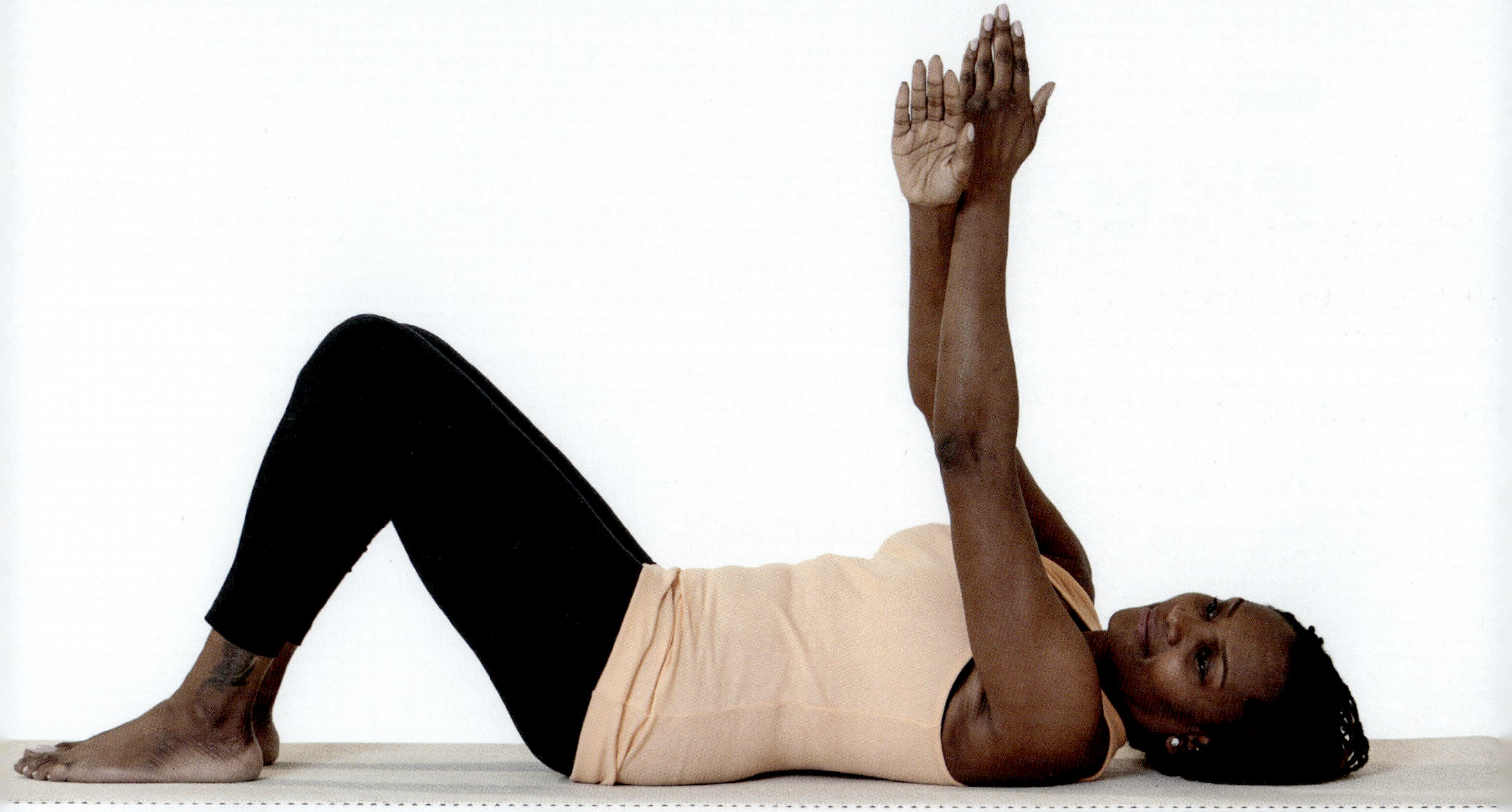

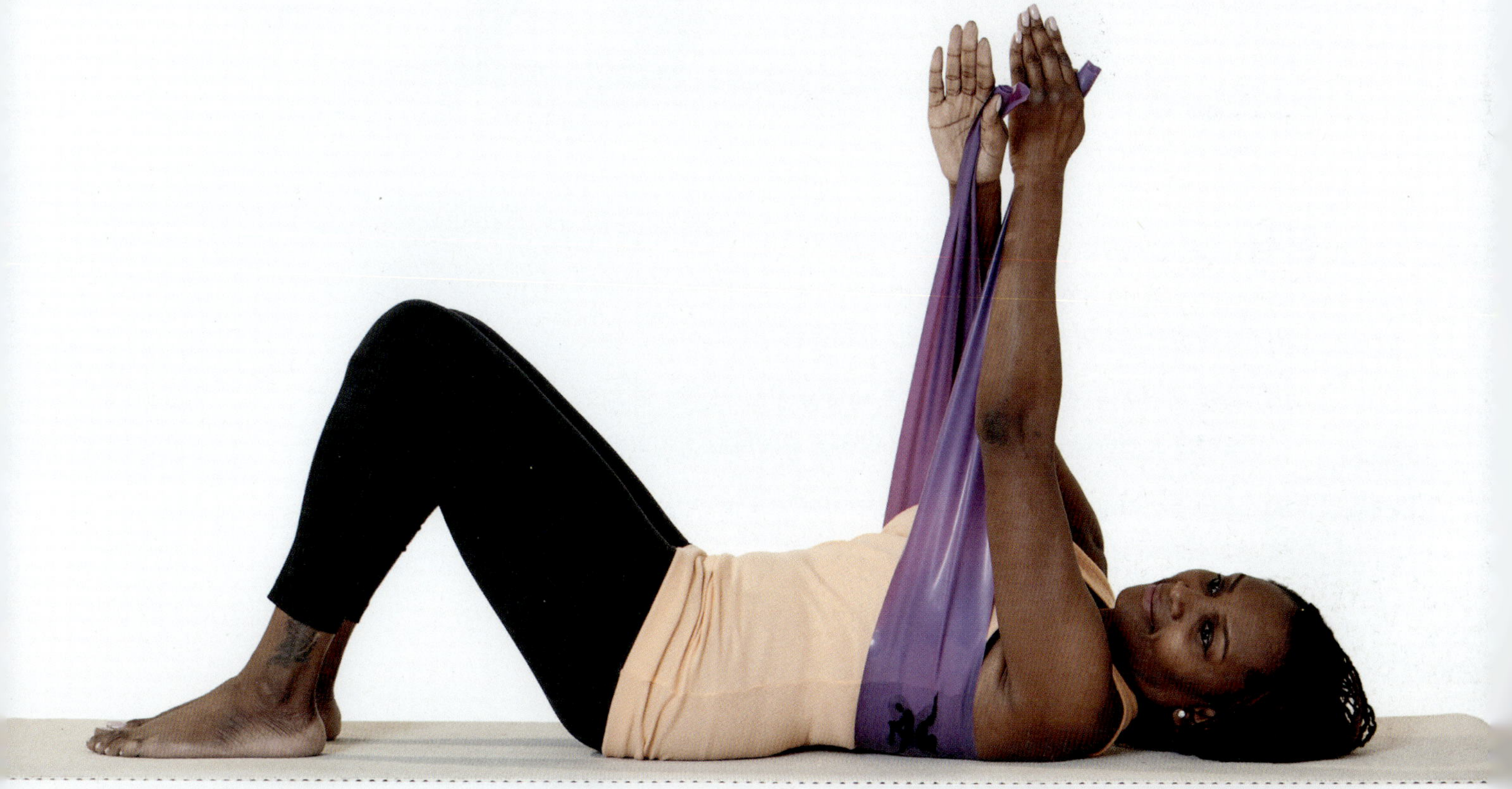

흉곽 닫기 Ribcage Closure

매우 중요한 움직임 기술을 가르쳐주는 유용한 운동이다. 우리는 추후에 흉곽 닫기와 다른 운동들을 결합할 것이다.

이완 자세(61쪽)를 취한 뒤 팔을 몸 옆에서 길게 늘이고, 손바닥은 안쪽을 향하게 한다. 잠시 매트에 닿아 있는 갈비뼈와 골반, 머리의 무게를 느껴본다. 이 느낌이 운동하는 동안 변해서는 안 된다. 이 운동은 몸을 세운 자세에서도 할 수 있는데, 매트에 앉아서 한다면 팔을 어깨 앞으로 내민 상태에서 시작해야 한다.

시작 자세

동작

01/ 숨을 들이마시며 양쪽 팔을 어깨높이로 올린다.

02/ 숨을 내쉬며 두 팔을 머리 위쪽으로 바닥을 향해 뻗는다. 목은 계속 길게 늘이고 흉곽은 닫으려고 노력한다. 척추는 안정적인 상태를 유지하고 움직이지 않아야 한다.

03/ 숨을 들이마시며 양쪽 팔을 가슴 위로 가져온다. 흉곽이 무거워지고 쇄골이 열리는 것을 느낀다.

04/ 숨을 내쉬며 팔을 다시 몸 옆으로 내리면서 길게 늘인다.

최대 10번 반복한다.

도전 과제와 이점

- 팔과 흉곽, 척추 윗부분 사이의 관계를 조절하는 능력에 도전한다.
- 어깨의 가동성을 높인다.
- 림프를 흐르게 한다.

> ⚠️ **주의할 점**
>
> - 코어를 적절하게 연결하여 정렬과 움직임을 통제한다.
> - 양쪽 팔을 바닥이 아닌 귀 높이까지 내린다.
> - 팔을 머리 위로 뻗을 때 척추 윗부분이 아치를 만들지 않도록 주의한다.
> - 어깨를 움츠리지 않도록 노력한다. 어깨는 긴장하지 않고 자연스럽게 움직여야 한다.
> - 흉곽을 고정하면 안 된다.
> - 팔은 최대한 늘이되, 팔꿈치가 잠기면 안 된다.

한쪽 팔 띄우기 Single Floating Arms

시작 자세

몸을 꼿꼿이 세우고 선다.
(혹은 몸을 세운 다른 자세를 사용한다.)

<u>02</u>

이 운동은 182쪽 '천사 날개 호흡'과 비슷하지만, 여기에서는 팔, 어깨뼈, 쇄골이 올라가는 정확한 순서에 초점을 맞추고자 한다(견갑 상완 리듬). 이 동작은 옆으로 내려가기(161쪽)처럼 일어서서 하는 운동에서 중요한 역할을 할 것이다. 운동을 하면서 팔을 올릴 때마다 여기에서 배운 기술을 사용할 수 있다. 많은 사람이 어깨 윗부분을 과도하게 사용하는데, 이것이 바로 어깨 근육을 긴장하게 만드는 이유다. 이 운동은 어깨 근육을 과도하게 사용하지 않고 팔을 올리는 방법을 찾는 데 도움이 된다.

팔을 들어 올릴 때 움직임의 순서를 팔, 어깨뼈, 쇄골로 생각해보자. 먼저 팔을 위로 움직이면 어깨뼈가 흉곽 뒤쪽으로 회전하면서 내려가는 것이 느껴질 것이다. 마지막으로 쇄골(빗장뼈)이 올라간다. 올바르게 움직인다면 어깨뼈가 주차장의 차단기와 같은 방식으로 움직일 것이다.

동작

01/ 숨을 들이마시며 척추를 길게 늘인다.

02/ 숨을 내쉬며 한쪽 팔을 천천히 올린 뒤 새의 날개처럼 어깨뼈에서 넓게 뻗는다. 새끼손가락이 팔을 이끈다고 생각하자. 팔은 바깥으로 떠오르듯 손을 따라간다. 팔은 주변 시야 내에 있어야 하므로 계속해서 어깨 앞에 둔다. 팔을 들어 올릴 때 어깨 소켓 안에서 자연스럽게 회전한다.

03/ 숨을 들이마시며 팔을 몸 옆으로 내린다. 같은 길로 내려와야 한다.

양팔을 번갈아가며 3번 반복한다.

두 팔 띄우기 Double Floating Arms

단순히 두 팔을 동시에 위로 띄운다.

아령 들고 한쪽 팔 띄우기와 두 팔 띄우기

Single and Double Floating Arms with Weights

너무 무겁지 않은 아령을 사용하여 운동 강도를 높이자. 너무 무거우면 올바른 순서를 놓칠 위험이 있다. 이 동작은 변형 동작으로, 팔을 다시 아래로 내릴 때 손바닥이 아래를 향하도록 돌릴 수도 있다. 이렇게 하면 정수리를 통해 키가 커지는 느낌이 들 것이다. 오리보다는 백조를 떠올려보자.

도전 과제와 이점

'흉곽 닫기' 내용에 다음을 추가한다.

- 코어 안정성에 도전한다.

- 올바른 견갑 상완 리듬을 알려준다.

⚠️ 주의할 점

- 코어를 적절하게 연결하여 정렬과 움직임을 통제한다.

- 상체가 옆으로 넘어가서는 안 된다. 중심을 지켜야 한다.

- 귀와 어깨 사이 거리를 유지하면서 어깨뼈가 움직여야 한다.

- 골반과 척추는 중립을 지켜야 한다.

운동

팔로 원 그리기 Arm Circles

느낌이 좋은 운동으로, 이 자체로도 좋은 운동이지만 다른 동작들과 결합하면 효과가 훨씬 좋다.

이완 자세(61쪽)나 몸을 세운 자세라면 어떤 자세라도 가능하다. 또한 일어서서 뒤로 굽히기(138쪽 사진)나 척추 말기(139쪽), 골반 돌리기(159쪽)와 같은 다른 운동에 추가할 수도 있다.

시작 자세

동작

01/ 숨을 들이마시며 준비한다.

02/ 숨을 내쉬며 양쪽 팔을 바닥을 향해 머리 위로 올린다. 이때 척추, 흉곽, 골반은 움직이지 않아야 한다.

03/ 숨을 들이마시며 팔로 바깥쪽으로 원을 그리면서 몸 쪽으로 내린다. 팔이 어깨높이 아래로 오면 손바닥을 매트 쪽으로 뒤집고 팔을 시작 자세로 돌아오게 한다.

5번 반복한 다음, 반대 방향으로도 시행한다.

도전 과제와 이점

- 팔을 자유롭게 움직일 수 있는지 알아본다. 위쪽 어깨 근육을 과도하게 사용하지 않도록 주의한다.

- 어깨의 가동성을 높인다.

- 림프를 흐르게 한다.

- 스쿼트 동작을 하며 일어선 자세(279쪽)나 다이내믹 런지(292쪽) 동작에서 팔로 원 그리기 운동을 하게 되면 심장을 뛰게 만드는 유산소 운동의 효과가 더해져 운동 프로그램에 도움이 된다.

⚠️ 주의할 점

- 코어를 적절하게 연결하여 정렬과 움직임을 통제한다.

- 팔과 어깨는 자유롭게 움직이되, 허리와 척추 윗부분 쪽으로 연결된 흉곽은 움직이지 않도록 노력한다.

- 팔 띄우기(132쪽)에서 배웠던 것을 기억하자. 팔이 먼저 움직이고, 팔이 머리 위로 올라가면 어깨뼈가 흉곽 쪽으로 부드럽게 움직이기 시작한다.

- 팔로 원을 그릴 때 두 팔은 같은 높이에 있어야 한다.

- 몸을 세운 자세에서 팔로 원 그리기를 하는 경우, 유연성이 허락한다면 팔이 어깨를 지나 아래로 내려가면서 원을 그릴 때 팔을 몸보다 살짝 뒤쪽으로 가져갈 수도 있다.

> 운동

가동성 Mobility

앞서 이야기했듯 안정성은 가만히 있을 때만 해당되는 것이 아니다. 움직일 때도 안정성을 유지해야 한다. 매일 몸을 굽히고, 비틀고, 들어 올리고, 쪼그리고, 높은 곳에 올라가는 등 몸을 움직여야 하므로 움직임의 모든 면에서 각자의 안정성을 시험할 필요가 있다.

균형 잡힌 운동 프로그램이라면 척추의 모든 움직임, 굴곡(앞으로 굽히기), 회전(비틀기), 측굴(옆으로 굽히기), 신전(뒤로 굽히기)이 포함되어야 한다.

척추 말기 Spine Curls

이는 매우 훌륭한 준비 운동이다. 매트에서 하는 짧은 운동 프로그램은 대부분 이 운동을 포함하고 있다. 중심선의 축의 길이가 매우 중요하다.

시작 자세

이완 자세(61쪽)를 취한 뒤 팔을 몸 옆에 길게 늘이고 손바닥은 바닥을 향하게 한다.

동작

01/ 숨을 들이마시며 준비한다.

02/ 숨을 내쉬며 골반을 북쪽으로 기울이면서 꼬리뼈를 밑으로 말아준다. 척추뼈를 한 번에 하나씩 매트에서 떼어 내고, 무릎은 엉덩이에서 멀어지도록 늘인다. 척추는 뼈 하나하나 순서대로 어깨뼈 끝까지 말아준다.

03/ 숨을 들이마시며 이 자세를 유지한다. 척추의 길이에 집중한다.

04/ 숨을 내쉬며 척추를 다시 말아 내린다. 가슴뼈를 부드럽게 만들고 각각의 뼈를 차례차례 내린다.

05/ 숨을 들이마시며 골반을 다시 평평하게 내리고 이완시킨다.

최대 10번 반복한다.

시작 자세

02

도전 과제와 이점

- 척추를 뼈 하나하나 분절할 수 있는지 알아본다. 하나의 덩어리로 움직이는 것이 아니다.

- 공간 인지 능력에 도전한다. 척추를 한쪽으로 기울이지 않고 가운데에 둘 수 있는지 확인한다.

- 척추와 골반의 가동성을 높인다.

- 엉덩이 근육과 복근 운동이 된다.

⚠ 주의할 점

- 코어를 적절하게 연결하여 정렬과 움직임을 통제한다.

- 중심선을 따라 움직인다.

- 골반이 한쪽으로 기울어지지 않도록 양쪽 발에 똑같이 체중을 싣는다.

- 양쪽 허리를 똑같이 늘이고, 무릎은 골반과 일직선으로 평행하게 두고, 발끝은 안쪽이나 바깥쪽으로 향하지 않게 한다.

엇갈린 자세로 척추 말기 Split Stance Spine Curls

138~140쪽 설명을 따르며 발을 엇갈리게 둔다. 이렇게 하면 중심선을 따라 척추를 말아 올리기가 더 어려워질 것이다.

이완 자세(61쪽)로 시작하고, 한 발은 살짝 앞으로, 한 발은 뒤로 옮긴다. 조금 전과 똑같이 척추를 만다. 이때 척추를 말아 올리는 데만 초점을 맞추는 것이 아니라 중심선을 지키는 것도 신경 써야 한다. 도전 과제는 척추를 말아 올릴 때 골반이나 척추가 한쪽으로 기울어지지 않게 하는 것이다.

최대 3번 반복한 다음, 반대쪽으로 발을 바꾸어 반복한다.

> **나아가…** 흉곽 닫기(130쪽)나 팔로 원 그리기(136쪽)와 같이 여러 가지 팔 동작을 척추 말기 동작에 추가할 수 있다. 꼬리뼈가 내려오고 골반이 다시 중립 상태가 될 때 팔도 시작 자세로 돌아올 수 있도록 타이밍을 맞추자.

운동

고양이 Cat

척추를 유연하게 유지하는 훌륭한 동작이다. 길게 늘인 C자형 곡선 모양과 등을 부드럽게 늘이는 역 C자형 곡선 모양을 만들어야 한다.

네발 기기 자세(71쪽)로 시작하지만, 이후에 다른 자세도 소개할 것이다.

시작 자세

동작

01/ 숨을 들이마시며 척추를 늘인다.

02/ 숨을 내쉬며 꼬리뼈가 다리 사이를 향하는 것처럼 골반을 몸 아래로 말아준다. 등의 아랫부분을 부드럽게 둥글게 만들고, 그다음 등의 윗부분, 그다음 목, 마지막으로 머리를 살짝 앞으로 숙여 긴 C자형 곡선을 만든다.

03/ 숨을 충분히 들이마신다.

04/ 숨을 내쉬며 척추를 풀어준다. 꼬리뼈를 정수리에서 멀어지도록 보내주면서, 전체 척추를 역 C자형 곡선으로 부드럽게 늘인다. 가슴뼈를 앞으로 내밀고, 쇄골을 넓게 열어준다.

05/ 숨을 들이마시며 중립으로 돌아온다.

02

04

도전 과제와 이점

- 척추를 분절하며 부드럽게 굽히고 늘이는 능력에 도전한다.

- 고유 수용성 감각(관절의 위치를 인지하는 능력)을 알아본다.

- 척추와 골반의 가동성을 높인다.

- 척추와 흉곽의 유연성을 높인다.

- 갈비뼈 사이에 있는 늑간근을 움직이게 만들어 후면 호흡을 돕는다.

> **주의할 점**
>
> - 코어를 적절하게 연결하여 정렬과 움직임을 통제한다.
>
> - 고르게 길게 늘인 C자형 곡선을 목표로 한다. 흔히 하는 실수는 C자형 곡선에서 등 윗부분을 과도하게 둥글게 만들고, 역 C자형 곡선에서 등 아랫부분을 너무 내리는 것이다.
>
> - 머리가 척추의 곡선을 따라가게 한다. 머리를 너무 아래로 떨어뜨리면 안 된다.
>
> - 체중을 양손과 양쪽 무릎 사이에 똑같이 실어야 한다.
>
> - 팔은 완전히 늘이되, 팔꿈치가 잠기면 안 된다.

한쪽 팔로 고양이 One-armed Cat

이 동작은 팔과 어깨를 움직이는 동시에 코어를 시험한다. 도전 과제는 척추를 최대한 가운데에 두고 움직이는 것이다. 이 동작에서는 등 신전이 충분히 이루어지지 않을 수도 있다.

시작 자세는 앞과 동일하되, 이번에는 한쪽 팔로 갈비뼈를 감싼다.

각 팔로 3번 반복한다.

엇갈린 자세로 고양이 Split Stance Cat

고양이 자세에 엇갈린 자세를 적용하는 방법은 매우 다양하다.

동작

01/ 팔을 엇갈리게 둔다.

02/ 무릎을 엇갈리게 둔다.

03/ 팔과 무릎을 엇갈리게 둔다. 오른쪽 무릎과 오른쪽 손을 앞으로 내밀 수도 있고, 오른쪽 무릎과 왼쪽 손을 내밀 수도 있다.

03

고양이 자세의 설명을 모두 따라 한다. 3번 반복한 다음, 앞으로 내민 무릎/팔을 바꾼다.

도전 과제는 앞서 이야기한 내용에 더해, 중심선을 늘이고 불필요한 회전을 하지 않도록 노력하며 척추를 감고 펴주는 것이다.

앉은 자세에서 고양이 Seated Cat

고양이 동작의 장점은 여러 자세에서 할 수 있다는 것이다. 앉은 자세에서는 꼬리뼈를 아래로 말기가 쉽지 않아 최상의 선택이라고 할 수는 없지만, 책상에 묶여 있는 상황이라면 척추와 골반을 움직일 수 있는 좋은 방법이 될 것이다.

시작 자세

튼튼한 의자 중앙에 몸을 꼿꼿이 세우고 앉는다. 발은 골반 너비로 벌리고, 손은 허벅지 위에 가볍게 둔다.

시작 자세

동작

01/ 숨을 들이마시며 척추를 늘인다.

02/ 숨을 내쉬며 꼬리뼈를 아래로 말아준다. 척추를 길게 늘인 C자형 곡선이 되도록 말아준다.

03/ 숨을 들이마시고 이 자세를 유지한다.

04/ 숨을 내쉬며 골반을 앞으로 돌리면서 좌골을 내밀고 척추를 위로 올려 늘인다. 가슴뼈를 앞으로 내밀어 위를 향하게 한다.

05/ 숨을 들이마시고 이 자세를 유지한다.

06/ 숨을 내쉬며 꼬리뼈를 아래로 말아주면서 반복한다.

02

04

최대 6번 반복한 다음, 몸을 세워 앉은 자세로 돌아간다.

도전 과제와 이점

'고양이 자세' 내용에 다음을 추가한다.

- 앉아서 척추를 길게 늘이는 능력에 도전한다.

 주의할 점

- 코어를 적절하게 연결하여 정렬과 움직임을 통제한다.

- 처음부터 끝까지 체중을 양쪽 좌골에 똑같이 싣는다.

- 전체 척추가 균일하게 C자형 곡선을 유지할 수 있도록 노력한다. 어느 한 부분이 너무 굽어지거나 아치가 만들어지면 안 된다. 마지막 자세는 앞서 설명한 C자형 곡선이 되어야 한다.

일어선 자세에서 고양이 Standing Cat

매트를 사용할 수 없을 때 매우 유용한 방법이다. 또한 기립 자세에서는 골반을 좀 더 잘 움직일 수 있다.

몸을 꼿꼿이 세우고 선 뒤 발을 골반 너비로 벌린다. 다리와 골반이 만나는 곳에서 몸을 앞으로 기울여 스쿼트 자세(279쪽)를 만든다. 손은 허벅지에 둔다. 팔꿈치를 살짝 굽히고, 팔꿈치와 쇄골을 펴준다.

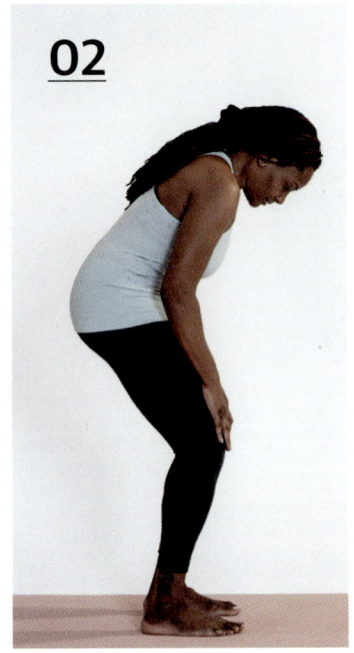

동작

01/ 숨을 들이마시며 척추를 늘인다.

02/ 숨을 내쉬며 꼬리뼈를 아래로 말아준다. 척추가 길게 늘인 C자형 곡선이 되도록 굽힌다.

03/ 숨을 들이마시고 이 자세를 유지한다.

04/ 숨을 내쉬며 꼬리뼈를 머리 정수리에서 멀리 보낸다. 골반을 앞쪽으로 기울인 다음, 척추를 마디마다 분절하여 들어 올리며 늘인다.

05/ 숨을 들이마시고 이 자세를 유지한다.

06/ 숨을 내쉬며 꼬리뼈를 아래로 말아준다.

최대 6번 반복한 다음, 척추 중립 자세로 돌아온 뒤 몸을 통제하며 위로 펴준다.

변형 동작

척추를 위에서 아래로 분절하며 움직일 수도 있고, 아래에서 위로 움직일 수도 있으며, 맨 위와 맨 아래를 동시에 움직일 수도 있다.

도전 과제와 이점

'고양이 자세' 내용과 같다.

⚠️ 주의할 점

'고양이 자세' 내용과 같다.

컬 업 Curl Ups

컬 업은 흔하게 접하는 운동이어서 그런지 정말 좋은 운동이라는 사실을 잊는 경우가 많다. 몸을 통제하며 제대로만 한다면 가장 좋은 복근 운동이라고 할 수 있다. 사소한 부분에 세심한 주의를 기울이지 않으면 이 운동의 이점을 놓칠 수도 있다.

이완 자세(61쪽)를 취한 뒤 양팔을 머리 뒤로 보낸 다음, 가볍게 깍지를 낀다. 이때 등 윗부분에 아치가 만들어져서는 안 된다. 팔꿈치는 열린 상태에서 귀 바로 앞에, 주변 시야 내에 있어야 한다.

시작 자세

동작

01/ 숨을 들이마시며 준비한다.

02/ 숨을 내쉬며 목 뒤쪽을 늘이면서 머리를 숙이고 상체를 순서대로 말아 올린다. 이때 흉곽 아랫부분의 뒷면은 계속 매트에 닿아 있어야 한다. 골반은 움직이지 않고 평평해야 하며, 복근이 튀어나와서는 안 된다.

03/ 흉곽의 후면으로 숨을 들이마시고 말아 올린 자세를 유지한다.

04/ 숨을 내쉬며 척추를 순서대로 천천히 매트로 말아 내린다.

최대 10번 반복한다.

도전 과제와 이점

- 골반을 움직이지 않으면서 몸통을 순서대로 굽힐 수 있는지 알아본다.
- 척추 윗부분을 움직이고 호흡이 좋아지도록 돕는다.
- 복근 운동이 된다.

⚠ 주의할 점

- 코어를 적절하게 연결하여 정렬과 움직임을 통제한다.
- 골반은 처음부터 끝까지 중립을 유지한다. 골반이 중립을 유지하는 범위 내에서 말아 올린다.
- 척추를 마디마디 분절하여 매트에서 떼어 내는 데 집중한다.
- 척추가 매트로 다시 내려올 때도 순서대로 움직인다.
- 몸을 더 높게 컬 업 동작을 하고 싶다면 호흡을 추가한다.

운동

허리 비틀기 Waist Twist

우리가 '허리'라고 규정하는 근육들은 몸을 비틀 때 많은 도움을 준다. 다른 운동과 마찬가지로, 정수리를 통해 몸을 길게 늘이고 나선형으로 위로 올라간다. 중심선을 상상하면서 중심축 주위로 회전하며 점점 더 위로 올라간다.

이 운동은 몸을 세운 모든 자세에서 가능하다. 여기에서는 기립 자세(81쪽)에서 해보려고 한다.

몸을 꼿꼿이 세우고 선 뒤 다리를 골반 너비로 평행하게 벌린다. 두 팔은 어깨보다 살짝 아래, 가슴 앞에서 접는다. 한쪽 손은 반대 팔 팔꿈치 위에 두고, 나머지 한 손은 반대 팔 팔꿈치 아래에 둔다.

시작 자세

02

동작

01/ 숨을 들이마시며 척추를 위로 늘린다.

02/ 숨을 내쉬며 오른쪽으로 시선을 돌린다. 머리를 돌린 다음 목, 마지막으로 몸통을 완전히 오른쪽으로 회전시킨다. 골반은 계속 움직이지 않아야 한다. 머리 정수리를 통해 계속 위로 늘여준다.

03/ 숨을 들이마시며 척추를 계속 위로 늘이면서 시작 자세로 돌아온다.

양쪽 6번씩 반복한다. 3번 반복한 다음, 밑에 있던 팔이 위로 올라올 수 있도록 팔의 위치를 바꾼다.

도전 과제와 이점

- 골반을 움직이지 않으면서 축을 길게 만들고, 척추 윗부분과 중간 부분을 중심선을 따라 순서대로 회전시킬 수 있는지 알아본다.

- 척추 윗부분을 움직임으로써 호흡이 더 좋아지도록 돕는다.

⚠ 주의할 점

- 코어를 적절하게 연결하여 정렬과 움직임을 통제한다.

- 골반은 절대 움직이지 않아야 한다. 체중은 양발에 똑같이 싣고, 발은 처음부터 끝까지 바닥에 닿아 있어야 한다.

- 등에 아치가 생기거나 허리가 짧아지면 안 된다.

- 팔은 척추와 함께 움직인다. 팔이 움직임을 주도하면 안 된다.

운동

활과 화살 Bow and Arrow

다양한 자세에서 할 수 있는 느낌이 좋은 회전 운동이다. 여기에서는 옆으로 누운 자세(79쪽)와 기립 자세(81쪽)에서의 동작을 소개한다.

옆으로 누운 자세에서 활과 화살
Side-lying Bow and Arrow

왼쪽 방향으로 옆으로 눕는다. 머리와 목이 척추와 일직선이 되도록 머리 아래에 두꺼운 베개를 둔다. 엉덩이와 무릎이 직각이 되도록 양쪽 무릎을 몸 앞으로 구부린다. 원한다면 무릎 사이에 베개를 두어도 된다. 두 팔을 어깨높이에서 몸 앞으로 길게 뻗는다.

시작 자세

1부. 필라테스 익스프레스 운동법

동작

01/ 숨을 들이마시며 준비한다.

02/ 숨을 내쉬며 오른팔은 몸 쪽으로, 오른손은 어깨 방향으로 당겨 오른쪽 팔꿈치를 구부린다. 동시에 머리, 목, 척추 윗부분(순서대로)을 오른쪽으로 회전시킨다.

03/ 숨을 들이마시며 팔을 편다. 계속 척추를 늘이고 조금이라도 더 회전하려고 노력한다.

04/ 숨을 내쉬며 팔을 뻗은 상태로 척추를 회전시켜 시작 자세로 돌아온다.

양쪽 각각 최대 5번 반복한다.

도전 과제와 이점

- 전체 축으로 순서대로 회전할 수 있는지 알아본다.
- 옆으로 누운 상태에서 협응과 정렬 조절이 가능한지 알아본다.
- 척추와 어깨, 팔꿈치의 가동성을 높인다.
- 허리 운동이 된다.

일어선, 혹은 앉은 자세에서 활과 화살

팔 동작과 척추 회전은 동일하다. 일어선 자세에서 동작을 하기가 좀 더 어려울 것이다.

시작 자세

일어서거나 앉아 몸을 꼿꼿이 세운다. 기립 자세(81쪽)에서는 체중이 양발에 똑같이 실려 있어야 하고, 앉은 자세(68~70쪽)에서는 체중이 양쪽 좌골에 고르게 실려 있어야 한다.

두 자세 모두 양팔은 어깨높이보다 살짝 낮게, 어깨너비로 몸 앞으로 길게 늘인다. 팔은 서로 평행하게 하고, 손바닥은 바닥을 향하게 한다.

동작

01/ 숨을 들이마시며 준비한다.

02/ 숨을 내쉬며 오른팔은 몸 쪽으로, 오른손은 어깨 방향으로 당겨 오른쪽 팔꿈치를 구부린다. 동시에 머리, 목, 척추 윗부분(순서대로)을 오른쪽으로 회전시킨다.

03/ 숨을 들이마시며 팔을 편다. 계속 척추를 늘이고 조금이라도 더 회전하려고 노력한다.

04/ 숨을 내쉬며 팔을 뻗은 상태로 척추를 회전시켜 시작 자세로 돌아온다.

양쪽 각각 최대 5번 반복한다.

⚠️ 주의할 점

- 코어를 적절하게 연결하여 정렬과 움직임을 통제한다.

- 중심선을 상상한다. 중심선을 따라 회전한다.

- 몸을 비틀 때 계속해서 나선형으로 위로, 위로, 위로 올라가야 한다.

- 양쪽 허리를 똑같이 길게 늘인다. 옆으로 누운 자세에서는 허리가 올라가 있는지 계속해서 확인해야 한다. 중심선을 유지하는 데 도움이 될 것이다.

- 척추가 움직임을 멈추면 팔도 움직임을 멈춰야 한다. 팔을 더 열어주고 싶은 유혹을 이겨내자.

운동

골반 돌리기 Hip Rolls

이는 또 하나의 매력적인 회전 운동으로, 다른 동작들과 결합할 수 있다.

시작 자세

이완 자세(61쪽)를 취한 뒤 발과 다리를 모은 다음, 안쪽 허벅지를 서로 붙인다. 팔은 어깨높이보다 살짝 낮게 뻗고, 손바닥은 위를 향하게 둔다.

동작

01/ 숨을 들이마시며 준비한다.

02/ 숨을 내쉬며 골반을 왼쪽으로 돌린다. 골반의 오른쪽과 갈비뼈의 오른쪽 아랫부분이 매트에서 살짝 떨어질 것이다.

03/ 숨을 들이마시며 시작 자세로 돌아온다.

반대쪽도 시행한 다음, 전체 순서를 최대 5번 반복한다.

02

변형 동작

머리를 반대 방향으로 회전시킨다.

도전 과제와 이점

- 중심선의 전체 축을 따라 분절하면서 회전할 수 있는지 알아본다.

- 척추의 가동성을 높인다.

- 허리 운동이 된다.

⚠ 주의할 점

- 코어를 적절하게 연결하여 정렬과 움직임을 통제한다.

- 골반과 다리를 곧장 옆으로 돌린다. 옆길로 빠지면 안 된다.

- 양쪽 허리를 똑같이 길게 늘인다.

- 흉곽과 골반 사이의 연결을 계속 유지하고, 몸을 돌릴 때 등에 아치가 생기지 않아야 한다.

- 몸을 돌릴 때 엉덩이, 허리, 갈비뼈 아랫부분 순으로 돌린다. 돌아올 때는 그 반대 방향으로 돌린다.

운동

옆으로 내려가기 Side Reach

허리를 늘이면서 허리 운동까지 되는 훌륭한 운동이다.

시작 자세

이 운동은 몸을 세운 자세라면 어떤 자세라도 가능하다. 단, 무릎으로 서서 옆으로 내려가는 버전(294쪽)은 조금 어려울 수도 있다.

몸을 꼿꼿이 세우고 선다. 다리는 평행하게 어깨너비로 벌리고, 팔은 몸 옆으로 늘어뜨린다.

동작

01/ 숨을 들이마시며 오른팔을 옆을 지나 머리 위로 올린다.

02/ 숨을 내쉬며 몸을 위로 뻗으면서 머리부터 시작하여 척추를 순서대로 왼쪽으로 구부린다.

03/ 오른쪽 흉곽 안으로 숨을 들이마신다.

04/ 숨을 내쉬며 척추를 다시 수직으로 세워준다. 오른팔은 몸 옆으로 내린다.

양쪽 각각 최대 5번 반복한다.

01

02

변형 동작

- 한쪽 팔을 띄우고, 머리 뒤에서 손을 가볍게 잡아 긴 곡선을 만든다. 팔꿈치가 위쪽을 지나 반대쪽을 향하도록 당겨준다.

- 머리 뒤에서 두 손으로 가볍게 깍지를 끼면 동작이 훨씬 어려워진다.

도전 과제와 이점

- 척추를 순서대로 움직이고 옆으로 부드럽게 구부릴 수 있는지 알아본다.

- 다른 방향으로 빠지지 않고 한 면으로만 옆으로 구부릴 수 있는지 알아본다.

- 척추와 어깨의 가동성을 높인다.

- 흉곽을 열어 호흡을 더욱 원활하게 할 수 있도록 돕는다.

- 허리선을 탄력 있게 만든다.

⚠️ 주의할 점

- 코어를 적절하게 연결하여 정렬과 움직임을 통제한다.

- 한 면으로만 움직인다. 앞으로 숙이거나 뒤로 넘어가면 안 된다.

- 골반은 움직이지 않고 중심을 지키고, 머리와 목은 척추의 나머지 부분과 일직선을 이루어야 한다.

- 체중은 기립 자세에서는 양발에, 앉은 자세에서는 양쪽 좌골에, 무릎으로 선 자세에서는 양쪽 무릎에 똑같이 실어야 한다.

- 열린 면 안으로 숨을 들이마신다고 상상하면 도움이 될 것이다. 그런 다음, 갈비뼈를 닫으면서 다시 몸을 세운 자세로 돌아온다.

운동

다이아몬드
프레스 Diamond Press

많은 사람이 등을 쉽게 잊어버리곤 한다. 거울로 앞모습과 옆모습은 잘 확인하지만 뒷모습은 거의 확인하지 않는다. 이 운동은 처음 필라테스를 시작했을 때 내가 어느 정도 성공할 수 있는 유일한 등 신전 운동이었다. 현재 개인적으로 가장 좋아하는 운동은 풀 코브라(305쪽)다.

시작 자세

엎드린 자세(77쪽)를 취한 뒤 팔로 다이아몬드 모양을 만든다. 손가락 끝을 서로 모은 다음, 손바닥은 매트 위에 두고, 팔꿈치는 열어준다(어깨를 더 넓힐 수 있다면 손가락 사이를 더 벌릴 수도 있다). 이마를 손등(혹은 수건)에 댄다. 다리를 골반 너비로 벌리고 평행하게 둔다. 원한다면 요추를 지지할 수 있는 접은 수건이나 납작한 쿠션을 배 아래에 둘 수도 있다.

동작

01/ 숨을 들이마시며 준비한다.

02/ 숨을 내쉬며 머리를 든 다음 목, 가슴 순으로 매트에서 들어 올린다. 갈비뼈 아랫부분은 계속 매트에 닿아 있는 느낌이 들어야 하고, 그와 동시에 가슴뼈를 앞으로 내밀어 가슴을 열어준다. 숨을 들이마시며 이렇게 길게 늘인 자세를 안정적으로 유지한다.

03/ 숨을 내쉬며 몸을 길게 늘이고 가슴, 목, 머리 순으로 시작 자세로 돌아온다.

최대 8번 반복한다.

02

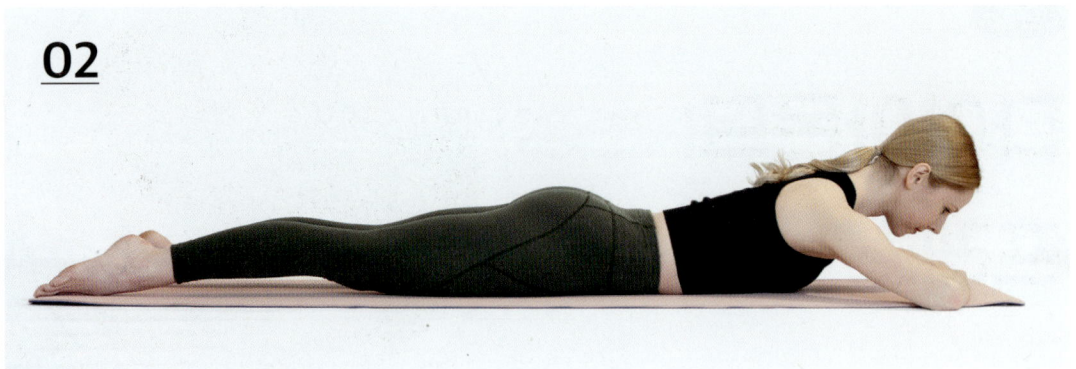

도전 과제와 이점

- 척추 윗부분을 순서대로 늘일 수 있는지 알아본다.

- 척추 윗부분의 가동성을 높여 호흡을 좀 더 원활하게 하는 데 도움이 된다.

- 굽은 자세를 고치는 데 도움이 된다.

- 등 신전근 운동이 된다.

⚠️ 주의할 점

- 코어를 적절하게 연결하여 정렬과 움직임을 통제한다.

- 길게 늘이고, 늘이고, 늘인다. 이때 앞쪽과 위쪽을 생각한다.

- 머리를 늘이고 들어 올리는 것으로 시작한 다음, 목을 들어 올린다. 머리와 목이 척추와 일직선이 되었을 때 척추 윗부분을 늘이기 시작한다.

- 길게 늘일 때 갈비뼈의 아랫부분은 계속 매트에 닿아 있어야 한다. 길게 늘이는 것이 높이 올라가는 것보다 중요하다.

- 발은 처음부터 끝까지 매트에 닿아 있어야 한다.

- 몸을 길게 늘인 상태에서 몸을 통제하며 매트로 돌아간다. 이때 절대 무너지면 안 된다. 중심선을 기억하자.

> 운동

코브라 준비 운동 Cobra Prep

앞서 배운 내용을 참고한다.

엎드린 뒤 이마를 매트에 댄다(필요하다면 이마에 접은 수건을 둔다). 다리를 일직선으로 골반 너비보다 살짝 넓게 벌리고, 골반 바깥쪽을 향해 돌려준다. 팔꿈치를 구부리고 손을 어깨높이 바로 위에, 어깨높이보다 살짝 넓게 둔다. 반드시 어깨 긴장을 풀고 쇄골은 펴준다.

시작 자세

동작

01/ 숨을 들이마시며 준비한다.

02/ 숨을 내쉬며 목의 앞부분을 늘인다. 머리를 말아 들어 올린 다음, 가슴을 매트에서 들어 올린다. 갈비뼈 아랫부분은 반드시 매트에 닿아 있어야 한다. 가슴은 열고 가슴이 앞쪽을 향할 수 있도록 집중한다.

03/ 숨을 들이마시며 길게 늘이고 들어 올린 자세를 유지한다.

04/ 숨을 내쉬며 가슴과 머리 순으로 매트로 내려오고, 팔을 구부려 시작 자세로 돌아간다.

최대 8번 반복한다.

02

도전 과제와 이점

- 몸을 통제하며 척추 윗부분을 차례차례 늘일 수 있는지 알아본다.
- 척추의 가동성을 높인다.
- 등 근육 운동이 된다.
- 움츠린 자세를 개선한다.

> ⚠️ **주의할 점**
>
> - 코어를 적절하게 연결하여 정렬과 움직임을 연결한다.
> - 중심선의 전체 축을 따라 부드럽게 움직인다.
> - 다리는 계속 매트 위에 두고, 처음부터 끝까지 몸에서 멀리 뻗는다.

운동

일어서서 뒤로 굽히기

Standing Back Bend

이 운동은 직장에 있거나 야외에 있어 매트를 사용할 수 없을 때 매우 유용하다. 나중에 운동 프로그램에서 이 운동을 하게 될 것이다.

시작 자세

몸을 꼿꼿하게 세운 뒤 손을 몸 옆으로 편안하게 늘어뜨리거나 머리 뒤에서 가볍게 깍지를 낀다(이렇게 하면 목을 받쳐줄 수 있다). 머리 뒤에서 깍지를 꼈다면 팔꿈치가 시야 내에 있어야 한다.

동작

01/ 숨을 들이마시고 머리부터 시작해 순서대로 부드럽게 뒤로 젖힌다. 척추를 마디마디 분절하여 일정하게 굽혀 아치를 만든다. 전체 척추를 따라 일정한 곡선을 만드는 것을 목표로 한다.

02/ 숨을 내쉬며 척추를 다시 아래에서 위로 쌓기 시작한다. 몸을 계속 길게 늘인다.

최대 8번 반복한다.

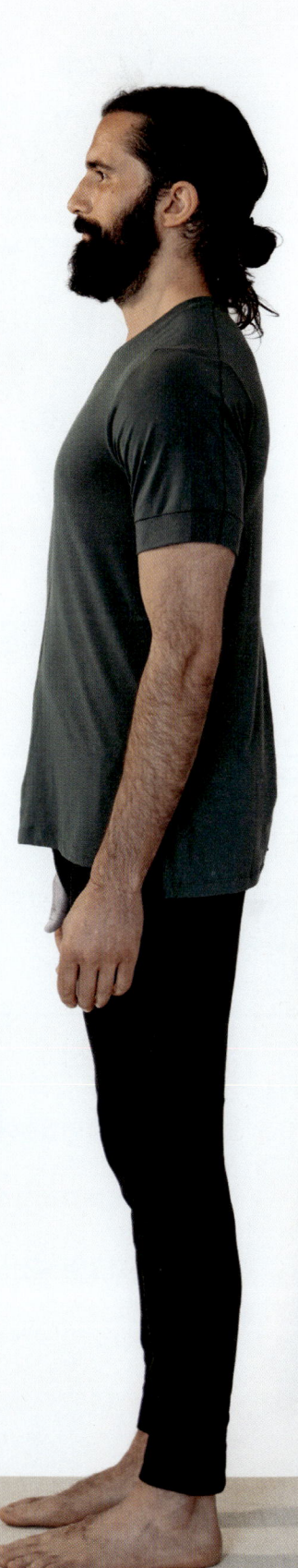

01

도전 과제와 이점

'코브라 준비 운동' 내용에 다음을 추가한다.

- 기립 상태에서 바닥에서 받을 수 있는 피드백이나 받쳐주는 힘 없이 올바른 자세 정렬을 유지할 수 있는지 알아본다.

⚠️ 주의할 점

- 코어를 적절하게 연결하여 정렬과 움직임을 통제한다.

- 중심선의 전체 축으로 움직인다.

- 머리는 척추와 같은 곡선상에 있어야 한다. 머리가 지나치게 뒤로 넘어가면 안 된다.

- 양쪽 발에 체중을 고르게 싣고, 발로 몸을 지탱한다.

> 운동

롤 다운 Roll Downs

운동을 마무리하기에 매우 좋은 동작이다. 처음에는 벽에 기대어 연습하고, 시간이 조금 지난 후에는 지지대 없이 도전해보기 바란다.

시작 자세

몸을 꼿꼿이 세우고 등을 벽에 기댄다. 발은 벽에서 한두 발자국 앞에서 평행하게 골반 너비로 벌리고, 무릎은 살짝 굽혀준다. 흉곽과 골반의 뒷면은 계속 벽에 닿아 있어야 하고, 척추는 본래의 자연스러운 곡선을 유지해야 한다. 뒤통수는 자세에 따라 벽에 닿을 수도 있고, 닿지 않을 수도 있다. 팔은 몸 옆으로 길게 늘어뜨린다.

동작

01/ 숨을 들이마시며 목 뒤쪽을 늘이고 머리를 앞으로 숙인다.

02/ 숨을 내쉬며 척추를 앞쪽 아래로 계속 말아준다. 더 이상 말아 내릴 수 없을 때까지 척추를 마디마디 순서대로 벽에서 떼어낸 다음, 골반에서부터 앞으로 숙여준다.

03/ 숨을 들이마시며 골반을 아래로 돌려 내리고 척추를 다시 벽으로 말아 올리며 마디마디 쌓아준다.

최대 5번 반복한다.

도전 과제와 이점

- 척추를 차례차례 연속하여 굽히고 늘일 수 있는지 알아본다.
- 중심선의 전체 축으로 부드럽게 움직일 수 있는지 알아본다.
- 척추와 골반의 가동성을 높인다.
- 등 근육 운동이 된다.
- 상체 긴장을 풀어준다.

⚠ 주의할 점

- 코어를 적절하게 연결하여 정렬과 움직임을 통제한다.
- 척추를 마디마디 분절하여 부드럽고 연속적으로 말아준다.
- 심부 복근을 연결하여 척추를 지탱한다.
- 말아 내려갈 때 머리를 숙이면서 움직이기 시작한다.
- 중심선의 전체 축으로 말아준다.
- 체중을 양발에 똑같이 실어준다.

지지대 없이 혼자 서서 롤 다운
Freestanding Roll Downs

앞서 배운 내용을 혼자 서서 하는 롤 다운 동작에 적용해보자. 벽만 빼면 모든 과정이 동일하다. 척추를 편안하게 말아주기 위해 무릎을 얼마나 굽힐지 결정해야 한다. 이 운동은 척추와 골반의 가동성을 높이기 위한 것이지, 허벅지 뒤쪽 근육을 늘이기 위한 것이 아니다.

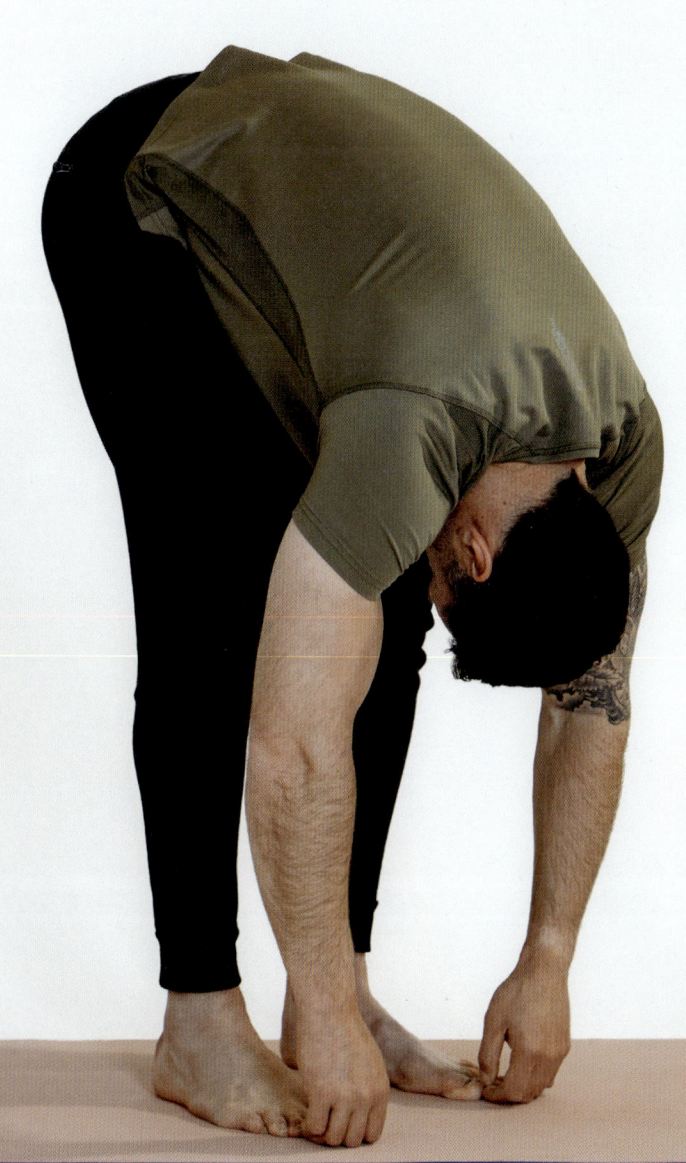

호흡기 건강을
위한 운동

이 장에는 호흡을 개선하는 동시에 몸의 나머지 부분들을 단련할 수 있는 멋진 운동들이 한가득 준비되어 있다. 호흡을 조절하는 다양한 운동들과 척추 윗부분과 흉곽을 움직여 좀 더 원활하게 호흡할 수 있도록 도와주는 운동들을 소개하고자 한다.

통제할 수 있는, 리듬감 있는, 조용한 호흡을 기억하자.

운동

박스 호흡, 또는 전술 호흡

Box or Tactical Breathing

미 해군 특수부대인 네이비 실$^{Navy\ Seal}$의 호흡법을 변형한 간단한 운동이다. 어디에서나, 어느 자세에서나 할 수 있다. 넷을 세면 마음이 과도하게 고요하지도, 흥분되지도 않은 상태인 '중립' 상태가 된다. 책상에서도, 버스 정류장에서도 할 수 있는 매우 실용적인 방법이다. 또한 필라테스 세션의 처음이나 마지막에 사용할 수도 있다.

몸을 세우고 앉거나, 서거나, 누워라! 어깨 긴장을 풀고, 가슴은 열고, 척추는 길게 늘이고, 발은 땅에 둔다. 상자를 떠올리고, 한 면당 넷을 센다.

동작

01/ 넷을 세는 동안 숨을 들이마신다.   *02/ 넷을 세는 동안 숨을 멈춘다.*

03/ 넷을 세는 동안 숨을 내쉰다.   *04/ 넷을 세는 동안 숨을 멈춘다.*

최대 3분까지 반복한다.

운동

미주신경 긴장도 호흡

Vagal Tone Breathing

이 운동은 내쉬는 숨이 들이마시는 숨보다 더 길어지도록 호흡 패턴을 바꾸는 방식으로, 미주신경 긴장도를 개선한다. 어떤 자세에서도 할 수 있지만, 우선 몸을 받쳐줄 수 있는 이완 자세(61쪽)나 앉은 자세(69쪽)를 추천한다. 한 손은 배꼽 바로 아래에, 다른 한 손은 가슴 위에 둔다.

동작

01/ 셋을 세는 동안 천천히 숨을 들이마신다. 배가 완전히 팽창할 수 있도록 배 속으로 곧장 숨을 들이마신다.

02/ 가능하다면 여섯을 세는 동안 천천히 숨을 내쉰다. 가능하지 않다면 다섯을 센다. 다시 호흡하기 전에 폐를 남김없이 완전히 비운다.

운동

한쪽 폐로 호흡하기

One Lung Breathing

이 제목을 너무 심각하게 받아들이지 말자. 물론 다른 쪽 폐로도 호흡할 것이다! 몸 한쪽이 뻐근한 경우에 도움이 된다. 몸이 더 불편하게 느껴지는 쪽으로 호흡을 몇 번 더 추가해도 좋다.

시작 자세

몸을 세워 서거나 앉아도 되고, 이완 자세(61쪽)로 누워도 된다.

동작

01/ 왼손을 왼쪽 갈비뼈 위에 둔다. 엄지손가락은 뒤쪽에, 나머지 손가락은 앞쪽에 둔다.

02/ 몸은 한쪽으로 기울어지지 않게 계속 가운데에 두고, 왼쪽 폐와 흉곽으로 숨을 들이마신다. 5번 심호흡을 한 다음, 방향을 바꾸어 반복한다.

시작하는 방향을 매번 다르게 한다.

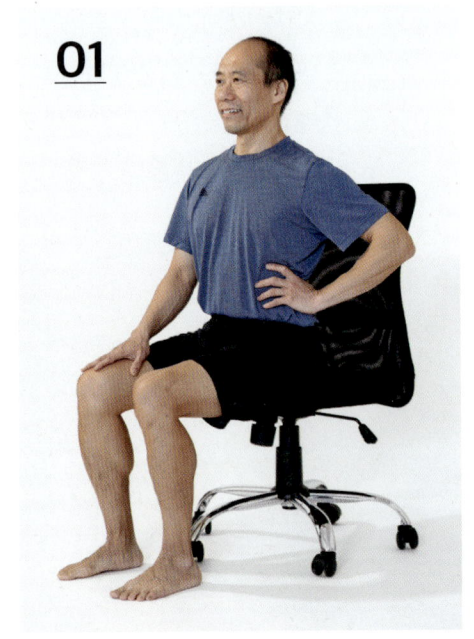

운동

휴식 자세 — 등으로 호흡하기

Rest Position - Back Breathing

필라테스에서 다트(222쪽), 풀 스타(269쪽), 다이아몬드 프레스(163쪽), 풀 코브라(305쪽)와 같이 등을 늘이는 운동을 한 후에 많이 하는 운동이다. 등은 팽창시키기가 쉽지 않은데, 등 안쪽으로 호흡할 수 있도록 도움을 주기 때문에 호흡 자세로 매우 유용하다. 또한 다음 운동을 준비할 때 다시 한 번 집중할 기회를 제공한다.

시작 자세
엎드린 자세에서 네발 기기 자세(71쪽)로 올라온다.

동작

01/ 숨을 충분히 들이마시며 양쪽 발을 살짝 더 가깝게 모은다.

02/ 숨을 내쉬며 엉덩이가 뒤쪽 아래를 향하도록 골반을 접는다. 손은 계속 매트 위에 두고 팔은 길게 늘인다. 이상적으로는 좌골은 발뒤꿈치 위에, 가슴은 허벅지 위에, 이마는 매트 위에 있어야 한다.

03/ 숨을 들이마신 뒤 숨을 등 안쪽과 갈비뼈 옆쪽으로 보내고 흉곽이 서서히 팽창하는 것을 느낀다. 갈비뼈 뒤쪽을 큰 물고기의 아가미라고 상상해보자.

04/ 숨을 내쉬어 폐를 완전히 비우고 갈비뼈를 아래로 모아 닫아주는 것에 집중한다.

최대 10번 반복한다.

마무리 동작으로 숨을 내쉬고 골반을 아래로 말아준다. 그리고 척추를 순서대로 말아 다시 쌓아 올리고, 몸을 세운 자세를 만든 뒤 발꿈치 위에 앉는다.

> ⚠️ **주의할 점**
>
> - 코어를 적절하게 연결하여 정렬과 움직임을 통제한다.
>
> - 양쪽 무릎을 지나치게 넓게 벌리지 않는다. 양쪽 허벅지를 살짝 벌리고 흉곽 아래에 둔다.
>
> - 머리는 무겁게 느껴져야 하고, 목은 길게 늘이고 긴장을 풀어야 한다.
>
> - 각자의 유연성에 따라 머리를 쿠션(혹은 접은 수건) 위에 둘 수도 있고, 엉덩이 아래에 쿠션을 둘 수도 있다.

운동

360도 헌드레드 호흡

360 Degrees — Hundred Breathing

여기에서는 손의 위치를 사용하여 흉곽을 팽창시키고 360도로 호흡하고자 한다.

목표는 다섯을 세는 동안 숨을 들이마시고, 다섯을 세는 동안 숨을 내쉬는 것이다. 셋을 세는 동안 숨을 들이마시고 내쉬는 것으로 시작하여 횟수를 점점 늘려나가도 좋다.

시작 자세

이완 자세(61쪽)를 취한다. (몸을 세운 자세에서도 할 수 있다.) 양손은 흉곽 아랫부분에 두고, 엄지손가락은 옆구리 주위 뒤쪽에, 나머지 손가락은 앞쪽에 둔다.

동작

01/ 최대 다섯을 세는 동안 등과 흉곽 옆쪽으로 최대한 깊게 숨을 들이마신다.

02/ 최대 다섯을 세는 동안 숨을 완전히 내쉰다.

10번 반복한다.

현기증이 느껴진다면 즉시 중단해야 한다.

시작 자세

> ⚠️ **주의할 점**
>
> - 코어를 적절하게 연결하여 정렬과 움직임을 통제하다.
>
> - 어깨와 목의 긴장을 풀어준다.
>
> - 숨을 내쉬는 동안에는 갈비뼈를 아래로 닫은 뒤 끌어모으는 것에 초점을 맞추고, 숨을 들이마시는 동안에는 흉곽을 점점 팽창시키는 것에 초점을 맞춘다.

> 운동

천사 날개 호흡 Angel Wings Breathing

미주신경 긴장도를 개선하기 위해 들이마시는 숨보다 내쉬는 숨이 길어지도록 노력해보자. 여기에서는 좀 더 원활하게 호흡하기 위해 두 팔 띄우기(134쪽) 동작을 사용한다.

시작 자세

이완 자세(61쪽), 또는 몸을 세운 자세라면 어떤 자세라도 가능하다. 하지만 처음에는 기립 자세(81쪽)로 시작하자. 몸을 꼿꼿이 세우고 선다.

동작

01/ 숨을 충분히 깊게 들이마시면서 천사 날개가 있는 것처럼 큰 곡선을 그리며 두 팔을 위로 띄운다. 넷을 세면서 팔을 들어 올린다.

02/ 최대한 깊게 숨을 내쉬며 여섯을 세는 동안 팔을 올릴 때와 똑같은 곡선을 그리며 아래로 내린다.

03/ 천사 날개 호흡법과 등 위쪽을 부드럽게 늘이는 동작을 합칠 수도 있다. 팔의 움직임이 등을 늘이는 속도와 일치하도록 노력해보자.

운동

갈비뼈를 밀면서 호흡하기

Breathing Rib Shifts

이 운동을 할 때는 한쪽 폐나 흉곽의 한쪽 면으로 곧장 숨을 들이마시고 한쪽 흉곽을 열어야 한다. 그렇게 하면 흉곽을 옆으로 미는 데 도움이 된다.

시작 자세

기립 자세(81쪽), 또는 몸을 세운 자세라면 어떤 자세라도 가능하다. 손은 엄지손가락이 뒤로 가도록 흉곽 옆면(더 쉽게 하려면 허리)에 둔다.

동작

01/ 왼쪽 폐와 흉곽으로 숨을 들이마시며 흉곽을 왼쪽으로 민다.

02/ 숨을 내쉬며 흉곽을 다시 가운데로 민다.

03/ 오른쪽 폐와 흉곽으로 숨을 들이마시며 흉곽을 오른쪽으로 민다.

04/ 숨을 내쉬며 흉곽을 다시 가운데로 민다.

양쪽 각각 6번씩 반복한 다음, 가운데로 돌아온다.

도전 과제와 이점

- 골반을 움직이지 않으면서 상체를 움직일 수 있는지 알아본다.

- 흉곽의 유연성을 높이고 호흡을 원활하게 만든다.

⚠️ 주의할 점

- 코어를 적절하게 연결하여 정렬과 움직임을 통제한다.

- 바로 옆으로 움직일 수 있도록 노력한다. 척추를 다른 방향으로 비틀거나 굽히지 않는다.

- 옆으로 조금만 움직인다는 점에 유의한다.

- 처음부터 끝까지 양쪽 허리는 길게 늘이고, 전체 축을 유지한다.

갈비뼈 밀기 심화 버전 Advanced Rib Shifts

팔을 어깨높이로 뻗은 상태에서도 이 운동을 할 수 있다. 갈비뼈를 옆으로 밀어줄 때 중지를 뻗는다.

> 운동

옆구리 늘이기 Side Stretch

몸의 옆쪽을 열어주기 위한 운동으로, 등을 대고 눕거나 일어서서 할 수도 있다.

시작 자세

이완 자세(61쪽)를 취한다. 안정적인 자세를 위해 양쪽 다리를 바깥쪽으로 늘인다.

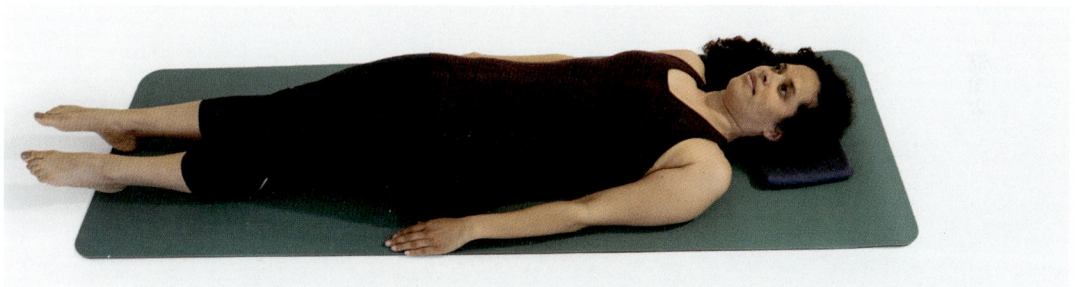

동작

01/ 숨을 들이마시며 준비한다.

02/ 숨을 내쉬며 흉곽 닫기(130쪽)에서처럼 두 팔을 위로 올린다.

03/ 숨을 들이마시며 오른쪽 다리를 왼쪽 발목 위로 교차시킨다.

04/ 숨을 내쉬며 오른손으로 왼쪽 손목을 잡는다. 긴 바나나 모양이 되어야 한다.

05/ 열려 있는 오른쪽 면을 활용하여 열린 흉곽으로 최대 6번 깊게 숨을 들이마신다.

06/ 몸을 통제하며 천천히 손을 풀고, 교차한 다리를 풀어 시작 자세로 돌아간다.

반대쪽도 반복한다.

04

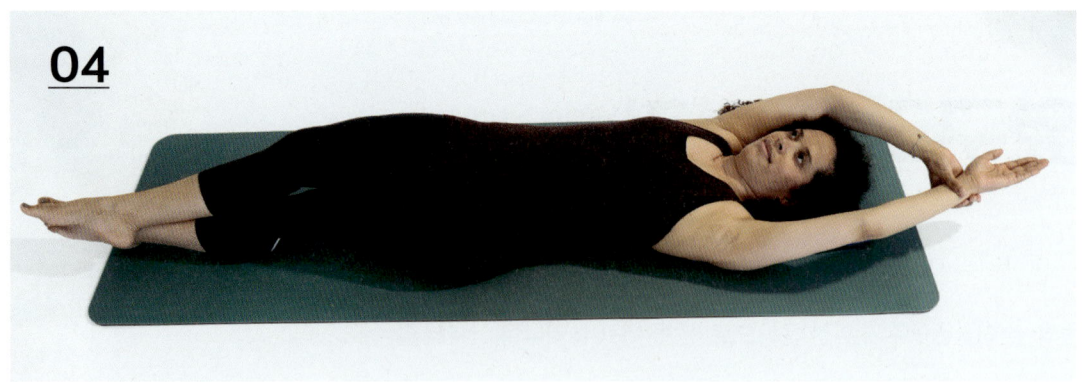

변형 동작

갈비뼈 아랫부분을 골반에서 더 멀리 움직이면 옆구리를 더 많이 늘일 수 있다.

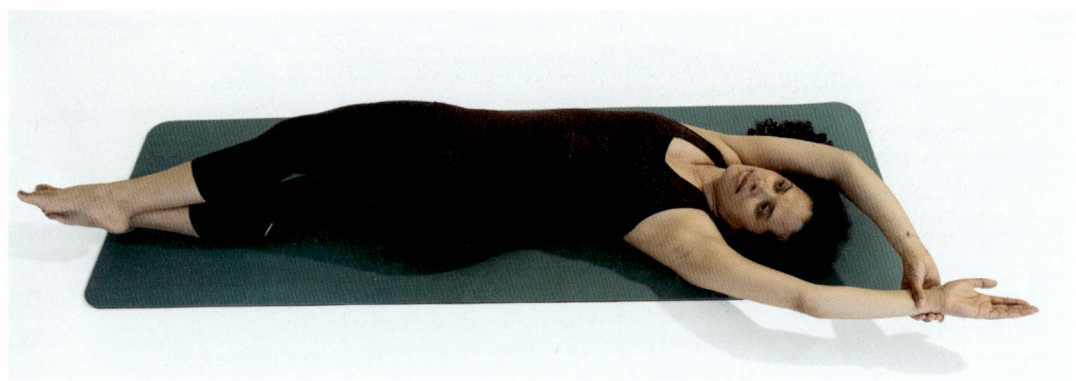

도전 과제와 이점

- 올바르게 정렬할 수 있는지 알아본다.
- 옆구리를 열어주어 흉곽의 유연성을 높이고 호흡을 원활하게 만든다.

일어서서 옆구리 늘이기 Standing Side Stretch

몸을 세워서 하는 버전이다.

시작 자세

몸을 꼿꼿이 세우고 바닥에 선다. 오른발을 왼쪽으로 교차시킨다.

동작

01/ 숨을 들이마시며 준비하고 양팔을 위로 올린다. 왼손으로 오른쪽 손목을 가볍게 잡는다.

02/ 숨을 내쉬며 팔을 위로 늘이고 왼쪽으로 내려간다. 이때 골반이 오른쪽으로 밀리지 않도록 주의한다.

03/ 늘인 자세를 계속 유지하며 열린 쪽으로 숨을 충분히 3번 들이마신다.

04/ 숨을 내쉬며 위로 올라와 가운데로 다시 돌아가면서 흉곽을 닫는다.

05/ 숨을 들이마시며 양팔을 내린 뒤 교차시킨 다리를 풀어준다.

위 순서를 2번 반복한 다음, 왼발을 오른발 위로 교차시켜 반복한다. 그리고 몸을 통제하며 시작 자세로 돌아온다.

이 동작을 할 때 균형 잡기가 너무 힘들다면 다리를 골반 너비보다 살짝 넓게 벌려 안정성을 높인다.

도전 과제와 이점

앞 내용에 다음을 추가한다.

- 균형 감각을 시험하고, 균형 감각을 기를 수 있다.

  주의할 점

- 코어를 적절하게 연결하여 정렬과 움직임을 통제한다.
- 몸을 늘일 때 최대한 중심을 유지한다.
- 옆구리를 크게 벌리고, 갈비뼈를 골반에서 멀어지게 늘여준다.
- 숨을 들이마신 뒤 내쉬는 숨에 위로 올라오며 갈비뼈를 아래로 닫아준다.

가슴 확장 Chest Expansion

가슴 확장을 빼놓고 호흡기 건강을 이야기할 수는 없다. 이름이 모든 것을 말해준다! 일단 기본적인 버전을 완전히 익힌 뒤 운동과 결합해보자.

시작 자세

이 운동은 몸을 세운 대부분의 자세에서는 가능하지만, 매트에 앉은 자세에서는 할 수 없다. 보통 팔이 더 길기 때문이다.

여기에서는 기립 자세에서의 운동을 설명한다. 몸을 꼿꼿이 세우고 다리는 골반 너비로 평행하게 서거나 필라테스 자세(84쪽)로 코어 근육을 연결한다. 아령을 사용한다면 양손에 각각 2kg짜리 아령을 들고 팔을 몸 옆에 길게 늘어뜨린다. 손바닥은 뒤쪽을 향하게 한다. 밴드를 사용할 때는 허벅지 위쪽을 가로질러 밴드를 두고 팔을 뒤로 당겨 약간의 저항을 줄 수 있는 지점을 잡는다.

동작

01/ 숨을 들이마시며 척추를 움직이지 않고 어깨 관절만 움직여 팔을 가능한 한 멀리 몸 뒤쪽으로 밀어준다.

02/ 계속 숨을 들이마시며 머리를 왼쪽으로 돌린 다음, 가운데를 지나 오른쪽으로 돌린다.

03/ 숨을 내쉬며 머리를 가운데로 되돌리고, 양쪽 팔이 몸보다 살짝 앞으로 돌아오도록 팔을 앞으로 길게 뻗는다.

머리를 돌리는 쪽을 번갈아가며 최대 8번 반복한다.

도전 과제와 이점

- 등에 아치를 만들지 않고, 또는 갈비뼈를 벌리지 않고 가슴을 열 수 있는지 알아본다.

- 호흡과 움직임이 협응할 수 있는지 알아본다.

- 몸과 어깨가 긴장하지 않은 상태에서 숨을 참을 수 있는지 알아본다.

- 어깨와 목의 가동성을 높인다.

- 가슴과 흉곽을 확장하여 호흡을 원활하게 만든다.

⚠️ 주의할 점

- 코어를 적절하게 연결하여 정렬과 움직임을 통제한다.

- 팔을 뒤로 밀 때 등에 아치가 생기지 않아야 하고, 갈비뼈가 벌어지지 않아야 한다.

- 머리를 돌릴 때 머리가 앞이나 뒤로 기울어지지 않도록 주의한다.

- 손과 손목이 팔뚝과 일직선을 이루어야 한다. 주먹을 몸 바깥쪽이나 몸 쪽으로 돌리면 안 된다.

- 가슴과 어깨 앞쪽은 계속 열려 있어야 한다. 팔을 앞으로 가져올 때도 마찬가지다.

- 팔꿈치가 잠기면(과신전) 안 된다.

> 운동

엇갈린 자세로 비틀기 Split Stance Twists

사람은 언제나 걷고 몸을 비튼다. 이 자세를 통해 상체의 회전을 이용하여 흉곽을 열고 호흡을 좀 더 원활하게 만들고자 한다.

엇갈린 자세로 허리 비틀기 Split Stance Waist Twists

시작 자세

몸을 꼿꼿이 세우고 발을 골반 너비로 벌리고 선 다음, 오른발을 앞으로 내민다. 다리가 골반 바깥쪽을 향하도록 뒤에 있는 발의 발끝을 밖으로 돌린다. (양쪽 다리가 평행한 상태에서도 이 동작을 할 수 있다.)

골반은 뒤에 있는 다리를 향해 뒤쪽으로 살짝 회전하겠지만 수평을 이룰 수 있도록 노력하자. 지금은 상체가 정면을 향해야 한다. 허리 비틀기(153쪽)에서처럼 양쪽 팔을 가슴 앞에서 접는다.

동작

01/ 숨을 충분히 들이마시며 준비한다.

02/ 숨을 내쉬며 오른쪽으로 회전한다. 머리, 목, 갈비뼈를 회전시킨다. 골반은 가능한 한 움직이지 않아야 한다.

03/ 숨을 들이마시고 얼굴을 가운데로 돌린다.

04/ 숨을 들이마시고 왼쪽으로 회전한다.

05/ 숨을 들이마시며 되돌아온다.

양쪽 각각 최대 3번씩 반복한 다음 다리를 바꿔준다. 마지막에는 몸을 세운 시작 자세로 돌아온다.

변형 동작

- 앞의 내용과 동일하되, 팔은 어깨 바로 아래 높이로 뻗는다. 아령을 들고 할 수도 있다.

- 앞의 내용과 동일하되, 머리 뒤에서 양손으로 가볍게 깍지를 낀다.

- 앞서 소개한 동작들을 하며 회전할 때 발뒤꿈치를 들면 발목의 가동성을 높이고, 발목을 튼튼하게 만들 수 있다.

도전 과제와 이점

- 척추를 늘이고, 골반을 움직이지 않으면서 균형을 잡고, 협응을 하며 비틀 수 있는지 알아본다.

- 척추와 골반의 가동성을 높인다.

- 흉곽의 유연성과 호흡을 위한 운동이다.

- 균형을 잡기 위한 운동이다.

- 발뒤꿈치를 들고 하는 경우 발목의 가동성을 높일 수 있다.

> ⚠️ **주의할 점**
>
> - 코어를 적절하게 연결하여 정렬과 움직임을 통제한다.
> - 중심선을 따라 움직이는 동안 계속해서 위로, 위로, 위로 늘여야 한다.
> - 체중은 양쪽 발에 똑같이 싣는다.

엇갈린 자세로 팔로 원 그리며 비틀기

Split Stance Arm Circles with Twist

이 동작을 하면 기분이 매우 좋아진다. 나는 책상 앞에 앉아 무언가를 할 때 30분에 한 번씩 일어나 이 동작을 하곤 했다!

시작 자세

팔을 편안하게 몸 옆에 둔다.

동작

01/ 오른쪽 흉곽으로 숨을 충분히 들이마시며 팔로 위쪽과 뒤쪽으로 원을 그리는 동시에 머리, 목, 갈비뼈를 오른쪽으로 돌린다.

02/ 숨을 내쉬며 팔로 뒤쪽과 아래 앞쪽으로 원을 그려 원을 완성하는 동시에 상체가 정면을 향하도록 상체를 다시 돌린다.

03/ 큰 원 그리기를 5번 반복한다. 이때 나선형으로 돌면서 몸을 위로 길게 늘인다.

왼쪽 발을 앞에, 오른쪽 발을 뒤에 두고 순서를 반복한다. 이번에는 왼쪽으로 비틀어준다. 그런 다음, 마지막에는 몸을 세운 기립 자세로 발을 모은다.

도전 과제와 이점

앞 내용에 다음을 추가한다.

- 어깨의 가동성을 높인다.

주의할 점

- 코어를 적절하게 연결하여 정렬과 움직임을 통제한다.

- 어깨는 자유롭게 움직여도 괜찮지만 팔과 함께 어깨를 과도하게 뻗어서는 안 된다.

- 팔이 몸 옆으로 돌아올 때 정면으로 돌아올 수 있도록 팔로 원을 그리는 타이밍을 맞춘다.

- 체중은 양쪽 발에 똑같이 싣는다.

운동

사선으로 컬 업 Oblique Curl Ups

시작 자세

이완 자세(61쪽)를 취한 뒤 양손은 머리 뒤에서 깍지를 낀다. 팔꿈치는 열려 있는 상태이지만 주변 시야 내에 있어야 한다.

02

동작

01/ 숨을 들이마시며 준비한다.

02/ 숨을 내쉬며 머리를 숙인 다음, 계속 연속하여 중심선을 따라 목을 말아 올린다. 머리가 어깨와 일직선이 되도록 올라오면, 몸통을 오른쪽 사선으로 회전시킨다. 왼쪽 갈비뼈가 오른쪽 골반을 향해야 한다.

03/ 숨을 들이마시며 좀 더 말아 올린다.

04/ 숨을 내쉬며 사선으로 올라갔던 길의 반대로 말아 내려온다.

양쪽 각각 5번 반복한다. 양쪽을 번갈아가면서 하거나, 원한다면 같은 쪽을 반복한다.

도전 과제와 이점

'컬 업(151쪽)' 내용에 다음을 추가한다.

- 골반이 중립을 유지한 상태에서 몸을 길게 늘이며 정확하게 말아 올릴 수 있는지 알아본다.

- 회전 운동을 통해 허리를 탄력 있게 만든다.

- 척추 윗부분과 흉곽의 가동성을 높여 호흡을 원활하게 만든다.

⚠ 주의할 점

- 코어를 적절하게 연결하여 정렬과 움직임을 통제한다.

- 골반은 움직이지 않아야 한다.

- 양쪽 허리를 계속 길게 늘인다.

- 길게 늘인 중심선을 상상하며 그 중심선 주위로 회전한다.

- 머리는 손안에서 무겁게 느껴져야 한다.

- 어깨 긴장을 푼 채 아래로 내리고, 귀에서 멀어져야 한다.

갈비뼈 돌리며 사선으로 말기 Oblique Curls with Rib Rolls

이는 변형 동작으로, 엄청나게 강도를 높인 복근 운동이다. 결코 쉽지 않을 것이다.

03

동작

앞 동작 1~2를 따라 한 다음,

03/ 숨을 들이마시며 상체를 왼쪽으로 비튼다. 흉곽을 돌려 오른쪽 갈비뼈가 왼쪽 골반을 향하도록 한다.

04/ 숨을 내쉬며 사선으로 말아 내린다.

이번에는 왼쪽으로 말아 올린 뒤 오른쪽으로 돌려주고 말아 내려온다.

양쪽을 번갈아가며 최대 6번 반복한다.

도전 과제와 이점

- 몸을 길게 늘인 상태에서 순서대로 회전할 수 있는지 알아본다.

- 허리 사이즈가 줄어든다.

- 흉곽과 척추 윗부분의 가동성을 높여 호흡이 원활해지도록 돕는다.

주의할 점

앞 내용에 다음을 추가한다.

- 어깨뼈의 하단 면으로 돌고 있다고 상상한다.

- 갈비뼈를 돌리는 것에 중점을 둔다.

> 운동

갈비뼈 돌리며 골반 돌리기

Hip Rolls with Rib Rolls

이 운동은 척추 전체의 가동성을 높여줄 것이다. 이번에는 회전이다. 중간 사이즈 공이나 필라테스 써클링이 있다면 손에 잡고 동작을 하면 도움이 될 것이다. 그렇지만 꼭 필요한 것은 아니다.

시작 자세

이완 자세(61쪽)를 취한 뒤 양쪽 다리를 당긴 다음, 안쪽 허벅지를 서로 붙인다. 팔은 어깨 위쪽으로 올리고 손바닥은 서로 마주 보게 한다(혹은 공이나 써클링을 잡는다).

동작

01/ 숨을 들이마시며 준비한다.

02/ 숨을 내쉬며 골반을 오른쪽으로 돌리는 동시에 상체를 왼쪽으로 돌린다.

03/ 숨을 들이마시며 골반, 다리, 갈비뼈, 팔을 시작 자세인 가운데로 돌아오게 한다.

반대쪽도 반복한 다음, 전체 순서를 최대 5번 반복한다.

02

도전 과제와 이점

- 척추 회전을 조절할 수 있는지 알아본다.

- 회전할 때 척추 전체의 가동성을 높인다.

- 허리선을 정리한다.

- 척추 윗부분과 흉곽의 가동성을 높여 호흡을 원활하게 만든다.

⚠️ 주의할 점

- 코어를 적절하게 연결하여 정렬과 움직임을 통제한다.

- 골반과 다리를 곧장 옆으로 돌린다. 옆길로 빠지면 안 된다.

- 흉곽을 돌려줄 때 머리와 목도 같이 따라가야 한다.

- 양쪽 허리를 똑같이 길게 늘인다.

팔로 원 그리며 골반 돌리기

Hip Rolls with Arm Circles

여기에서 여러 가지 동작을 동시에 수행해보면 나중에 짧은 운동 프로그램을 할 때 매우 도움이 될 것이다. 팔로 원 그리기와 골반 돌리기 동작을 합치기 전에 각각의 동작을 먼저 익히도록 하자.

이완 자세(61쪽)를 취한 뒤 양쪽 다리를 당긴 다음, 안쪽 허벅지를 서로 붙인다. 팔은 어깨 위쪽으로 올리고 손바닥은 서로 마주 보게 한다.

동작

01/ 숨을 들이마시며 준비한다.

02/ 숨을 내쉬며 엉덩이를 왼쪽으로 돌린다. 동시에 흉곽 닫기(130쪽)에서처럼 두 팔을 귀 높이 정도까지 뒤로 넘긴다.

03/ 숨을 들이마시고 이 자세를 유지한다.

04/ 숨을 내쉬며 몸을 가운데로 돌려주는 동시에 두 팔로 원을 그리며 시작 자세로 돌아온다.

양쪽 각각 5번 반복한다.

도전 과제와 이점

- 몸을 길게 늘인 상태에서 몸을 통제하며 척추를 순서대로 회전할 수 있는지 알아본다.
- 협응 능력을 시험한다.
- 척추와 어깨의 가동성을 높인다.
- 허리선을 탄력 있게 만든다.

⚠ 주의할 점

- 코어를 적절하게 연결하여 정렬과 움직임을 통제한다.
- 골반과 다리를 곧장 옆으로 돌린다. 옆길로 빠지면 안 된다.
- 양쪽 허리를 똑같이 길게 늘인다.
- 몸을 돌릴 때 가장 먼저 엉덩이를 돌리고, 허리, 갈비뼈 아래쪽을 돌린다. 되돌아올 때는 가장 먼저 갈비뼈 아래쪽을 돌리고 허리, 엉덩이를 돌린다.
- 팔과 엉덩이가 시작 자세로 돌아올 수 있도록 골반 돌리기와 팔로 원을 그리는 타이밍을 맞추도록 노력한다.

운동

바늘 꿰기 Threading the Needle

많은 이점을 가진, 기분이 매우 좋아지는 운동이다.

시작 자세

네발 기기(71쪽)

동작

01/ 숨을 들이마시며 준비하고, 체중을 왼쪽 팔로 옮긴다.

02/ 숨을 내쉬며 오른손을 들어 올린 뒤 머리를 왼쪽으로 회전하며 뻗어준다. 왼쪽 팔꿈치와 엉덩이가 구부러질 것이다.

03/ 숨을 들이마시며 오른팔을 당겨주면서 척추를 다시 가운데로 회전시킨다. 오른손을 다시 매트 위로 돌려놓는다.

양쪽 각각 5번 반복한다.

02

도전 과제와 이점

- 골반을 움직이지 않으면서 순서대로 회전할 수 있는지 알아본다.

- 상체의 힘을 시험해본다.

- 척추, 어깨, 골반의 가동성을 높인다.

- 팔, 어깨, 손목을 탄탄하게 만든다.

- 흉곽의 유연성을 높이고, 호흡을 원활하게 만든다.

⚠️ 주의할 점

- 척추 회전은 순서대로 이루어져야 한다. 머리를 시작으로 목, 척추 윗부분을 움직이고, 돌아올 때는 중앙에서부터 시작한다.

- 전체 축을 따라 중심선 주위로 움직이는 것을 목표로 한다.

- 코어를 적절하게 움직인다.

- 나선형으로 돌고, 다시 돌아올 때 몸을 길게, 길게, 길게 늘인다고 생각한다.

나아가… 좀 더 어렵게 해보고 싶다면 한쪽 다리를 골반과 일직선이 되도록 매트를 따라 뻗은 상태에서 바늘 꿰기 운동을 한다. 발가락을 아래로 밀어 넣어 안정성을 높여준다. 들어 올린 손과 반대쪽 다리를 뻗어준다. 이렇게 하면 코어 안정성뿐 아니라 균형감도 기를 수 있다.

바늘 꿰기 스트레칭 Threading the Needle Stretch

바늘 꿰기 운동의 재미있는 변형 동작으로, 허리를 늘여준다.

시작 자세

동작

01/ 숨을 들이마시며 준비하고, 체중을 왼쪽 팔로 옮긴다.

02/ 숨을 내쉬며 오른손을 어깨와 일직선이 되도록 앞으로 밀어준다(손바닥은 계속 바닥에 닿아 있어야 한다). 동시에 머리, 목, 남은 흉곽을 비틀어준다. 왼쪽 팔꿈치와 엉덩이가 구부러질 것이다.

02

03/ 숨을 들이마시며 오른팔을 당겨주면서 척추를 가운데로 회전시킨다. 오른손을 다시 매트 위로 돌려놓는다.

양쪽 각각 5번 반복한다.

도전 과제와 이점

앞 내용에 다음을 추가한다.

- 허리 스트레칭이 추가된다.

⚠️ 주의할 점

- 팔을 과도하게 뻗지 않는다. 부드럽게 조절하며 뻗는다.

바늘 꿰기 스트레칭 심화 버전

Advanced Threading the Needle Stretch

회전할 때 균형을 유지해야 한다. 앞서 설명한 순서를 그대로 따르되, 이번에는 뻗어 주는 팔과 반대쪽 다리를 매트를 따라 길게 늘이고, 발가락을 아래로 밀어 넣어 안정성을 높인다.

도전 과제와 이점

앞 내용에 다음을 추가한다.

- 균형감, 안정감, 협응 능력을 시험한다.

> **주의할 점**
>
> 앞 내용에 다음을 추가한다.
>
> - 몸을 통제하며 회전한다. 과도하게 비틀지 않는다.
> - 움직임이 자연스럽게 이어질 수 있도록 노력한다.

바늘 꿰기 스트레칭과 비틀기 심화 버전
Advanced Treading the Needle Stretch and Twist

동작을 좀 더 어렵게 만들어보자(필요한 경우라면). 먼저 바늘 꿰기 운동(다리를 뻗거나 뻗지 않고)의 동작 1~3을 따라 한다. 이때 손을 매트 위로 다시 가져오는 대신 갈비뼈를 감싸고 반대 방향으로 몸을 비튼다. 그런 다음, 시작 자세로 돌아온다.

문 열기 Opening Doors

이는 매우 유용한 운동으로, 다른 운동과 합쳐졌을 때 더욱 효과적이다.

시작 자세

몸을 세운 자세라면 어떤 자세라도 가능하다. 어깨와 일직선이 되도록 팔을 옆으로 내밀고 팔꿈치를 직각이 되도록 굽힌다. 손바닥은 앞을 바라보게 한다.

시작 자세

02

동작

01/ 숨을 들이마시며 준비한다.

02/ 숨을 내쉬며 팔이 어깨 앞에서 나란하도록 앞으로 당긴다. 몸을 통제하며 어깨뼈가 멀어져야 한다.

03/ 넓고 깊게 숨을 들이마시며 팔을 다시 시작 자세로 가져온다. 어깨뼈가 살짝 안으로 당겨질 것이다.

최대 6번 반복한다. 어깨가 슬금슬금 위로 올라가지 않아야 한다.

변형 동작

한쪽 팔로 문 열기 One arm Opening Doors

번갈아가며 한 번에 한쪽 팔만 움직인다. 한쪽 팔이나 다리만 움직이는 다른 운동들과 마찬가지로 중심을 지키는 데 집중하고 몸이 돌아가지 않도록 주의해야 한다.

도전 과제와 이점

- 안정적으로 자세를 정렬할 수 있는지, 특히 어깨 정렬을 올바르게 유지할 수 있는지 알아본다.
- 어깨뼈 사이에 있는 근육과 아래에 있는 근육을 사용하고 계속해서 늘여준다.
- 어깨 관절의 가동성을 높인다.
- 가슴을 열어준다. 호흡에 도움이 될 것이다.

⚠️ 주의할 점

- 코어를 적절하게 연결하여 정렬과 움직임을 통제한다.
- 양쪽 팔을 같이 움직일 때 어깨뼈의 변화에 주목한다. 어깨뼈가 멀어지면 등의 중간 부분이 넓

어진다. 팔이 시작 자세로 돌아오면 어깨뼈는 다시 모인다. 어깨뼈가 양쪽으로 부드럽게 움직일 수 있도록 노력한다.

- 팔을 움직일 때 귀와 어깨 사이 거리를 유지한다.

- '열고' '닫을' 때 팔꿈치의 높이와 각을 유지한다.

- 쇄골은 처음부터 끝까지 넓게 열려 있어야 한다.

운동

굽히고 펴면서 문 열기

Opening Doors with Flexion and Extension

여러모로 궁리한 끝에 생각해낸 최상의 이름이다. 다행히도 이름보다는 훨씬 재미있는 운동이다.

시작 자세

앞 내용과 동일하되, 무릎을 살짝 굽혀준다.

동작

01/ 숨을 들이마시며 준비한다.

02/ 숨을 내쉬며 팔을 앞으로 가져오면서 머리, 목, 척추 윗부분 순으로 말아준 뒤 일어서서 하

는 컬 업 동작을 만들어준다.

03/ 숨을 들이마시며 팔을 시작 자세로 다시 가져오면서 아래에서부터 위로 순서대로 펴준다. 일어서서 뒤로 굽히기(167쪽) 자세가 될 때까지 부드럽게 펴준다.

최대 6번 반복한 다음, 등을 순서대로 길게 늘이면서 세워준다.

도전 과제와 이점

앞 내용에 다음을 추가한다.

- 전체 축을 유지하면서 척추 윗부분을 굽히고 펼 수 있는지 알아본다.
- 척추 윗부분의 가동성을 높인다. 그러면 호흡이 좀 더 원활해진다.

⚠️ 주의할 점

앞 내용에 다음을 추가한다.

- 중심선을 따라 움직인다. 척추를 과도하게 굽히거나 펴지 않도록 주의한다.
- 골반은 움직이지 않아야 하고, 체중은 중앙에 둔다.

운동

인어 Mermaid

이는 언제나 인기 있는, 허리를 늘여주는 운동이다. 전통적인 시작 자세가 모두에게 편안한 것은 아니므로 시작 자세를 바꿀 수도 있다.

여러 선택지가 있다. 등이나 무릎, 골반에 문제가 있다면 '긴 개구리 자세(68쪽)'가 더 편안하게 느껴질 것이다.

전통적인 시작 자세의 경우, 매트 위에 무릎을 꿇고 발뒤꿈치 위에 앉는다. 그런 다음, 골반을 발뒤꿈치에서 오른쪽으로 옮겨 매트 위에 둔다. 필요하다면 다리가 편안해지도록 무릎을 살짝 벌린다.

골반은 최대한 평평하게 유지하도록 노력한다. 척추를 중심에서부터 길게 늘인 뒤 들어 올린다.

시작 자세

동작

01/ 숨을 들이마시며 왼팔을 위로 띄운다.

02/ 숨을 내쉬며 몸을 위로 올리고 오른쪽으로 넘어간다. 오른팔은 매트를 따라 더 멀리 미끄러져 내려갈 것이다.

03/ 열린 면으로 숨을 들이마신다.

04/ 숨을 내쉬며 오른팔을 펴고 다시 몸을 세운다. 왼팔을 내리고 매트로 가져온다.

05/ 반대쪽도 시행한다. 반대쪽으로는 아주 조금만 내려갈 수도 있다.

양쪽 각각 3번씩 반복한 다음, 골반과 다리를 반대 방향으로 바꾸고 순서를 반복한다.

도전 과제와 이점

- 옆으로 굽힐 수 있는지 알아본다.
- 척추와 흉곽의 가동성을 높인다.
- 허리를 제대로 늘이면 허리 운동이 된다.
- 전통적인 시작 자세는 골반과 무릎의 가동성을 높인다.

⚠️ 주의할 점

- 코어를 적절하게 연결하여 정렬과 움직임을 통제한다.
- 옆으로 넘어갈 때 척추와 팔은 하나로 움직여야 한다.
- 옆으로 넘어갈 때 머리를 시작으로 목, 척추 윗부분 순으로 움직여야 한다. 돌아올 때는 가운데에서부터 움직인다.
- 한 면으로만 움직일 수 있도록 노력한다. 앞으로 굽히거나 뒤로 젖히면 안 된다.
- 머리와 목은 척추의 나머지 부분과 일직선이 되도록 유지한다.

운동

갈비뼈 돌리며 인어 Mermaid with Rib Rolls

척추 윗부분과 중간 부분, 흉곽의 가동성을 높이는 운동이다.

첫 번째 주의 사항: 뒤쪽과 위쪽으로 매우 멀리 회전할 수는 없을 것이다. 이때 억지로 움직이면 안 된다.

두 번째 주의 사항: 한 번에 한 방향으로만 뻗어준다.

시작 자세

양쪽 다리를 한쪽에 두거나 '긴 개구리 자세(68쪽)'로 시작한다.

03

동작

앞 동작 1~2를 따라 한 다음,

03/ 숨을 들이마시며 상체를 오른쪽 아래로 회전시킨다. 한쪽 폐는 앞으로, 다른 쪽은 뒤로 움직인다. 갈비뼈 돌리며 사선으로 말기(200쪽)를 생각해보자. 위로 들고 있는 팔은 몸의 움직임에 따라서만 움직인다.

04/ 숨을 내쉬며 다시 앞을 바라볼 수 있도록 반대로 회전한다.

05/ 숨을 들이마시며 왼쪽 위와 뒤로 회전한다. 한쪽 폐는 앞으로, 다른 쪽은 뒤로 움직인다.

06/ 숨을 내쉬며 앞을 바라볼 수 있도록 회전한다.

07/ 숨을 내쉬며 몸을 세운 자세로 돌아온다.

이 방향으로 3번 반복한 다음, 팔을 내린다. 골반과 다리 방향을 바꾸고 반대쪽도 실시한다.

도전 과제와 이점

- 몸을 길게 늘인 상태에서 옆으로 굽히면서 척추를 순서대로 회전할 수 있는지 알아본다.
- 척추, 갈비뼈, 골반의 가동성을 높인다.

⚠️ 주의할 점

- 코어를 적절하게 연결하여 정렬과 움직임을 통제한다.
- 머리는 척추와 일직선으로 척추와 함께 움직인다.
- 옆으로 굽히고 회전할 때 골반은 중심을 유지하도록 노력한다.
- 회전할 때 나선형으로 위로, 위로 올라가야 한다. 전체 축을 따라 중심선 주위로 움직인다.

다트 The Dart

이 동작은 새로운 기본 원칙 부분에 있어야 마땅하지만, 다양한 변형 동작을 선보이기 위해 여기에서 소개한다. 모든 변형 동작의 다리 모양은 간단하게 한 가지로 통일했다.

시작 자세

엎드린 자세(77쪽)를 취한 뒤 접은 수건을 이마 아래에 둔다. 팔은 몸 옆으로 길게 늘어뜨려 매트 위에 두고, 손바닥은 위를 향하게 한다. 다리는 길게 늘여 골반 바깥쪽을 향해 돌린 뒤 어깨너비로 벌린다.

동작

01/ 숨을 들이마시며 준비한다.

02/ 숨을 내쉬며 머리를 들어 올린 뒤 목, 척추 윗부분을 한 번에 한마디씩 들어 올린다. 동시에 팔을 길게 늘이며 살짝 들어 올리고, 손바닥은 몸을 향하도록 돌려준다.

03/ 숨을 들이마시고 길게 늘인 자세를 유지한다.

04/ 숨을 내쉬며 순서대로 매트로 돌아온다. 동시에 팔을 시작 자세로 되돌린다.

최대 8번 반복한다.

02

도전 과제와 이점

- 골반이 안정된 상태에서 척추를 순서대로 늘일 수 있는지 알아본다.

- 등 근육과 둔근 운동이 된다.

- 척추 윗부분과 골반, 어깨의 가동성을 높인다.

- 자세를 유지하는 힘을 길러 호흡이 좀 더 원활해지도록 돕는다.

⚠️ 주의할 점

- 코어를 적절하게 연결하여 정렬과 움직임을 통제한다.

- 머리를 너무 뒤로 젖히지 않도록 주의한다. 시선은 처음부터 끝까지 아래를 향해 있어야 한다.

- 반드시 동작 순서를 제대로 지킨다. 머리와 목을 순서대로 들어 올린 다음, 목과 머리가 척추 윗부분과 일직선이 되면 척추 윗부분을 늘인다. 갈비뼈는 계속 허리와 연결되어 있어야 한다.

- 다리를 들어 올리고 싶은 유혹을 이겨내자. 다리는 계속 바닥에 닿아 있어야 한다.

다트 자세로 옆으로 굽히기 Dart into Side Bend

짧은 운동 프로그램을 할 때 등을 늘이는 동작과 옆으로 굽히는 동작을 동시에 할 수 있다면 무척 도움이 될 것이다. 하나의 운동으로 두 가지 효과를 보는 셈이다.

시작 자세

앞과 동일하다.

동작

앞 동작 1~3을 따라 한 다음,

04/ 숨을 내쉬며 머리, 목, 척추 윗부분을 순서대로 왼쪽으로 굽힌다. 골반은 계속 가운데에 두고, 가슴뼈는 매트에서 살짝 떼어 내 한 면으로 움직인다.

05/ 숨을 들이마시며 위로 길게 늘인 뒤 가운데로 돌아온다.

양쪽 각각 2번씩 반복한 다음, 몸을 통제하며 등을 시작 자세로 내린다.

04

도전 과제와 이점

앞 내용에 다음을 추가한다.

- 한 면으로 몸을 늘이면서 옆으로 굽힐 수 있는지 알아본다.
- 척추 윗부분의 가동성을 높여 늘이면서 옆으로 굽힌다.
- 흉곽과 허리 옆쪽을 열어준다. 유연성이 길러지고 호흡이 좀 더 원활해질 것이다.
- 허리를 늘여준다.

> ⚠️ **주의할 점**
> - 코어를 적절하게 연결하여 정렬과 움직임을 통제한다.
> - 반대쪽으로 굽히기 전에 중심선으로 돌아온다.
> - 양쪽 발은 처음부터 끝까지 바닥에 닿아 있어야 한다.

다트 자세로 거수경례 Dart with Salute

이번에는 난이도를 높여 팔을 들어 올리자. 하중이 엄청나게 높아져 등 근육 운동이 많이 될 것이다.

시작 자세

앞과 동일하다.

동작

앞 동작 1~2를 따라 한 다음,

03

04

03/ 숨을 들이마시며 한쪽 팔을 옆에서 위로 띄운다. 팔을 바닥에서 떼어 어깨높이에서 움직인다. 손등을 당겨 거수경례를 한다.

04/ 숨을 내쉬며 팔을 편 뒤 다시 몸 옆으로 가져온다. 등을 늘인 상태는 계속 유지한다.

양쪽 팔을 번갈아가며 2번 반복한 다음, 몸을 통제하며 천천히 순서대로 시작 자세로 돌아온다.

다트 자세로 거수경례하며 옆으로 굽히기
Dart with Salute into Side Bend

앞의 설명을 그대로 따르되, 팔을 몸 옆으로 내리는 대신 거수경례한 상태로 옆으로 굽힌다.

도전 과제와 이점

- 척추를 안정적으로 순서대로 늘일 수 있는지, 그렇게 늘인 상태를 유지할 수 있는지 알아본다.
- 등과 엉덩이, 어깨 근육 운동이 된다.
- 척추 윗부분, 어깨, 팔꿈치의 가동성을 높인다.

⚠️ 주의할 점

- 코어를 적절하게 연결하여 정렬과 움직임을 통제한다.
- 양쪽 팔은 떠 있어야 한다. 바닥 바로 위에서 자유롭게 움직여야 한다.
- 귀와 어깨 사이 거리를 유지한다.
- 몸을 옆으로 굽힐 때 양쪽 허리를 길게 늘인다.
- 다리는 계속 바닥에 닿아 있어야 한다.

건강한 면역 체계를 위한 운동

이 장에서는 면역 체계를 건강하게 유지할 수 있는 운동들을 살펴볼 것이다. 림프계를 통해 면역 체계를 자극하는 운동이다. 특히 근처에 림프절이 많은 관절의 가동성을 높이는 것을 목표로 한다.

운동

목으로 무지개 모양 그리기

Rainbow Necks

목과 쇄골 주위에는 수많은 림프절이 있다. 이 부위를 부드럽게 풀어주고자 한다.

시작 자세

이완 자세(61쪽)를 취한 뒤 양팔을 몸 옆에 둔다. 필요하다면 납작한 쿠션이나 접은 수건을 머리 아래에 두되, 머리가 앞으로 기울어져서는 안 된다. 92쪽 올바른 목 정렬을 참고하자. 이 운동은 앉은 자세에서도 할 수 있지만, 처음에는 머리를 바닥에 대고 연습하는 것이 좋다.

동작

처음부터 끝까지 깊고 천천히 호흡하며 자신만의 타이밍을 따라간다.

01/ 몸을 통제하며 머리와 목을 곧장 한쪽으로 돌린다.

02/ 턱을 겨드랑이 쪽으로 기울인다. 여기가 무지개의 시작점이다.

03/ 머리를 무지개 모양을 따라 반대쪽으로 돌린다. 2번 자세와 정확히 마주 보는 위치에서 동작이 끝나야 한다.

04/ 천천히 무지개를 거슬러 앞으로 온다.

최대 8번 반복한다. 머리를 앞으로 숙이고 턱을 아래로 당겨 목의 뒷부분을 늘인다. 부드럽게 턱을 당기면서 가운데에서 운동을 마친 뒤 시작 자세로 돌아온다.

도전 과제와 이점

- 목을 마디마다 분절하여 부드럽게 돌릴 수 있는지 알아본다.

- 목의 가동성을 높여 림프의 흐름을 자극한다.

> ⚠️ **주의할 점**
>
> - 일정한 속도로 부드럽게 무지개 모양을 만들어야 한다.
>
> - 목을 밀거나 억지로 늘이면 안 된다. 항상 부드럽게 움직여야 한다.
>
> - 쇄골은 계속 넓게 열려 있어야 한다.

운동

코로 나선형 그리기 Nose Spirals

개인적으로 정말 좋아하는 운동이다. 두통이 생길 것 같을 때 특히 도움이 된다.

시작 자세

이완 자세(61쪽)를 취한 뒤 양팔을 몸 옆에 길게 늘어뜨린다. 눈은 뜰 수도 있고 감을 수도 있다. 이 운동은 앉은 자세나 무릎으로 서기와 같이 몸을 세운 자세에서도 할 수 있다.

동작

처음부터 끝까지 자연스럽게 호흡한다.

01/ 코 바로 위에 떠 있는 원의 중심을 상상한다. 몸을 천천히 통제하며 머리로 원을 그린다. 바깥쪽으로 나선형을 그린다. 각각의 원은 바로 이전 원보다 살짝 더 커야 한다.

02/ 가장 바깥 원에 도달하면 잠시 멈춘 뒤 반대 방향으로 나선형을 그린다. 점점 더 작게 원을 그리며 시작 자세로 돌아온다.

03/ 머리를 앞으로 숙이고 턱을 아래로 당겨 목의 뒷부분을 늘인다. 부드럽게 턱을 당기면서 운동을 마친다. 시작 자세로 돌아온다.

시계 방향과 반시계 방향으로 최대 6번 반복한다.

도전 과제와 이점

- 목을 부드럽게 움직일 수 있는지 알아본다.

- 목의 가동성을 높이고, 목 주변 긴장을 푸는 데 도움을 준다.

- 림프가 원활하게 흐르도록 한다.

⚠️ 주의할 점

- 척추 윗부분과 등 아랫부분의 자연스러운 곡선을 흩트리지 않도록 노력한다.

시작 자세

운동

척추 회전시키기 Spine Twirls

시작 자세

139쪽 척추 말기 운동의 또 다른 변형 동작이다. 이번에는 회전을 추가했다. 골반을 회전시키더라도 중심선을 인지하고 중심선 주위로 회전해야 한다.

이완 자세(61쪽)를 취한 뒤 양팔을 몸 옆에 길게 늘어뜨린다.

동작

01/ 숨을 들이마시며 준비한다.

02/ 숨을 내쉬며 꼬리뼈를 아래로 말고 척추를 순서대로 어깨뼈 끝까지 말아 올린다.

03/ 숨을 들이마시고 이 자세를 유지한다.

04/ 숨을 내쉬며 골반을 아래로 내리면서 한쪽으로 기울인다. 이때 키가 줄어들거나 허리가 짧아지면 안 된다.

05/ 숨을 들이마시며 다시 가운데로 기울인다.

06/ 숨을 내쉬며 반대 방향으로 기울인다.

07/ 숨을 들이마시며 다시 가운데로 기울인다.

08/ 숨을 내쉬며 몇 마디만 말아 내린다.

09/ 각 방향으로 기울인 다음, 말아 내리기를 3번 반복한다.

10/ 가운데에 왔을 때 중립 상태로 말아 내린다.

최대 5번 반복한다.

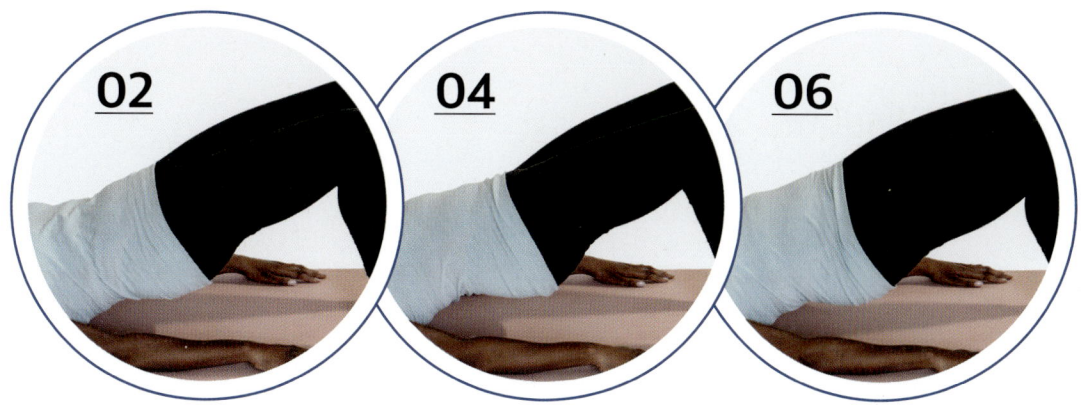

도전 과제와 이점

앞 내용에 다음을 추가한다.

- 척추와 골반의 안정성을 시험한다.

- 중심선을 인지하고 있는지 알아본다.

- 기본적인 척추 말기 동작보다 엉덩이를 더 많이 움직이는 것을 목표로 한다.

- 이 버전에서는 둔근 운동이 훨씬 더 많이 될 것이다. 엉덩이를 들어 올린 자세를 더 길게 유지해야 하기 때문이다.

⚠ 주의할 점

- 코어를 적절하게 연결하여 정렬과 움직임을 통제한다.

- 각 방향으로 같은 양을 돌릴 수 있도록 노력한다.

- 한쪽으로 밀리면 안 된다. 중심선 주위로 곧장 돌려준다.

운동

창문 Windows

어깨 관절을 회전시켜 어깨의 가동성을 높이고 림프절 주위를 자극하기에 유용한 운동이다.

시작 자세

이완 자세(61쪽)를 취한 뒤 양쪽 팔을 가슴 위로 올린다. 손목은 어깨 바로 위에 두고, 손바닥은 앞을 바라보게 한다.

동작

01/ 숨을 들이마시며 준비한다.

02/ 숨을 내쉬며 양쪽 팔꿈치를 매트를 향해 굽힌다. 팔꿈치는 어깨와 일직선이 되어야 한다.

03/ 숨을 들이마시며 팔을 회전시켜 팔뚝을 바닥을 향해 뒤로 내린다.

04/ 숨을 내쉬며 팔을 편 뒤 몸 뒤로 뻗어준다.

최대 5번 반복한다.

도전 과제와 이점

- 척추를 움직이지 않고 어깨를 단독으로 움직일 수 있는지 알아본다.
- 어깨 관절의 안정성과 가동성을 높인다. 어깨 주위에 있는 근육을 사용하고 강화한다.
- 팔꿈치의 가동성을 높인다.

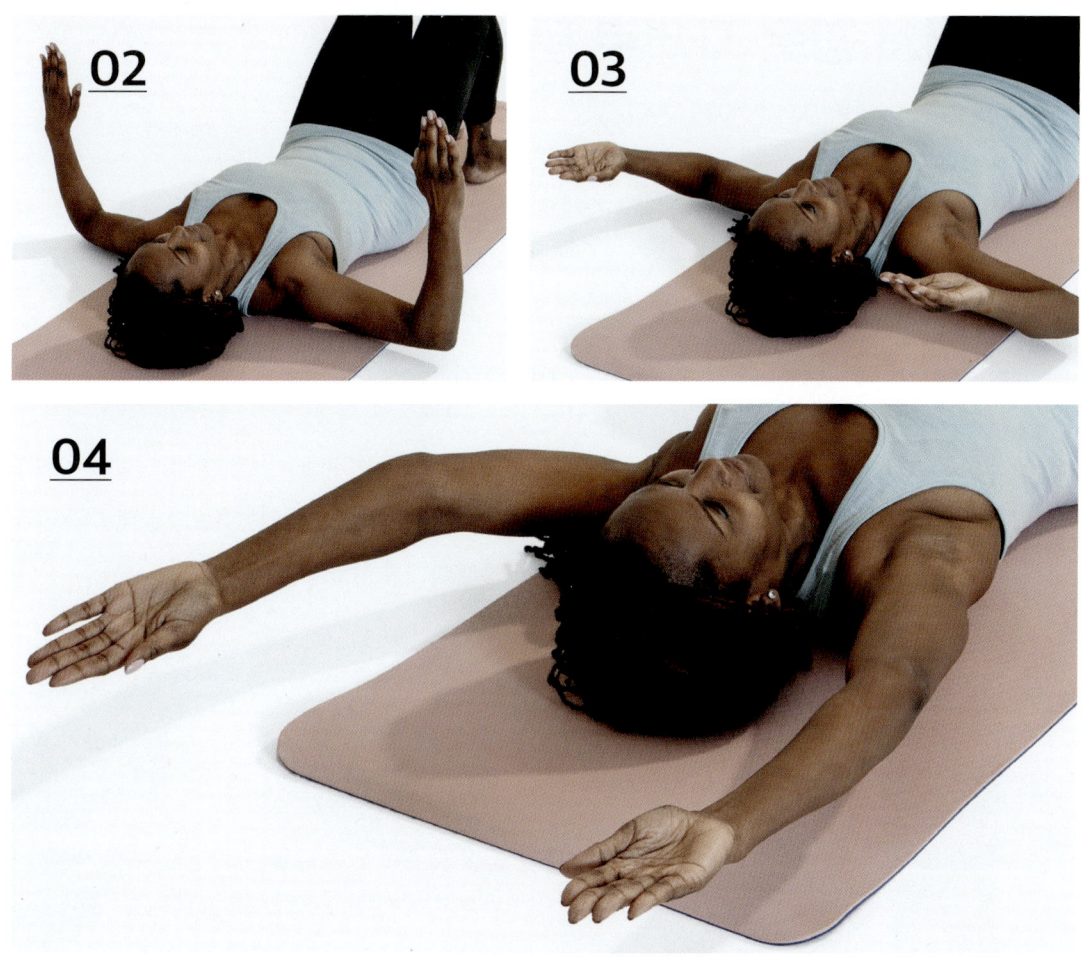

- 림프가 원활하게 흐르도록 한다.

주의할 점

- 코어를 적절하게 연결하여 정렬과 움직임을 통제한다.

- 팔(팔꿈치도 포함)은 어떤 순간에도 바닥에 닿아서는 안 된다.

- 척추 윗부분을 갈비뼈에 연결하고 움직이지 않는다. 흉곽 닫기(130쪽)를 생각해보자.

일어서서 창문 자세로 문 열기

Standing Windows into opening Doors

멋진 조합으로 이루어진 이 운동은 몸을 세운 자세에서 해야 가장 효과가 좋다. 원래 운동들보다 훨씬 어렵다.

시작 자세

몸을 꼿꼿이 세우고 선다(몸을 세운 자세라면 어떤 자세라도 가능하다). 팔은 어깨 앞으로 어깨높이보다 살짝 아래에 두고, 손바닥은 아래를 향하게 한다.

동작

01/ 숨을 들이마시며 준비한다.

02/ 숨을 내쉬며 양쪽 팔을 뒤로 당긴다. 팔의 윗부분이 어깨와 나란하도록 팔꿈치를 굽힌다.

03/ 숨을 들이마시며 팔꿈치는 공중에서 움직이지 않으면서 팔의 윗부분을 회전시킨다. 이렇게 하면 문 열기의 시작 자세가 된다.

04/ 숨을 내쉬며 양쪽 팔을 어깨너비로 앞으로 당긴다.

05/ 숨을 들이마시며 양쪽 팔을 다시 옆으로 열어준다.

06/ 숨을 내쉬며 손바닥이 아래를 향하도록 다시 팔의 윗부분을 회전시킨다.

07/ 숨을 들이마시며 양쪽 팔을 앞으로 뻗어 시작 자세로 만든다.

최대 5번 반복한다.

도전 과제와 이점

앞 내용에 다음을 추가한다.

- 팔이 공중에서의 위치를 인지하고 있는지 알아본다.

- 자세를 계속 바르게 통제하고 유지할 수 있는지 알아본다.

- 어깨와 팔꿈치의 가동성을 높이고, 어깨와 상체의 지구력을 높인다.

- 호흡과 림프의 흐름을 원활하게 한다.

 주의할 점

- 코어를 적절하게 연결하여 정렬과 움직임을 통제한다.

- 팔을 움직이면서 자세를 계속 바르게 정렬한다.

- 처음부터 끝까지 쇄골을 넓게 열어준다고 생각하고 목을 길게 늘인다.

- 팔의 윗부분을 회전시킬 때 어깨가 앞으로 돌아가지 않도록 노력한다.

- 팔꿈치가 어깨 밑으로 너무 멀리 떨어지지 않도록 계속 확인한다.

돌면서 원 그리기 Rolling Chalk Circles

이 운동은 사진을 보기만 해도 기분이 좋아진다. 바닥을 굴러다니는 것은 너무나 즐겁다.

시작 자세

이완 자세(61쪽)를 취한 뒤 두꺼운 쿠션(베개도 가능)을 머리 아래에 둔다. 발은 모아준다.

동작

01/ 숨을 들이마시며 양쪽 무릎을 오른쪽으로 돌린다. 동시에 왼팔을 엉덩이 방향으로 움직이며 원을 그린다.

02/ 숨을 내쉬며 계속 양쪽 무릎을 모으고 몸을 오른쪽으로 돌린다. 왼팔은 계속 위쪽으로 원을 그린다.

03/ 숨을 들이마시며 머리 위로 손을 뻗는다.

04/ 숨을 내쉬며 몸과 무릎을 돌려 다시 가운데로 돌아온다. 팔은 계속 아래로 원을 그리며 시작 자세 쪽으로 내려온다.

05/ 숨을 들이마시며 양쪽 무릎을 왼쪽으로 돌린다. 동시에 오른팔을 엉덩이 방향으로 움직이며 원을 그린다.

06/ 숨을 내쉬며 계속 양쪽 무릎을 모으고 몸을 왼쪽으로 돌린다. 오른팔은 계속 원을 그린다.

07/ 숨을 들이마시며 머리 위로 손을 뻗는다.

08/ 숨을 내쉬며 몸과 무릎을 돌려 다시 가운데로 돌아온다. 팔은 계속 아래로 원을 그리며 시작 자세 쪽으로 내려온다.

원하는 횟수만큼 반복한다.

시작 자세

도전 과제와 이점

- 몸을 통제하며 돌 수 있는지 알아본다.

- 척추를 순서대로 회전하는 능력을 기르고 어깨의 가동성을 높인다.

- 목, 가슴, 겨드랑이, 몸통에서의 림프 흐름을 자극한다.

호흡 패턴이 어렵다면 평소대로 호흡하자.

 주의할 점

- 코어를 적절하게 연결하여 정렬과 움직임을 통제한다.

- 움직임을 즐긴다. 몸을 통제하며 자연스럽게 이어지도록 한다. 팔을 무리해서 뻗거나 등에 과도하게 아치가 만들어지지 않도록 주의한다.

운동

제자리에서 걷기 Walking on the Spot

이 운동은 기립 자세나 앉은 자세에서 할 수 있다. 다리 정렬이 가장 중요하다. 발을 반드시 평행하게 골반 너비로 벌린다. 척추는 길게 늘인다. 머리는 흉곽 위에서, 흉곽은 골반 위에서 균형을 잡는다. 중심선을 상상해보자.

동작

처음부터 끝까지 평소대로 호흡한다.

01/ 양쪽 발뒤꿈치를 들어 올려 발가락 위로 몸을 세운다.

02/ 한쪽 무릎을 굽힌다. 무릎은 곧장 앞으로 보낸다. 반대쪽 발뒤꿈치는 다시 바닥으로 내린다.

03/ 곧바로 체중을 옮기고 다리를 바꾼다.

04/ 양쪽 팔은 완전히 긴장을 풀고 몸 옆에 둔다.

충분히 몸이 풀렸다고 느껴질 때까지 제자리에서 걷기를 반복한다.

시작 자세

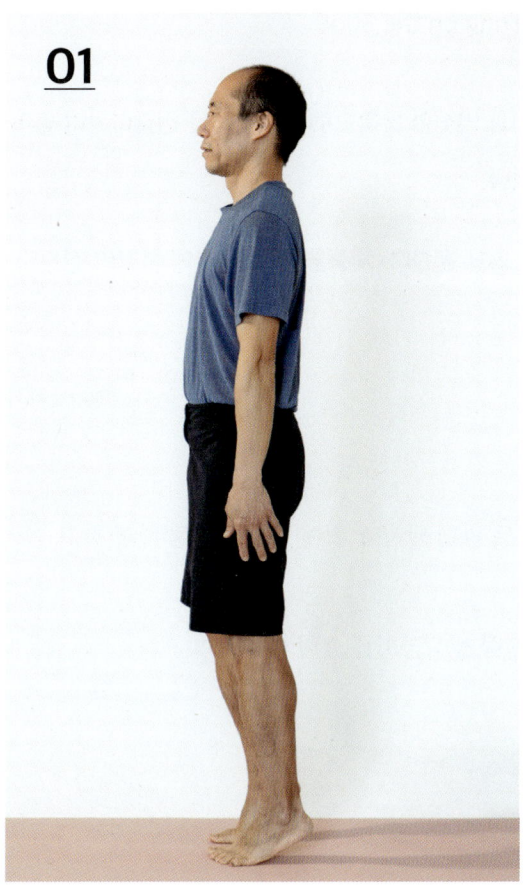
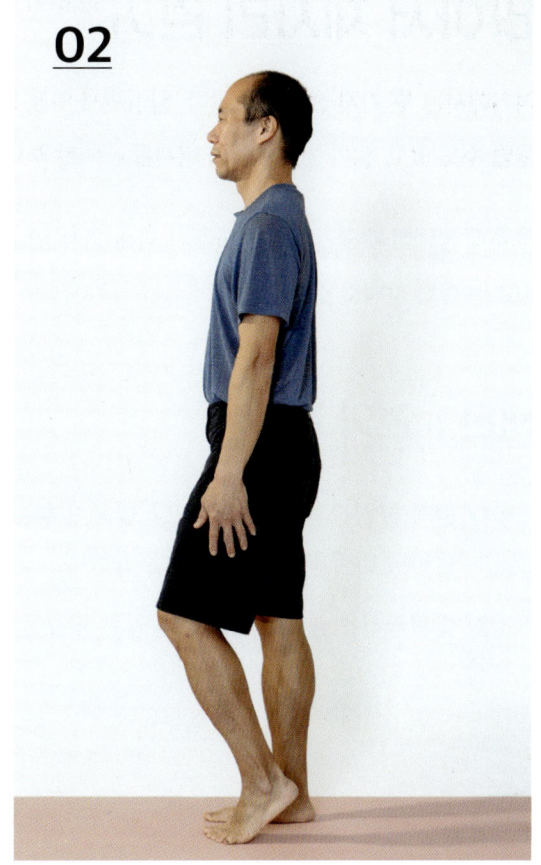

도전 과제와 이점

- 머리끝에서 발끝까지 자세를 바르게 정렬할 수 있는지 알아본다.

- 골반, 무릎, 발목의 가동성을 높인다.

- 발 운동이 된다.

- 다리 순환을 자극하여 림프 흐름을 자극한다.

앉아서 제자리 걷기 Seated Walking on the Spot

여기에서는 두 가지 선택지가 있다. 일어서서 하는 버전과 비슷한 동작으로 발뒤꿈치를 번갈아가며 들어 올릴 수도 있고, 발가락/발뒤꿈치 버전을 선택할 수도 있다.

무릎과 엉덩이에 공간을 만들어주기 위해 의자 앞으로 몸을 옮긴다. 체중을 양쪽 좌골에 똑같이 싣는다. 척추는 중립 상태로 길게 늘인다.

버전 1: 걷기

01/ 한쪽 발뒤꿈치를 들어 올린다. 발목 앞부분은 두 번째 발가락 위에서 앞쪽을 향하게 하고, 발바닥 앞꿈치로 디딘 뒤 발을 돌린다.

02/ 발뒤꿈치를 원래 자리로 되돌리는 동시에 반대쪽 발뒤꿈치를 들어 올린다.

실제 동작보다 설명이 훨씬 복잡해 보인다.

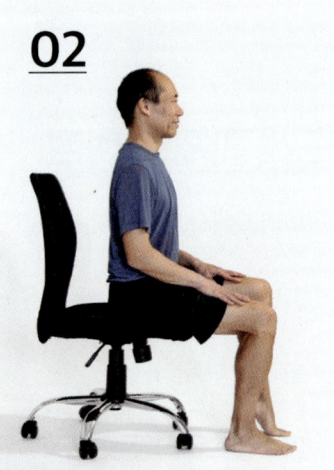

버전 2: 발가락/발뒤꿈치

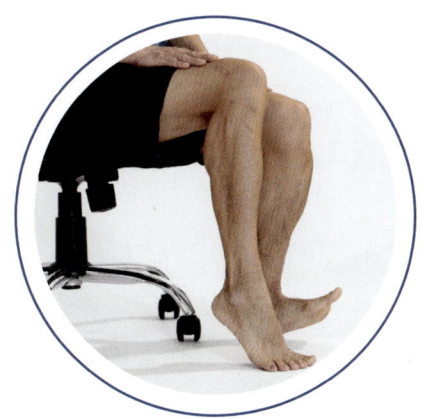

01/ 한쪽 발의 발뒤꿈치를 들어 올리는 동시에 반대쪽 발의 발가락을 들어 올린다. 발을 바꿔 동작을 반복한다.

02/ 다리가 충분히 풀렸다는 느낌이 들 때까지 두 가지 버전 중 하나를 반복한다.

⚠️ 주의할 점

- 코어를 적절하게 연결하여 정렬과 움직임을 통제한다.

- 두 가지 버전 모두 발을 돌리는 것이 매우 중요하다. 발뒤꿈치, 앞꿈치, 발가락 순으로 돌린 다음, 반대로 돌린다.

- 발목과 무릎을 안이나 밖으로 돌리면 안 된다.

- 몸의 나머지 부분은 올바른 정렬을 유지해야 한다. 처음부터 끝까지 양쪽 허리를 똑같이 길게 늘인다.

- 일어서서 하는 경우, 발뒤꿈치를 내릴 때 엉덩이 한쪽으로 무너지면 안 된다. 중심선을 따라 위로, 위로, 위로 올라간다고 생각하자.

운동

일어서서 빠르게 몸풀기

Standing Speedy Warm-up

'빠르게'라고 해서 서두르라는 의미가 아니다. 이 운동은 여러 관절을 목표로 삼고 있으며, 준비 운동으로 매우 좋다. 필라테스 원칙들을 제대로 적용한다면 앞으로 하게 될 운동 프로그램에 적합한 몸을 만들 수 있다. 제자리에서 행진하겠지만 골반과 척추를 통제하기 위해 일어서서 무릎 접기를 한다고 생각하자.

시작 자세

서서 몸을 꼿꼿이 세우고, 발은 골반 너비로 벌린다.

동작

처음부터 끝까지 평소대로 호흡한다.

01/ 체중을 오른쪽 다리로 옮긴 다음, 왼쪽 무릎을 위로 접는다.

02/ 발을 원래 자리로 되돌린다. 반대쪽 다리도 반복하다. 이렇게 하면 행진하는 동작이 된다.

03/ 1분 정도 제자리에서 행진한 뒤 팔 동작과 몸을 비트는 동작을 추가한다.

04/ 오른쪽 무릎을 위로 접으면서 왼손을 빙 둘러 오른쪽 허벅지 바깥쪽에 둔다. 그리고 몸통을 오른쪽으로 회전시킨다.

05/ 몸을 위로 길게 늘이면서 앞을 향하도록 돌아온다. 발은 바닥으로 되돌려놓고 팔은 뒤로 빙 둘러 제자리로 보낸 다음, 반대쪽도 반복한다.

팔과 다리 방향을 번갈아가며 최대 10번 반복한다.

도전 과제와 이점

- 신중하게 생각하며 움직일 수 있는지 알아본다.
- 엉덩이, 발목, 무릎, 어깨, 척추의 가동성을 높인다.
- 흉곽의 가동성을 높여 호흡의 효율을 높인다.
- 림프가 흐르도록 한다.

⚠️ 주의할 점

- 코어를 적절하게 연결하여 정렬과 움직임을 통제한다.
- 올바른 다리 정렬이 가장 중요하다.
- 처음부터 끝까지 중심선을 따라 위로 길게 늘인다. 계속 양쪽 허리를 들어 올리고 길게 늘인다.
- 제자리에서 걷기(244쪽)에서처럼 발을 들어 올리면서 발을 돌릴 수 있도록 노력한다. 발목의 앞부분은 두 번째 발가락 위를 향해야 한다.
- 무릎을 접을 때 골반의 중립 자세를 흐트리지 않는 선에서 최대한 높이 올린다.

앉아서 빠르게 몸풀기

Seated Speedy Warm-up

일어설 수 없을 때 할 수 있는 재미있는 변형 동작이다. 246쪽 발동작을 따라 할 수도 있다. 여기에서는 버전 2를 소개하겠다.

시작 자세

튼튼한 의자 앞쪽에 몸을 꼿꼿이 세우고 앉는다. 이때 팔걸이가 없는 의자를 이용하는 것이 좋다. 발은 골반 너비로 벌리고, 팔은 긴장을 풀어준다.

동작

처음부터 끝까지 평소대로 호흡한다.

01/ 제자리에서 '걸을' 수 있도록 발가락과 발뒤꿈치를 번갈아가며 들어 올린다. 발을 돌릴 때 발목 앞쪽은 안이나 밖으로 돌아가지 않게 주의하며 앞을 향하게 한다. 걷기 패턴이 만들어지고 다리 아랫부분이 따뜻해지는 느낌이 들면, 팔 동작과 몸을 비트는 동작을 추가한다.

02/ 오른쪽 발뒤꿈치/왼쪽 발가락이 올라갈 때 머리, 목, 척추 윗부분을 오른쪽으로 돌리고, 오른팔은 뒤로, 왼팔은 앞으로 돌린다.

03/ 발뒤꿈치/발가락을 내리면서 정면을 향해 돌아온다.

04/ 곧바로 왼쪽 발뒤꿈치/오른쪽 발가락을 올린다. 몸통은 왼쪽으로 돌리고, 오른팔은 앞으로, 왼팔은 뒤로 돌린다.

05/ 발뒤꿈치/발가락을 다시 내리면서 정면을 향해 돌아온다.

시작 자세

01

02

04

도움이 되었다는 느낌이 들 때까지 몇 분간 반복한다.

팔걸이가 있는 의자를 사용할 경우, 양손을 허벅지 위에 가볍게 두고, 팔을 돌리는 대신 다리 위에서 팔을 밀고 당긴다.

도전 과제와 이점

- 뇌가 왼쪽/오른쪽을 제대로 처리할 수 있는지 알아본다.

⚠ 주의할 점

- 코어를 적절하게 연결하여 정렬과 움직임을 통제한다.

- 중심선 주위로 회전할 때 나선형으로 위로, 위로, 위로 올라가야 한다.

- 체중은 양쪽 좌골에 똑같이 실어야 한다.

- 골반은 움직이지 않고 안정되어 있어야 한다.

- 매번 순서대로 회전할 수 있도록 노력한다. 목을 너무 멀리 비틀어서는 안 된다.

- 걷기 패턴을 잃게 되면 왼쪽과 오른쪽이 헷갈릴 수도 있다. 그러면 잠시 쉬었다가 다시 맞춰나가도록 한다.

파도 The Wave

물 흐르는 듯한 이 운동은 척추를 양쪽 끝에서부터 풀어주고 척추와 엉덩이의 가동성을 높인다. 컬 업(151쪽)과 척추 말기(139쪽)에 대해 잘 알고 있다면 도움이 될 것이다. 타이밍이 가장 중요하다. 목표는 머리가 내려올 때 척추 말기의 마지막 자세, 꼬리뼈가 내려올 때 컬 업의 마지막 자세가 되는 것이다.

이완 자세(61쪽)를 취한 뒤 양손은 머리 뒤에서 가볍게 깍지를 낀다. 이때 등의 윗부분에 아치가 만들어지면 안 된다. 팔꿈치는 귀 바로 앞으로 오도록 열어주고, 주변 시야 내에 있어야 한다.

시작 자세

동작

01/ 숨을 들이마시며 준비한다.

02/ 숨을 내쉬며 목 뒤쪽을 늘이고, 머리를 숙이고 상체를 순서대로 매트에서 말아 올린다. 흉곽 아랫부분은 계속 매트에 닿아 있어야 한다.

03/ 흉곽 뒤쪽으로 숨을 들이마시고 이 자세를 유지한다.

04/ 숨을 내쉬며 상체를 다시 말아 내리기 시작하는 동시에 꼬리뼈를 아래로 말아주고, 맨 아래 꼬리뼈에서부터 어깨뼈 방향으로 순서대로 말아 올린다.

05/ 숨을 들이마시고 척추 말기 자세를 유지한다.

06/ 숨을 내쉬며 다시 척추를 마디마디 말아 내리기 시작하는 동시에 머리를 숙이고, 맨 위에서부터 컬 업 동작을 시작한다.

이렇게 척추 '파도'를 최대 8번 반복한 다음, 편안한 자세로 돌아온다.

도전 과제와 이점

'컬 업'과 '척추 말기' 내용에 다음을 추가한다.

- 척추의 시작과 끝을 알고 있는지 알아본다.

- 협응 능력과 타이밍을 시험한다.

- 척추와 엉덩이의 가동성을 높인다.

- 복근과 둔근을 탄력 있게 만든다.

 주의할 점

- '컬 업'과 '척추 말기' 내용과 동일하다.

컬 업 변형 동작 Curl Ups with Variations

컬 업은 오믈렛처럼 단순하지만 완벽하다고는 볼 수 없는 기본적인 요리와 같다. 하지만 여러 가지 다양한 재료를 첨가하여 훨씬 재미있게 만들 수 있다.

무릎을 접고 뻗으며 컬 업 Curl Ups with Knee Fold and Extension

이 버전은 한쪽 다리 늘이기(307쪽)에도 도움이 될 것이다.

이완 자세(61쪽)를 취한 뒤 양손은 머리 뒤에서 가볍게 깍지를 낀다.

동작

01/ 숨을 들이마시며 준비한다.

02/ 숨을 내쉬며 머리를 숙이고 상체를 순서대로 말아 올린다.

03/ 숨을 들이마시며 한쪽 무릎을 접어 올린다. 이때 골반은 움직이지 않는다.

04/ 숨을 내쉬며 접어 올린 다리를 골반과 일직선이 되도록 45도 정도로 펴준다.

05/ 숨을 들이마시며 무릎을 다시 접는다.

06/ 숨을 내쉬며 발을 다시 바닥으로 내린다.

07/ 숨을 들이마시며 몸을 통제하면서 순서대로 말아 매트로 내린다.

08/ 반대쪽 다리를 움직이며 컬 업 동작을 반복한다.

양쪽 각각 최대 4번 반복한다.

도전 과제와 이점

'컬 업(151쪽)'과 '무릎 접기(109쪽)' 내용에 다음을 추가한다.

- 자기 수용 감각(자신의 관절이 어디에 있는지 인지)을 시험한다.

- 다리를 펼치면 하중이 더해지므로 코어 안정성을 유지하기가 더 어려워진다. 이를 잘해낼 수 있는지 알아본다.

- 엉덩이와 무릎의 가동성을 높이면 허벅지 근육 운동이 된다.

> ⚠️ **주의할 점**
>
> - 코어를 적절하게 연결하여 정렬과 움직임을 통제한다.
>
> - 다리를 움직이면서 말아 올리는 길이가 짧아지면 안 된다.
>
> - 말아 올린 자세를 유지하기 위해 흉곽 뒤쪽으로 숨을 들이마신다.
>
> - 골반을 움직이지 않는 선에서 최대한 무릎을 접고 다리를 편다.

양쪽 무릎 열며 컬 업 Curl Ups with Double Knee Openings

이 운동은 특별한 주의가 필요하다. 무릎을 열고 제자리로 돌아올 때 골반의 중립 상태를 잃을 가능성이 매우 크기 때문이다. 통제력을 잃지 않도록 하자.

시작 자세

앞과 동일하다.

동작

앞 동작 1~2를 따라 한 다음,

03/ 숨을 들이마시며 양쪽 무릎을 무릎 열기(107쪽)에서처럼 옆으로 열어준다. 이때 너무 멀리 벌려 골반과 척추가 움직이면 안 된다.

04/ 숨을 내쉬며 무릎을 다시 평행하게 가져온다.

05/ 숨을 들이마시며 다시 말아 내린다.

최대 6번 반복한다.

도전 과제와 이점

'컬 업(151쪽)'과 '무릎 열기(107쪽)' 내용에 다음을 추가한다.

• 골반의 중립 상태를 유지하고 요추의 움직임을 통제한다.

> ⚠️ **주의할 점**
>
> • 코어를 적절하게 연결하여 정렬과 움직임을 통제한다.
>
> • 무릎을 열어줄 때 발의 바깥 가장자리 쪽으로 발을 돌린다.

나아가… 양쪽 무릎 열기를 몇 번 반복하고 나면 컬 업 자세를 유지할 수 있을 것이다.

운동

흔들 고양이 Rocking Cat

정말 멋진 운동이다. 필요한 재료, 아니 방향이 많다고 해서 이 운동을 다음으로 미루지 말자. 동작이 물 흐르듯 자연스럽게 흘러간다. 필요하다면 고양이 자세(142쪽)를 떠올려보자.

시작 자세

네발 기기(71쪽)

동작

01/ 숨을 들이마시며 척추를 길게 늘인다.

02/ 숨을 내쉬며 골반을 몸 아래로 말고, 길게 늘인 C자형 곡선이 되도록 척추를 순서대로 둥글게 만든다.

03/ 숨을 들이마시며 발뒤꿈치를 향해 뒤로 몸을 움직인다. 골반에서 접고, C자형 곡선 모양은 유지한다.

04/ 숨을 내쉬며 다시 앞으로 움직인다. C자형 곡선은 계속 유지한다.

05/ 숨을 들이마시며 척추를 풀기 시작한다. 꼬리뼈를 정수리에서 멀리 보내고 중립 상태로 돌아온다.

06/ 숨을 내쉬며 부드럽게 척추 윗부분을 늘인다. 머리, 목 순으로 길게 늘이고, 가슴뼈를 넓게 열린 쇄골을 향해 내밀어 역 C자형 곡선을 만든다.

07/ 숨을 들이마시며 다시 골반에서 접고, 척추와 골반을 발뒤꿈치를 향해 뒤로 움직인다. 늘인 척추는 최대한 유지해야 한다.

08/ 숨을 내쉬며 다시 앞으로 움직인다. 역 C자형 곡선은 유지한다.

09/ 숨을 들이마시며 등을 중립 상태로 길게 늘인다.

최대 6번 반복한다.

변형 동작

양손을 어깨 관절보다 살짝 앞에 두고 시행해보자. 움직일 수 있는 범위가 더 넓어질 것이다.

도전 과제와 이점

- 중립 상태의 척추와 골반의 위치를 조절할 수 있는지 알아본다.
- 척추와 엉덩이, 어깨 관절의 가동성을 높인다.
- 손목과 엉덩이에 하중을 가해 골밀도를 높인다.

 주의할 점

'고양이 자세' 내용에 다음을 추가한다.

- 척추를 역 C자형 곡선으로 늘인 상태에서 뒤로 움직이면, 등 아랫부분이 자연스럽게 둥근 모양이 될 것이다. 이건 어쩔 수 없다. 단, 등 아랫부분이 지나치게 둥글게 되지 않도록 주의한다.
- 팔은 계속해서 최대한 길게 늘이되, 잠김 현상(팔꿈치 과신전)은 피해야 한다.

테이블 탑 변형 동작 Table Top Variations

여기에서는 평범한 테이블 탑 동작을 한 차원 높여 더 어렵게 만들었다.

모든 테이블 탑 변형 동작은 네발 기기 자세(71쪽)로 시작한다.

도전 과제와 이점

- 코어 안정성을 시험한다.
- 다리와 균형을 옮기면서 골반과 척추의 중립 상태를 유지할 수 있는지 알아본다.
- 엉덩이의 가동성을 높이고, 림프가 원활하게 흐르도록 한다.
- 둔근과 팔, 어깨 운동이 된다.

시작 자세

테이블 탑 탭 Table Top Taps

여기에서는 둔근 운동이 추가된다. '즉시'라고 설명한 부분에 주목하자.

동작

01/ 숨을 들이마시며 준비한다.

02/ 숨을 내쉬며 한쪽 다리를 엉덩이와 일직선이 되도록 뒤로 민다. 골반이나 척추가 움직이면 안 된다.

03/ 숨을 들이마시며 다리를 길게 늘인 뒤 엉덩이 높이까지 들어 올린다. 이때 다리를 제외한 다른 곳은 움직이지 않는다.

04/ 숨을 내쉬며 발을 바닥으로 내린다. 그런데 이번에는 발을 땅에 두지 않고 그 즉시……

05/ 숨을 들이마시며 다리를 엉덩이 높이까지 들어 올린다.

다리를 들어 올리고 내리는 동작을 5번 반복한다. 이때 몸의 나머지 부분은 움직이지 않는다. 5번 반복한 다음, 발을 바닥으로 내리고 원래대로 당긴다.

반대쪽 다리도 시행한다.

전체 순서를 2번 반복한다. 호흡 패턴을 잃었다면 그냥 평소대로 호흡한다.

테이블 탑 다리 늘이기 Table Top Leg Stretch

여기에서 다리 동작은 한쪽 다리 늘이기(307쪽) 동작과 매우 유사하다. 하지만 시작 자세는 완전히 다르다!

동작

앞 동작 1~3을 따라 한 다음,

04/ 숨을 내쉬고 다시 숨을 들이마시며 무릎을 구부려 다리를 안쪽으로 당긴다. 다리의 움직임에만 집중하고, 그 외 다른 곳은 움직이지 않는다. 무릎을 가슴을 향해 안으로 접을 때 등의 아랫부분이 둥글게 되지 않도록 주의한다.

05/ 숨을 내쉬며 다리를 다시 엉덩이 높이로 일직선으로 편다.

이렇게 다리를 구부리고 펴는 동작을 5번 반복한 다음, 다리를 바닥으로 내리고 반대쪽 다리로 전체 순서를 반복한다.

테이블 탑 다리로 원 그리기 Table Top Leg Circles

이번 변형 동작에서는 다리로 원을 그려야 한다. 원의 크기는 각자의 유연성과 조절 능력에 따라 달라질 수 있다. 사과 정도의 크기로 작게 시작하여 골반과 척추를 안정적으로 유지하는 선에서 수박 정도의 크기까지 크기를 점점 늘려나가자. 원의 중심은 엉덩이 높이에 있어야 한다.

여기에서는 헌드레드(318쪽) 호흡 패턴을 사용한다.

동작

앞 동작 1~3을 따라 한 다음,

04/ 다리로 원을 그린다. 한 번 내쉬는 호흡에 한 방향으로 원을 5번 그리고, 한 번 들이마시는 호흡에

반대 방향으로 원을 5번 그린다.

05/ 다리를 아래로 내리고 몸을 통제하며 다시 안으로 당긴 다음, 반대쪽으로 반복한다.

다리를 번갈아가며 2번 반복한 다음, 시작 자세로 돌아온다.

주의할 점

- 코어를 적절하게 연결하여 정렬과 움직임을 통제한다.

- 계속해서 척추를 양쪽 끝에서부터 길게 늘인다. 길고 튼튼한 척추를 떠올려보자.

- 움직이고 있는 다리는 계속해서 엉덩이와 일직선을 이루어야 한다. 골반과 척추를 움직이지 않을 수 있다면 다리를 더 높이 들어 올려도 좋다.

- 어깨를 넓게 열고 있는지 확인한다.

나아가…… 앞서 소개한 변형 동작에 능숙해지면, 한쪽 팔을 어깨높이로 들어 올린 상태에서 테이블 탑 탭 동작을 해보자. 움직이고 있는 다리의 반대쪽 팔을 들어 올려야 한다는 사실을 잊지 말자. 그렇지 않으면 한쪽 면의 바퀴로만 달리는 꼴이 될 것이다.

경고: 이 동작은 안정적으로 균형을 잡기가 매우 어렵다.

운동

풀 스타 Full Star

전신 운동이 되는 매우 유용한 운동이다.

시작 자세

엎드린 자세(77쪽)를 취한다. 골반과 요추는 중립 상태다. 다리를 골반 너비보다 살짝 넓게 벌리고 골반 바깥쪽을 향해 돌려준다. 양팔을 위로 올려 매트 위에 두고 어깨너비보다 살짝 넓게 벌린다. 손바닥은 아래를 향하게 한다.

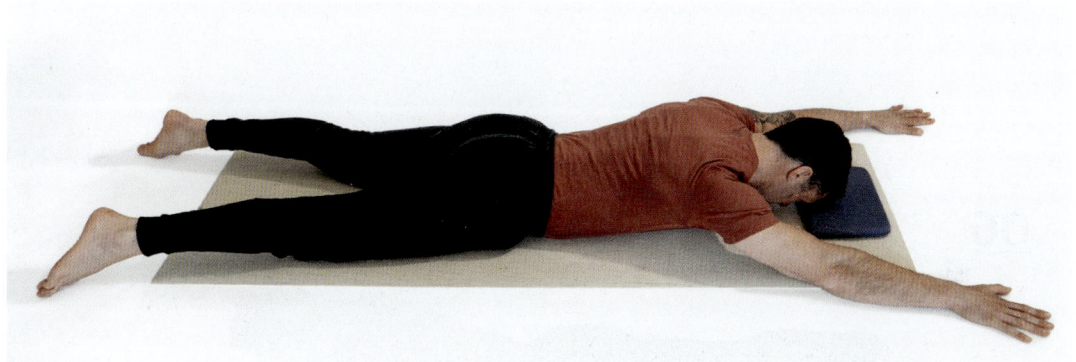

동작

01/ 숨을 들이마시며 준비한다.

02/ 숨을 내쉬며 머리, 목, 척추 윗부분 순으로 들어 올려 다트 자세(222쪽)를 취한다. 갈비뼈는 계속 아래에 둔다. 가슴뼈를 앞쪽 위로 내민다.

03/ 숨을 들이마시며 척추를 길게 늘인다.

04/ 숨을 내쉬며 반대쪽 팔과 다리를 길게 늘인 뒤 매트에서 살짝 들어 올린다. 이때 척추나 골

반은 움직이지 않는다.

05/ 숨을 들이마시며 팔과 다리를 다시 매트로 내린다. 길게 늘인 등의 윗부분은 계속해서 유지한다.

06/ 숨을 내쉬며 다른 쪽 팔과 다리를 들어 올린다.

팔과 다리를 번갈아가며 최대 10번 반복한다. 그런 다음, 모든 팔과 다리를 바닥으로 내린 상태에서 척추를 길게 늘이며 시작 자세로 돌아간다.

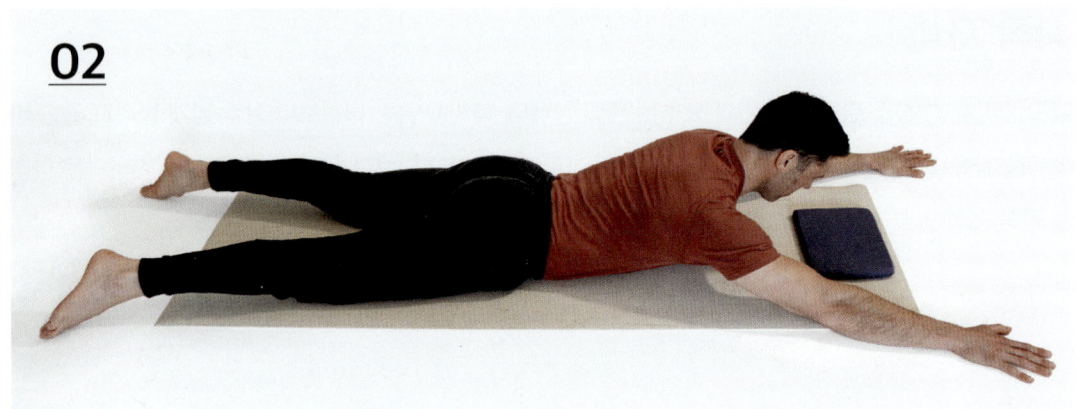

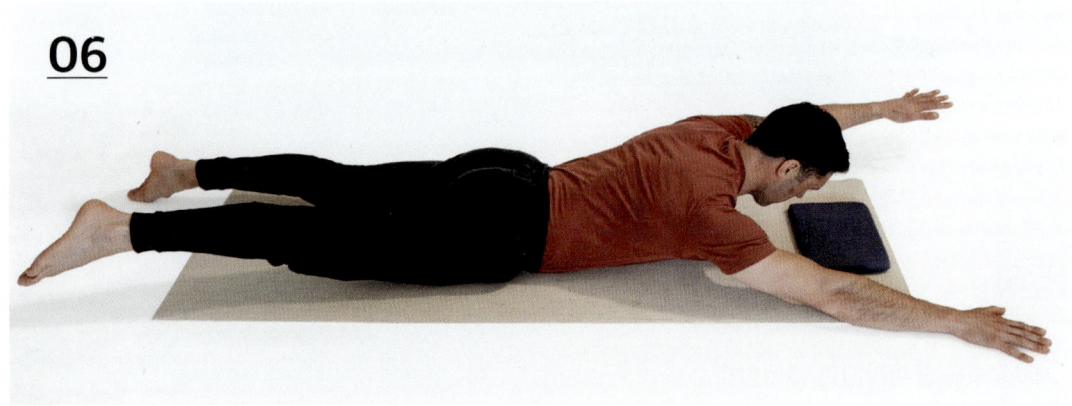

변형 동작

손바닥을 서로 마주 보게 돌린 상태일 때 어깨가 더 편안하다면 손바닥을 돌려준다.

도전 과제와 이점

- 코어 안정성을 시험한다.

- 척추, 어깨, 엉덩이의 가동성을 높인다.

- 등의 윗부분, 어깨, 둔근을 강하게 만든다.

- 구부정한 자세를 교정해준다.

- 엉덩이를 열어준다.

- 림프의 흐름을 원활하게 만든다.

> ⚠️ **주의할 점**
>
> - 코어를 적절하게 연결하여 정렬과 움직임을 통제한다.
>
> - 머리를 뒤로 기울이지 않도록 주의한다. 머리는 척추와 일직선을 이루어야 한다.
>
> - 팔을 과도하게 뻗지 않는다. 어깨너비로 벌린 상태와 귀와 어깨 사이 거리를 유지한다.
>
> - 골반과 척추를 움직이지 않고 안정적인 상태에서 팔과 다리를 최대한 높이 들어 올린다.

운동

한쪽 다리 앞으로 당기기 준비 운동 Single Leg Pull Front Prep

하루를 마무리하는 운동으로 매우 좋다. 이 운동을 '멈춰 있는' 운동으로 생각해서는 안 된다. 플랭크가 아니라 정렬과 움직임을 통제하여 힘을 기르는 운동이다.

시작 자세

네발 기기(71쪽)

동작

01/ 숨을 들이마시며 준비한다.

02/ 숨을 내쉬며 왼쪽 다리를 골반 관절과 일직선이 되도록 매트를 따라 밀어준다. 발가락을 아래로 밀어 넣은 뒤 체중을 발앞꿈치에 싣는다. 몸통은 움직이지 않아야 하지만, 중심을 잡기 위해 체중을 살짝 옮겨야 할 수도 있다.

03/ 숨을 들이마시며 발뒤꿈치를 뒤쪽을 향해 누른다. 온몸이 즉시 뒤쪽으로 움직여야 한다. 머리에서부터 발뒤꿈치까지 길게 한 줄이 되어야 하며, 몸통이 회전하지 않도록 중심을 잘 잡아야 한다.

04/ 숨을 내쉬며 체중을 다시 앞으로 가져오고, 어깨를 다시 손목 바로 위로 가져온다.

4번 반복하여 몸을 앞뒤로 움직인다. 이때 몸은 길게 한 줄이 되어야 한다.

05/ 숨을 들이마시며 무릎을 굽힌 뒤 발을 당겨 다시 시작 자세로 돌아온다.

06/ 숨을 내쉬며 오른쪽 다리로 반복한다.

최대 3번 반복한다. 다리는 매번 번갈아가며 시작한다.

도전 과제와 이점

- 코어 안정성과 정렬을 통제할 수 있는지 시험한다.
- 어깨와 엉덩이, 발목의 가동성을 높인다.
- 다리 스트레칭에 매우 효과적이다.
- 다리와 어깨, 팔을 강하게 만든다.

 주의할 점

- 코어를 적절하게 연결하여 정렬과 움직임을 통제한다.
- 골반과 척추가 한쪽으로 내려가는 것을 막기 위해 디머 스위치(100쪽)를 켜야 할 수도 있다.
- 발뒤꿈치를 뒤쪽을 향해 누를 때 정수리는 계속 길게 늘여야 한다.
- 어깨뼈는 계속해서 흉곽 뒷부분과 연결되어 있어야 한다. 체중은 팔에서 멀리 떨어진 곳으로 보내고, 가슴을 계속 열어준다.

옆으로 차기 시리즈: 앞과 뒤

Side-kick Series: Front and Back

엉덩이가 뻐근하게 느껴지는 하루의 끝에 할 수 있는 또 하나의 환상적인 운동이다.

시작 자세

왼쪽으로 누워 몸을 일직선으로 만든다. 어깨, 엉덩이, 발목이 나란해야 한다. 왼팔을 몸과 일직선이 되도록 뻗고, 납작한 쿠션이나 접은 수건을 이용하여 머리와 척추를 일직선으로 유지한다. 오른손을 흉곽 앞 매트 위에 두고 팔꿈치를 살짝 굽혀 몸을 지탱한다.

동작

01/ 숨을 들이마시며 준비한다.

02/ 숨을 내쉬며 위에 있는 오른쪽 다리를 길게 늘인 뒤 척추와 일직선이 되도록 들어 올린다.

03/ 숨을 들이마시며 오른쪽 다리를 부드럽게 앞으로 움직인다. 이때 경첩처럼 골반 관절에서부터 움직인다. 골반과 척추는 움직이지 않아야 한다. 앞으로 움직이는 동작이 끝나면 다리를 뒤로 살짝 당기고 발을 풀어준 다음, 발을 조금 더 앞으로 움직인다.

04/ 숨을 내쉬며 발을 뻗고 다리를 뒤로 부드럽게 당긴다. 다시 다리를 엉덩이 관절 바로 뒤로 늘인다.

최대 10번 반복한 다음, 반대쪽으로 돌아눕는다.

도전 과제와 이점

- 코어 안정성과 균형을 시험한다.
- 엉덩이(림프의 흐름을 원활하게 만든다)와 발목의 가동성을 높인다.
- 다리를 길고 튼튼하게 만들어준다.
- 허리 근육 운동이 된다.

> ⚠️ **주의할 점**
>
> - 코어를 적절하게 연결하여 정렬과 움직임을 통제한다.
> - 계속해서 양쪽 허리를 길게 늘이고 위로 올린다.
> - 가슴과 시선은 계속 정면을 향해야 한다.
> - 몸 전체에서 다리만 움직인다. 골반이나 척추는 움직이지 않아야 한다.
> - 다리를 빠르게 움직이되, 움직임을 통제한다.
> - 아래에 있는 다리는 계속 움직인다. 균형을 잡는 데 도움이 될 것이다.

의자 들어 올리기 Chair Lifts

놀랍게도 의자를 사용하면 전신을 늘이는 데 큰 도움이 된다.

시작 자세

옆으로 누워 몸을 일직선으로 만든 뒤 위에 있는 발을 튼튼한 의자의 좌석 위에 둔다. 아래에 있는 팔은 몸과 일직선이 되도록 뻗고, 나머지 한 손은 가슴 앞에 두고 몸을 지탱한다. 아래에 있는 다리는 평행하게 두거나 골반 바깥쪽을 향하도록 돌려주고, 발을 뻗거나 편안하게 풀어준다.

동작

01/ 숨을 들이마시며 준비한다.

02/ 숨을 내쉬며 골반(혹은 의자!)을 움직이지 않는 선에서 최대한 멀리 아래에 있는 다리를 들어 올린다.

03/ 숨을 들이마시며 다리를 내린다. 이때 매트 끝까지 내리지 말고, 즉시 들어 올린다.

최대 10번 반복한 다음, 반대 방향으로도 시행한다.

변형 동작

양쪽 발목에 각각 최대 1kg의 모래주머니를 착용한다. 운동을 할 때마다 다음과 같이 자세를 번갈아가며 할 것을 추천한다. 다리를 평행하게 두거나 골반 바깥쪽을 향하도록 돌려주고, 발을 뻗거나 편안하게 풀어준다.

도전 과제와 이점

- 코어 안정성과 균형을 시험한다.
- 엉덩이의 가동성을 높인다.
- 허리와 안쪽 허벅지 운동이 된다.

 주의할 점

- 코어를 적절하게 연결하여 정렬과 움직임을 통제한다.
- 계속해서 양쪽 허리를 똑같이 길게 늘이고 위로 올린다.
- 팔을 푼 상태라면 발뒤꿈치를 길게 늘인다.
- 상체는 계속 정면을 바라보아야 하고, 골반과 척추는 움직이지 않아야 한다.

운동

필라테스 스쿼트 The Pilates Squat

이는 필라테스 수업의 기본 운동으로, 앉았다가 일어서고, 일어섰다가 앉아서 하는 운동(338쪽)에서 필수적인 부분이다. 일반 스쿼트를 완전히 익혔다면 난이도를 높여보자.

시작 자세

몸을 꼿꼿이 세우고 매트가 아닌 바닥 위에 선다. 양팔은 몸 옆으로 길게 늘이고, 손바닥은 안쪽을 향하도록 둔다.

동작

01/ 숨을 들이마시며 엉덩이, 무릎, 발목을 구부려 스쿼트 자세를 작게 만든다. 이때 척추는 곧게 유지해야 한다. 팔은 균형을 잡기 위해 앞으로 뻗을 수도 있다.

02/ 숨을 내쉬며 몸을 펴 꼿꼿이 세운다.

최대 10번 반복한다.

도전 과제와 이점

- 머리, 갈비뼈, 골반, 다리의 정렬을 통제할 수 있는지 알아본다.
- 엉덩이, 무릎, 발목, 어깨의 가동성을 높인다.
- 허벅지, 종아리, 둔근 운동이 된다.

⚠️ 주의할 점

- 코어를 적절하게 연결하여 정렬과 움직임을 통제한다.
- 너무 아래로 스쿼트를 하지 않는다. 엉덩이가 무릎 아래로 내려가면 안 된다.
- 다리 정렬을 점검한다. 무릎은 안쪽이나 바깥쪽이 아닌 바로 앞으로 보낸다. 발목이 안이나 밖으로 돌아가지 않는지 확인한다.
- 양쪽 다리 사이에 체중을 똑같이 싣는다.
- 둔근을 사용하여 몸을 위로 똑바로 올린다.
- 모든 발가락은 바닥에 닿아 있어야 한다.
- 이 버전에서는 양쪽 발뒤꿈치가 처음부터 끝까지 바닥에 닿아 있어야 한다.
- 골반과 척추는 중립 상태를 유지한다.

제자리 걷기 스쿼트

Walking on the Spot Squat

평평한 땅이 있다면 야외에서 할 수 있는 매우 좋은 변형 동작이다. 이 운동을 할 때는 밑창이 유연한 신발을 신는 것이 좋다.

시작 자세

딱딱하고 평평한 바닥 위에 몸을 꼿꼿이 세우고 선다. 양팔은 몸 옆으로 길게 늘이고, 손바닥은 안쪽을 향하도록 둔다.

동작

01/ 숨을 들이마시며 엉덩이, 무릎, 발목을 구부려 스쿼트 자세를 작게 만든다.

02/ 스쿼트 자세를 유지한 상태에서 양쪽 발뒤꿈치를 올리면서 평소대로 호흡한다.

03/ 한쪽 발뒤꿈치를 내리고 제자리 걷기 동작을 만든다.

04/ 스쿼트 자세로 걷기를 한 다음, 걸음을 멈춘다.

05/ 다시 몸을 펴 꼿꼿이 세운다.

최대 4번 반복한다.

도전 과제와 이점

앞 내용에 다음을 추가한다.

- 협응 능력을 시험한다.

> **주의할 점**
>
> 앞 내용에 다음을 추가한다.
>
> - 팔을 편안하게 흔든다. 쇄골은 넓게 열린 상태를 유지한다.
>
> - 엉덩이, 무릎, 발목을 계속해서 바르게 정렬한다. 무릎과 발목이 바로 앞을 향하는지, 안쪽이나 바깥쪽으로 돌아가지 않는지 곁눈으로 빠르게 확인한다.
>
> - 몸을 다시 펼 때 둔근으로 올라와야 한다는 점을 기억한다.

운동

스키 스쿼트 Ski Squats

여기에서는 난이도를 조금 높여보자. 이 운동은 〈독수리 에디〉를 떠오르게 한다.

시작 자세

스쿼트와 동일하다.

동작

01/ 숨을 들이마시며 엉덩이, 무릎, 발목을 구부려 스쿼트 자세를 작게 만든다. 동시에 양팔을 뒤쪽으로 보낸다(마치 스키를 타고 내려오듯이).

02/ 숨을 내쉬며 몸을 꼿꼿이 세운다.

03/ 숨을 들이마시며 발가락으로 선다.

04/ 숨을 내쉬며 발뒤꿈치를 내리고 스쿼트 자세로 다시 내려간다.

발뒤꿈치 올리기를 최대 6번 반복한 다음, 다시 몸을 세운 자세로 돌아온다.

도전 과제와 이점

앞 내용에 다음을 추가한다.

- 균형을 잘 잡을 수 있는지 알아보고 균형감을 높인다.

시작 자세

⚠️ 주의할 점

앞 내용에 다음을 추가한다.

- 코어를 적절하게 연결하여 정렬과 움직임을 통제한다.

- 머리끝에서 발끝까지 정렬을 올바르게 유지할 수 있도록 주의한다.

- 가능하다면 처음에 스쿼트를 할 때(발뒤꿈치는 계속 바닥에 닿아 있어야 한다) 체중을 발앞꿈치에 둔다. 이렇게 하면 발가락으로 설 때 체중을 옮기는 데 도움이 된다.

- 다시 위로 올라올 때는 둔근으로 움직여야 한다.

가능하다면 난이도를 좀 더 높여보자.

01/ 스쿼트 자세에 흉곽 닫기(130쪽)나 팔로 원 그리기(136쪽) 동작을 추가한다.

02/ 발가락으로 선 상태로 균형을 잡은 뒤 몇 차례 호흡한다.

힘과 유연성을 위한 운동

이 장에서는 조금 더 어려운 운동들을 소개하고자 한다. 사실 이 책에 나와 있는 대부분의 운동이 힘과 유연성을 위한 것이지만, 특별히 어려운 운동들만 따로 선별했다. 좋은 소식은 운동이 어려울수록 그 동작을 완전히 익혔을 때 좋은 점이 많다는 것이다. 여기에서 소개하는 운동들은 힘과 유연성을 위한 운동 프로그램뿐 아니라 다양한 운동 프로그램(322~353쪽)에도 포함되어 있다. 만약 마음의 준비가 되어 있지 않다면 생략해도 좋다.

운동

고정 런지 변형 동작 Static Lunge Variations

고정 런지 자세(88쪽)를 유지하는 것은 쉽지 않으므로, 몇 차례 반복하여 힘을 기르도록 하자.

시작 자세

몸을 꼿꼿이 세우고 선다. 발은 골반 너비로 평행하게 벌린다. 오른쪽/왼쪽 발을 앞으로 내밀면서 오른쪽/왼쪽 무릎과 오른쪽/왼쪽 엉덩이를 거의 90도가 되도록 구부리고, 그와 동시에 왼쪽/오른쪽 무릎을 최대한 평행하게 굽힌다. 이때 최대한 몸을 세운 상태를 유지한다.

그런 다음, 여러 가지 방법으로 난이도를 높일 수 있다!

동작을 완수하고 나면 몸을 통제하며 시작 자세로 돌아온 뒤, 반대쪽 발을 앞으로 내밀면서 반복한다.

- 활과 화살(155쪽)

- 옆으로 내려가기 (161쪽)

- 팔로 원 그리며 비틀기 (196쪽)

- 허리 비틀기 (153쪽)
- 가슴 확장 (191쪽)

도전 과제와 이점

각각의 변형 동작에 따라 다르다. 머리끝에서부터 발끝까지 정렬을 통제하는 능력을 시험하고, 런지 자세를 유지할 수 있는지 알아본다. 런지 자세를 유지하면서 오래 버티는 힘이 길러질 것이다.

- 코어 안정성과 정렬을 시험한다.
- 균형감과 협응 능력을 시험한다.
- 엉덩이, 무릎, 발목의 가동성을 높인다.

⚠️ 공통으로 주의할 점

- 코어를 적절하게 연결하여 정렬과 움직임을 통제한다.
- 정렬을 올바르게 유지할 수 있는 선에서 발을 멀리 내디딘다.
- 골반과 척추의 중립 상태를 유지하고, 최대한 수직(중심선) 상태를 유지하고 있는지 한 번 더 확인한다.
- 앞에 있는 다리: 무릎은 발목 위에 있어야 하고, 두 번째 발가락과 일직선을 이루어야 한다.
- 뒤에 있는 다리: 무릎은 굽히고 발뒤꿈치는 들어 올린다.

커트시 스쿼트 Curtsy Squats

혹시라도 왕족을 만나게 되면 해보자!

시작 자세

몸을 꼿꼿이 세운 뒤 발을 넓게 벌리고 필라테스 자세(84쪽)로 선다. 다리를 골반 바깥쪽을 향해 돌려준다.

동작

01/ 숨을 들이마시며 몸의 정렬을 점검한다.

02/ 숨을 내쉬고 한쪽 발을 뒤로 내밀며 '무릎을 굽히며 인사하듯' 스쿼트를 한다. 뒤에 있는 발의 뒤꿈치는 올라가 있고, 인사하듯 굽힐 때 양쪽 무릎은 구부려질 것이다.

03/ 숨을 들이마시며 발을 다시 시작 자세로 가져온다. 반대쪽 다리로 반복한다.

최대 6번 반복한다.

아니면…… 커트시 스쿼트 자세를 유지하고 몇 번 아래로 내려간 다음, 시작 자세로 돌아온다.

02

도전 과제와 이점

- 몸통과 다리의 정렬을 조절하는 능력을 기른다.

- 코어 안정성을 시험한다.

- 균형감과 협응 능력을 시험한다.

- 엉덩이, 무릎, 발목, 발의 가동성을 높인다.

- 둔근, 허벅지 근육, 종아리 근육 운동이 된다.

두 팔을 띄우면서 With Floating Arms

이 동작으로 커트시 스쿼트는 전신 운동이 되고, 유산소 운동의 효과도 더해진다. 발을 뒤로 내밀 때 양팔을 위로 띄운다. 발을 앞으로 가져올 때 양팔도 아래로 내린다.

도전 과제와 이점

앞 내용에 다음을 추가한다.

- 어깨의 가동성을 높인다

- 심박수가 올라간다.

주의할 점

- 코어를 적절하게 연결하여 정렬과 움직임을 통제한다.

- 여기에서는 다리 정렬이 매우 중요하다. 일반적으로는 스쿼트를 할 때 계속 정면을 바라봐야 하지만, 이번에는 살짝 아래를 보고 양쪽 무릎이 두 번째 발가락 위로 구부려지는지 빠르게 확인한다.

- 머리, 흉곽, 골반의 정렬을 계속 통제한다. 아래로 내려갈 때 머리, 흉곽, 골반이 나란해야 한다.

- 가능하다면 처음과 똑같은 시작 자세로 돌아올 수 있도록 노력한다.

- 지나치게 아래로 내려가지 않는다. 작은 스쿼트 동작이지, 무릎을 완전히 굽히고 치마를 펼치는 인사가 아니다.

> 운동

다이내믹 런지와 재미있는 변형 동작
Dynamic Lunges and Fun Variations

커트시 스쿼트에 이어, 다이내믹 런지와 변형 동작들은 운동 프로그램에 심혈관 요소를 추가한다. 런지 동작을 할 때 앞서 이야기한 기본 원칙을 반드시 적용하자. 필요하다면 제대로 통제하고 있다는 자신감이 생길 때까지 천천히 동작을 해보자.

시작 자세

몸을 꼿꼿이 세우고 선 뒤 발을 골반 너비로 평행하게 벌린다. 골반과 척추가 중립 상태인지 확인한다.

동작

01/ 숨을 들이마시며 오른쪽 발을 앞으로 내민다. 이때 오른쪽 무릎과 오른쪽 엉덩이를 거의 90도가 되도록 굽히는 동시에 왼쪽 엉덩이를 늘이고 왼쪽 무릎을 바닥과 평행하게 굽힌다. 오른쪽 엉덩이가 움직이면서 몸통이 자연스럽게 앞으로 살짝 기울 수도 있다. 왼쪽 발뒤꿈치를 들어 몸을 세운 자세를 유지한다.

02/ 숨을 내쉬며 오른쪽 다리를 편 뒤 발을 다시 시작 자세로 가져온다.

양쪽 다리 각각 최대 6번 반복한다.

다이내믹 백워드 런지 Dynamic Backwards Lunge

어떤 사람들은 이 동작이 더 쉽다고 하고, 어떤 사람들은 더 어렵다고 한다. 그냥 앞의 동작을 따르면서 발만 뒤로 내밀면 된다!

추가 도전 과제

커트시 스쿼트와 마찬가지로, 다음과 같은 동작을 추가하면 런지 동작의 흐름이 더욱 좋아질 것이다.

- 흉곽 닫기

- 아령을 들고, 혹은 아령 없이 두 팔 띄우기

도전 과제와 이점

'커트시 스쿼트' 내용과 동일하다.

주의할 점

- 코어를 적절하게 연결하여 정렬과 움직임을 통제한다.

- 몸을 통제하는 선에서 최대한 멀리 무릎을 굽힌다. 나쁜 자세로 깊이 내려가는 런지보다는 올바른 자세로 조금 내려가는 런지가 훨씬 좋다.

- 머리, 흉곽, 골반 사이의 관계를 인지한다.

- 가능하면 몸을 세운 자세를 유지한다. 척추를 길고 강하게 유지한다.

- 앞으로 내미는 다리의 무릎은 발가락을 넘어가면 안 된다. 꼭 발 위에서 중심을 지켜야 한다.

- 무릎과 발목이 안쪽이나 바깥쪽으로 돌아가지 않는지 점검한다.

운동

무릎으로 서서 옆으로 내려가기
심화 버전 High-Kneeling Advanced Side Reach

옆으로 내려가기(161쪽)의 심화 버전으로, 힘과 유연성 모두를 길러주는 운동이다. 각자의 유연성에 따라 안쪽 허벅지가 강하게 땅길 수도 있다(그렇지 않을 수도 있다). 이 운동을 하기 전에는 반드시 몸을 풀어주는 것이 좋다. 무릎 열기(107쪽), 의자 들어 올리기(277쪽)와 같은 운동은 골반 관절을 충분히 풀어줄 것이고, 스쿼트(279쪽), 런지(292쪽)와 같은 운동은 기분 좋게 몸을 풀어줄 것이다.

시작 자세

옆으로 내려갈 때 다리를 편 반대쪽으로 더 많이 내려갈 수 있다는 점에 주목하자.

무릎으로 서기(76쪽). 다리를 골반 너비로 벌려준 다음, 오른쪽 다리를 엉덩이보다 살짝 앞으로 오도록 옆으로 뻗는다. 발을 다리와 일직선이 되게 뻗거나 앞을 향하도록 돌려준다(사람에 따라 더 자연스럽게 느껴질 수도 있다). 두 팔을 띄워 머리 뒤에 둔다.

동작

01/ 숨을 들이마시며 준비한다.

02/ 숨을 내쉬며 머리, 목, 척추 윗부분을 위로 올린 뒤 왼쪽으로 내려간다. 팔꿈치는 부드럽게 곡선을 그리며 천장을 향해 올라가야 한다.

03/ 몸이 열린 쪽으로 숨을 들이마신다.

04/ 숨을 내쉬며 척추를 다시 쌓아 올려 몸을 세운다.

05/ 숨을 충분히 들이마신다.

06/ 숨을 내쉬며 반대 방향으로 순서대로 내려간다.

07/ 몸이 열린 쪽으로 숨을 들이마신다.

08/ 숨을 내쉬며 몸을 세운 자세로 돌아온다.

09/ 숨을 들이마시며 두 팔을 아래로 내린다.

도전 과제와 이점

- 균형감과 코어 안정성을 시험한다.
- 정렬을 통제할 수 있는지 알아본다.
- 옆으로 내려가는 척추의 가동성을 높인다.
- 엉덩이, 어깨, (발의 위치에 따라) 발목의 가동성을 높인다.
- 척추 윗부분과 흉곽의 유연성을 높이고 호흡을 돕는다.

⚠️ 주의할 점

- 코어를 적절하게 연결하여 정렬과 움직임을 통제한다.
- 억지로 옆으로 내려가지 않는다. 조금만 내려가도 도움이 된다.
- 골반은 계속 앞쪽을 향해 수평을 유지한다.

운동

백 브릿지 The Back Bridge

매우 인기 있는 운동이다. 골반과 엉덩이를 제대로 열어주므로 하루를 마무리할 때 해볼 것을 추천한다.

시작 자세

매트 위에 몸을 똑바로 세워 앉는다. 무릎을 몸 앞으로 구부린 뒤 골반 너비로 벌린다. 발은 바닥에 둔다. 양손은 어깨와 나란하도록 몸 옆에 두고, 손바닥은 바닥을 향해, 손가락은 앞쪽을 향하게 한다. 팔과 몸의 길이에 따라 팔꿈치를 살짝 구부려야 할 수도 있다. 반드시 몸을 길게 늘이고 어깨는 열려 있어야 한다.

동작

01/ 숨을 들이마시며 준비한다.

02/ 숨을 내쉬며 엉덩이를 매트 위로 들어 올린다. 엉덩이는 천장으로, 무릎은 앞으로 보낸다.

03/ 숨을 들이마시고 이 자세를 유지한다.

04/ 숨을 내쉬며 몸을 통제하면서 아래로 내려온다.

최대 8번 반복한다.

02

도전 과제와 이점

- 견갑골, 요추, 골반의 안정성을 시험한다.

- 둔근, 어깨 근육, 팔 근육 운동이 된다.

- 엉덩이와 어깨를 많이 움직이고 열어준다.

주의할 점

- 코어를 적절하게 연결하여 정렬과 움직임을 통제한다.

- 몸을 '일직선'으로 유지한다. 엉덩이가 아래로 내려와서는 안 된다.

- 계속해서 정수리를 위로 길게 늘인다. 어깨 사이로 빠지지 않게 한다.

백 브릿지 자세로 내려가기 Back Bridge with Dips

사이드 프레스 업(316쪽)처럼 매우 강력한 팔과 상체 운동이다.

동작

앞 동작 1~2를 따라 한 다음,

03/ 천천히 몸을 통제하며 숨을 들이마시고, 팔꿈치를 뒤쪽으로 굽히며 아래로 내려간다. 어깨 사이로 빠지지 않도록 주의한다. 팔꿈치는 아주 살짝만 굽혀질 것이다.

04/ 숨을 내쉬며 팔꿈치를 편다.

최대 8번 반복한 다음, 몸을 아래로 내린다.

도전 과제와 이점

앞 내용에 다음을 추가한다.

- 팔꿈치의 가동성을 높이고, 위쪽 팔 근육 운동이 된다.

> **주의할 점**
>
> - 귀와 어깨 사이 거리를 유지한다.
> - 쇄골은 계속 넓게 열려 있어야 한다.
> - 척추를 길게 늘인 상태를 유지한다.

다트로 별 모양 Dart into Star

여기에서는 등을 강화하는 두 가지 운동을 조합했다. 자세가 확실히 좋아질 것이다.

시작 자세

엎드린 자세(77쪽)를 취한 뒤 다리를 골반 너비로 벌린 다음, 골반 바깥쪽을 향해 돌려준다. 팔은 몸 옆에 길게 늘이고, 손바닥은 위아래 중 더 편안하게 느껴지는 쪽에 둔다.

동작

01/ 숨을 들이마시며 준비한다.

02/ 숨을 내쉬며 척추 윗부분을 늘인다. 먼저 머리를 길게 빼 들어 올린 다음, 목, 척추 윗부분을 한 번에 한마디씩 들어 올린다.

03/ 숨을 들이마시며 한쪽 팔을 옆을 지나 머리 위로 띄운다. 팔을 공중에 띄운 상태로 자연스러운 곡선을 그려준 다음, 바닥으로 내린다.

04/ 숨을 내쉬며 반대쪽 팔로 반복한다. 이제 'X' 모양이 되었다.

05/ 숨을 들이마시며 반대쪽 팔과 다리를 길게 늘인 뒤 몸에서 멀어지게 들어 올린다.

06/ 숨을 들이마시며 팔과 다리를 원래 자리로 가져온다.

반대쪽 팔과 다리를 번갈아가며 5번 반복한다. 그런 다음,

07/ 척추가 여전히 올라가 있는 상태에서 숨을 들이마시며 한쪽 팔을 띄워 다시 몸 옆으로 가져온다.

08/ 숨을 내쉬며 반대쪽 팔도 띄워 원래 자리로 가져온다.

09/ 숨을 들이마시며 척추를 길게 늘인 뒤 다시 아래로 내려온다.

최대 3번 반복한다.

도전 과제와 이점

- 척추를 분절하여 늘이고, 늘인 상태를 유지할 수 있는지 시험한다.
- 골반 안정성과 힘을 시험한다.
- 등 근육, 둔근, 어깨 근육, 팔 근육 운동이 된다.
- 척추 윗부분, 엉덩이, 어깨, 팔의 가동성을 높인다.

  주의할 점

'다트(222쪽)' 내용에 다음을 추가한다.

- 코어를 적절하게 연결하여 정렬과 움직임을 통제한다.
- 등을 늘일 때 팔로 짚고 아래로 누르지 않도록 노력한다.
- 골반과 척추를 움직이지 않는 선에서 최대한 다리를 높게 올린다.
- 다리는 완전히 길게 늘이되, 무릎이 잠기면 안 된다.

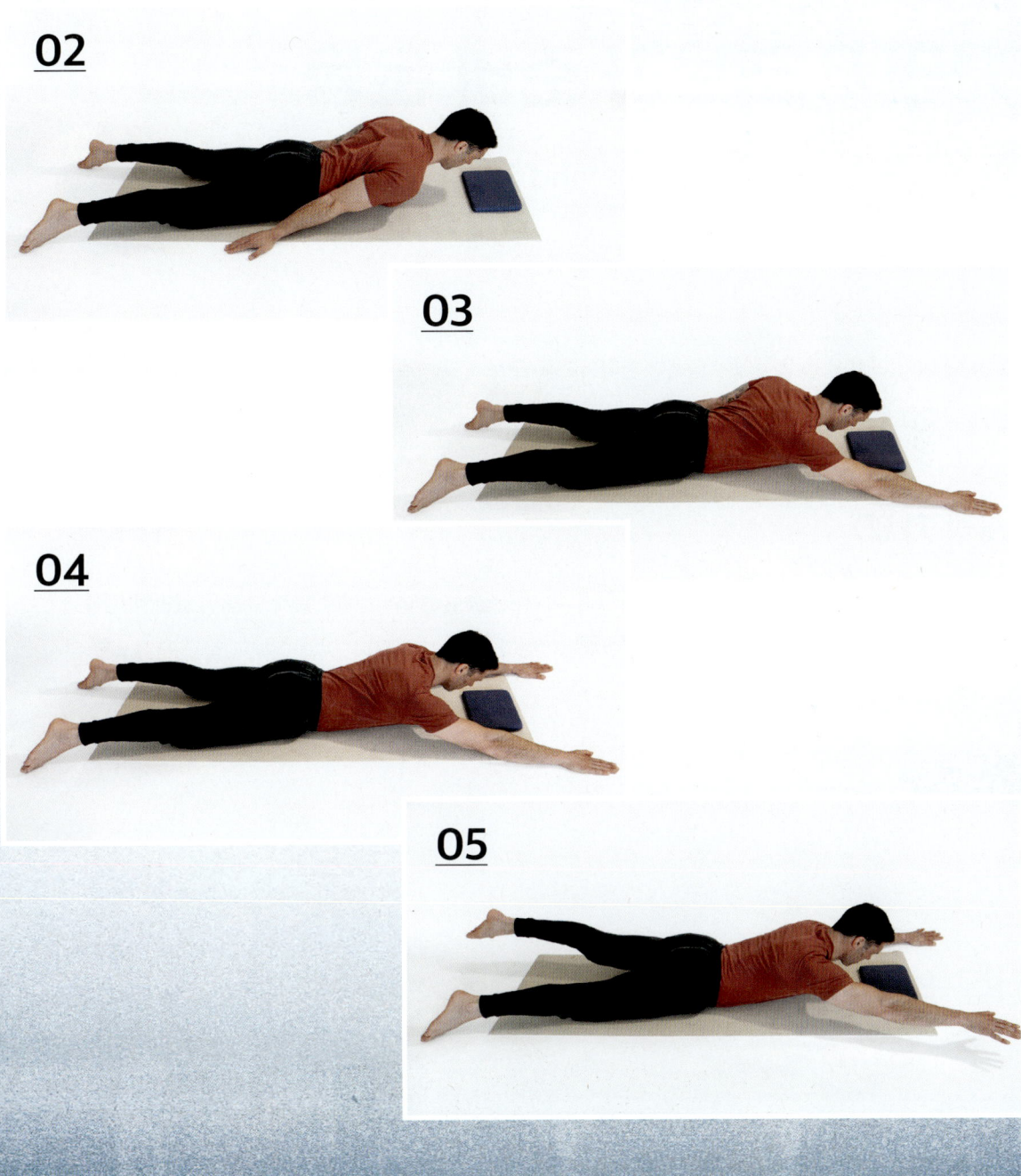

운동

팔을 밀고 한쪽 발뒤꿈치를 차면서 코브라 준비 운동

Cobra Prep with Arm Slide and Single Heel Kick

조금 더 여러 가지 일을 동시에 수행해야 한다. 165쪽 코브라 준비 운동을 떠올려보자. 해야 할 동작은 많지만, 그만큼 운동 효과도 크다.

시작 자세

엎드린 자세(77쪽)를 한 뒤 이마를 매트 위에 둔다. 다리를 골반 너비보다 살짝 넓게 벌린 뒤 골반 바깥쪽을 향해 돌려준다. 팔꿈치는 구부리고, 양손은 어깨높이보다 살짝 넓게 둔다. 이때 어깨 긴장을 풀고 쇄골은 펴져 있어야 한다.

동작

01/ 숨을 들이마시며 준비한다.

02/ 숨을 내쉬며 머리를 길게 늘여 들어 올린 뒤 가슴을 매트에서 들어 올린다. 갈비뼈 아랫부분은 계속 매트에 닿아 있어야 한다. 가슴을 열고 가슴이 앞을 향하는 데 초점을 맞춘다.

03/ 숨을 들이마시며 바닥을 따라 한 손을 앞으로 밀어준다.

04/ 숨을 내쉬며 팔을 다시 당긴다.

05/ 숨을 들이마시며 반대쪽 손을 앞으로 밀어준다.

06/ 숨을 내쉬며 팔을 다시 당긴다.

07/ 숨을 들이마시며 가슴과 머리를 순서대로 매트로 내려 원래대로 돌아온다.

08/ 숨을 내쉬며 한쪽 무릎을 구부려 작고 빠르게 2번 힘차게 찬다. 이때 발은 엉덩이 가운데 쪽을 향해야 한다.

09/ 숨을 들이마시며 다리를 편다.

10/ 숨을 내쉬며 작고 빠르게 힘찬 발차기를 2번 반복한다. 이번에는 발목을 안으로 풀어준다.

11/ 반대쪽 다리로 8~10번 반복한다.

양쪽 다리 각 발뒤꿈치로 차는 동작을 2번씩 반복한 뒤 전체 과정을 다시 한 번 반복한다.

도전 과제와 이점

- 몸을 통제하며 척추 윗부분을 순서대로 늘일 수 있는지 도전한다.
- 골반과 견갑골의 안정성에 도전한다.
- 협응 능력에 도전한다.
- 척추 윗부분의 가동성을 높여 올바른 자세를 만든다.
- 등 근육 운동이 된다.
- 무릎과 발목의 가동성을 높인다.

 주의할 점

'코브라 준비 운동(165쪽)' 내용에 다음을 추가한다.

- 코어를 적절하게 연결하게 정렬과 움직임을 통제한다.
- 이 결합 운동에서 가장 중요한 점은 처음부터 끝까지 몸통을 안정적으로 유지하는 것이다.
- 등을 늘인 부분을 방해하지 않는 선에서 최대한 멀리 손을 밀어준다.
- 무릎을 펼 때 무릎이 잠기지 않게 한다.

풀 코브라 Full Cobra

최고의 등 운동으로, 어떠한 복근 운동과도 균형을 맞출 수 있는 완벽한 방법이다. 코브라 준비 운동(165쪽)을 연습하여 풀 코브라 동작을 준비하자.

시작 자세

엎드린 자세(77쪽)를 취한 뒤 이마를 매트나 접은 수건 위에 둔다. 다리를 펴고 골반 너비보다 살짝 넓게 벌린 뒤 골반 바깥쪽을 향해 돌려준다. 팔꿈치를 굽히고 양손을 어깨보다 살짝 넓게 벌린 뒤 어깨 바로 위에 둔다. 어깨 긴장을 풀고 쇄골은 넓게 펴준다.

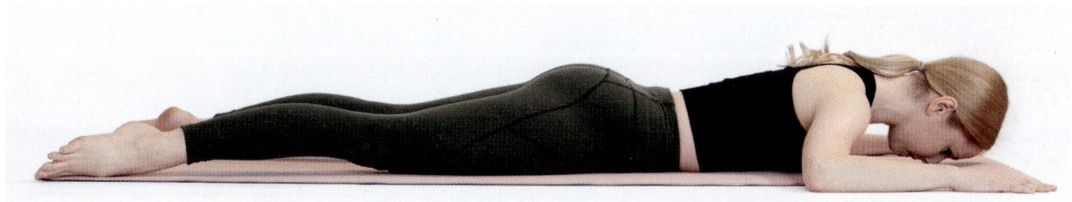

동작

01/ 숨을 들이마시며 준비한다.

02/ 숨을 내쉬며 목 앞쪽을 길게 늘인 뒤 머리를 들어 올린다. 몸의 앞면을 가슴뼈, 흉곽과 복부, 골반 앞부분 순으로 부드럽게 매트에서 떼어낸다. 몸이 매트에서 올라갈 때 팔은 펴지기 시작한다. 다리는 계속해서 길게 늘인다.

03/ 숨을 들이마시며 등을 늘인 자세를 유지한다.

04/ 숨을 내쉬며 척추를 순서대로 아래로 내린다. 골반 앞부분, 복부와 흉곽, 가슴뼈, 마지막으로 머리 순이다.

최대 6번 반복한 다음, 네발 기기 자세(71쪽)로 올라온다. 척추를 풀어주기 위해 양발을 모으고 뒤로 접어 휴식 자세(177쪽)를 만든다.

도전 과제와 이점

- 안정성을 유지하면서 척추를 순서대로 늘일 수 있는지 시험한다.
- 척추, 골반, 팔꿈치, 어깨의 가동성을 높인다.
- 등 근육과 팔 근육 운동이 된다.

주의할 점

- 코어를 적절하게 연결하고, 정렬과 움직임을 통제한다.
- 몸의 뒷면은 생각하지 않는다. 몸의 앞면을 길게 늘여야 한다.
- 몸이 가장 높이 올라갔을 때 골반을 열고, 골반의 앞부분이 매트에서 떨어질 수 있도록 한다.
- 양팔이 완전히 펴지지 않을 수도 있다. 유연성과 더불어 척추와 팔의 길이에 따라 달라진다.
- 다리는 계속 매트 위에 두고 처음부터 끝까지 몸에서 멀리 뻗어준다.

운동

한쪽 다리 늘이기 Single Leg Stretch

최고의 복근 운동 중 하나다.

시작 자세

이완 자세(61쪽)를 취한 뒤 한 번에 한 다리씩 안정적으로 당겨 양쪽 무릎 접기(110쪽) 자세를 만든다. 발뒤꿈치를 서로 붙인 뒤 발을 부드럽게 뻗는다. 무릎을 살짝 열어준다.

숨을 들이마시며 준비한다. 숨을 내쉬며 머리를 숙이고, 목과 상체를 순서대로 매트에서 들어 올려 컬 업(151쪽) 자세로 만든다. 팔은 앞으로 뻗고, 손은 정강이 바깥쪽에 둔다.

동작

01/ 흉곽 뒤쪽으로 숨을 들이마신다.

02/ 숨을 내쉬며 왼쪽 다리를 엉덩이와 일직선이 되도록 앞으로 뻗는다. 동시에 왼손을 오른쪽 무릎 위에 올린 뒤 오른쪽 다리를 몸통 쪽으로 부드럽게 당겨준다.

03/ 계속 숨을 내쉬며 다리의 위치를 바꾼다. 왼쪽 다리를 안쪽으로 구부린 뒤 몸통 쪽으로 당기며 오른쪽 다리를 멀리 밀어낸다. 오른손은 왼쪽 무릎, 왼쪽 정강이뼈 바깥쪽에 둔다.

04/ 숨을 들이마시며 두 다리 스트레칭을 반복한다. 두 다리를 번갈아가며 멀리 밀어낸다.

최대 5번 반복한 뒤 양쪽 무릎을 몸 쪽으로 가져온다. 그런 다음, 매트로 몸을 말아 내려온다. 안정적으로 한 번에 한쪽 발씩 매트로 내린다.

도전 과제와 이점

- 코어 안정성을 시험하고, 다리의 정렬을 통제할 수 있는지 알아본다.

- 척추, 골반, 무릎의 가동성을 높인다.

- 체력과 지구력을 기른다.

> ⚠️ **주의할 점**
>
> - 코어를 적절하게 연결하여 정렬과 움직임을 통제한다.
>
> - 모든 움직임은 통제하에 부드럽고 물 흐르듯 이어져야 한다.
>
> - 골반은 처음부터 끝까지 움직이지 않아야 한다. 필요하다면 다리를 더 높이 뻗어준다.
>
> - 컬 업 자세를 유지한다. 팔로 다리를 몸 쪽으로 당긴다. 척추를 위로 더 당기지는 않는다.
>
> - 시선은 계속해서 복부 쪽에 둔다.
>
> - 어깨와 목 긴장을 풀어준다.
>
> - 양쪽 다리는 처음부터 끝까지 바깥쪽을 향해 살짝 돌려준다.

운동

헌드레드와 롤 업을 위한 준비 운동 Prep for the Hundred and Roll Up

이 운동은 컬 업 자세를 꽤 오랫동안 유지하면서 팔과 다리를 조화롭게 움직여야 한다. 따라서 운동을 시작하기 전에 컬 업(151쪽) 동작을 연습하는 것이 좋다. 발이 쉽게 미끄러지도록 매트 아래쪽으로 몸을 옮기고 싶을 수도 있다.

시작 자세

이완 자세(61쪽)를 취한 뒤 양팔을 어깨 위로 들어 올린다. 손바닥은 먼 곳을 바라본다.

동작

01/ 숨을 들이마시며 준비한다.

02/ 숨을 내쉬며 머리를 숙이고 컬 업 동작을 한다. 동시에 양팔을 엉덩이 높이로 내린다.

03/ 흉곽 뒤쪽으로 숨을 들이마시며 좀 더 위쪽으로 말아 올린다. 이때 한쪽 다리를 엉덩이와 일직선이 되도록 밀어낸다.

04/ 숨을 내쉬며 반대쪽 다리를 밀어낸다.

05/ 숨을 들이마시며 첫 번째 다리를 다시 당긴다.

06/ 숨을 내쉬며 두 번째 다리를 다시 당긴다.

07/ 숨을 들이마시며 몸을 통제하면서 말아 내려온다. 동시에 두 팔을 시작 자세로 올려준다.

먼저 밀어내는 다리를 번갈아가며 최대 6번 반복한다.

도전 과제와 이점

- 척추와 골반의 안정성을 시험한다.

- 자신의 체력에 도전한다.

- 제대로 정렬하고 협응할 수 있는지 알아본다.

- 척추, 어깨, 골반, 무릎의 가동성을 높인다.

- 강도 높은 복근 운동이다.

⚠️ 주의할 점

- 코어를 적절하게 연결하여 정렬과 움직임을 조절한다.

- 쇄골을 계속 활짝 열어준다.

- 처음부터 끝까지 발가락 끝을 뻗어준다.

- 목은 긴장하지 않아야 한다. 목이 긴장한 상태라면 다시 아래로 말아 내려온다. 사람에 따라 어려울 수도 있다.

- 말아 올라갔을 때 시선은 계속 아래를 향해 치골 쪽을 바라보아야 한다.

- 골반은 중립 상태를 유지한다.

- 다리를 골반과 일직선으로 밀어내고 있는지 확인한다.

운동

롤 업 Roll Up

이 운동을 잘 해내기 위한 최상의 방법은 헌드레드와 롤 업을 위한 준비 운동(310쪽)과 척추를 말아 올리는 운동을 하는 것이다. 그런 운동으로는 척추 말기(139쪽), 고양이(142쪽), 롤 다운(169쪽) 등이 있다.

시작 자세

이완 자세(61쪽)를 취한 뒤 양쪽 다리를 펴준다. 다리를 서로 평행하게 두거나 살짝 벌려준다. 발은 편안하게 풀어주거나 가볍게 뻗어준다. 골반과 척추는 중립 상태다. '흉곽 닫기'로 양팔을 머리 위로 귀 높이까지 들어 올린다.

동작

01/ 숨을 들이마시며 준비한다.

02/ 숨을 내쉬며 양팔을 들어 올리는 동시에 머리, 목, 등 윗부분부터 말아 올린다. 계속해서 척추의 나머지 부분을 한 번에 한 마디씩 순서대로 매트에서 감아 올린다. C자 곡선의 척추를 다리 위에서 길게 늘인다. 양팔은 앞으로 뻗어준다. 이때 팔은 반드시 목과 머리와의 관계를 계속 유지해야 한다.

03/ 숨을 들이마시며 골반과 척추를 매트를 따라 천천히 말아 내린다. 반드시 골반부터 움직여야 한다.

04/ 숨을 내쉬며 계속해서 전체 척추를 순서대로 매트로 감아 내린다. 이때 머리와 팔은 내뱉는 호흡의 마지막 순간에 원래 자리로 돌아온다.

최대 5번 반복한다.

도전 과제와 이점

- 코어 안정성과 복부의 힘에 도전한다.
- 중심선을 분절하여 말아줄 수 있는지 시험한다.
- 척추, 골반, 어깨의 가동성을 높인다.

⚠ 주의할 점

주의 사항이 많은 만큼 중요한 운동이다.

- 코어를 적절하게 연결하여 정렬과 움직임을 통제한다.
- 척추를 마디마디 부드럽게 말아준다. 척추가 완전히 C자 곡선 모양이 될 때까지 골반을 앞으로 말아주어서는 안 된다.
- 처음부터 끝까지 길게, 길게, 길게 늘인다.
- 중심선을 따라 움직인다. 어느 쪽으로든 중심선을 벗어나면 안 된다.
- 어깨와 흉곽 뒷부분 사이의 관계를 유지해야 한다. 특히 다리 위에서 앞으로 뻗어줄 때 어깨와 흉곽 뒷부분을 억지로 아래로 내려서도 안 되고, 지나치게 올려서도 안 된다.
- 호흡과 함께 움직임을 통제하는 것에 초점을 맞춘다. 모든 움직임이 일정한 속도로 물 흐르듯 이어져야 한다.

> 운동

사이드 프레스 업 Side Press-ups

이 운동은 체중을 이용하여 팔을 탄탄하게 만들어준다. 대체로 남자보다는 여자에게 더 쉬울 것이다. 일반적으로 남자의 상체 무게가 더 무겁기 때문이다.

시작 자세

옆으로 누워 다리를 살짝 구부린 뒤 발을 몸과 일직선이 되게 둔다. 왼쪽으로 누워 있다면 오른손을 몸 앞 바닥, 대략 가슴 앞에 둔다. 손바닥은 아래를 향하게 두고, 손가락은 머리 방향을 가리킨다. 밀어 올리는 지렛대 역할을 제대로 하기 위해서는 몸의 길이에 따라 손의 위치를 조정해야 한다. 왼손으로 몸을 감싼 뒤 갈비뼈 위에 둔다.

동작

01/ 숨을 들이마시며 준비한다. 머리부터 꼬리뼈까지 몸을 길게 늘인다.

02/ 숨을 내쉬며 손을 아래로 누르면서 상체가 올라올 수 있도록 팔을 펴준다. 이 동작을 할 때 몸통이 살짝 회전할 것이다.

03/ 숨을 들이마시고 들어 올린 자세를 유지한다.

04/ 숨을 내쉬며 몸을 통제하면서 천천히 아래로 내려온다.

양쪽 각각 최대 6번씩 반복한다.

시작 자세

02

도전 과제와 이점

- 중력에 대항하여 상체를 들어 올릴 수 있는지 시험한다. 이때 정렬을 올바르게 유지해야 한다.

- 팔과 어깨, 허리 운동이 된다.

⚠️ 주의할 점

- 코어를 적절하게 연결하여 정렬과 움직임을 통제한다.

- 밀어 올리기 전에 어깨뼈 아래에 있는 근육들을 연결하기 위해 노력한다. 겨드랑이 아래 흉곽 주위를 감싸고 있는 근육들로, 어깨뼈를 안정적으로 잡아주는 데 도움이 되기 때문이다.

- 몸을 올리고 내릴 때 몸의 가운데 부분을 계속해서 통제한다.

- 양쪽 허리를 계속 길게 늘인다.

- 발과 무릎은 계속 아래에 있어야 한다. 지렛대 동작에 도움이 된다면 발과 무릎의 위치를 조정할 수도 있다.

운동

헌드레드 The Hundred

필라테스 익스프레스 프로그램의 대단원을 장식하기에 적합한 운동이다. 여기에서는 여러 단계를 거쳐 모든 단계를 합친 최종 버전으로 막을 내린다. 단계가 높아질수록 어려워지므로 단계마다 신중하게 임하길 바란다. 몸 전체에 활력을 불어넣고 심장을 뛰게 만드는 정말 멋진 운동이다.

헌드레드 1단계

앞서(180쪽) 헌드레드 1단계(호흡 패턴)를 이미 배웠다. 사진을 보고 내용을 떠올려보자.

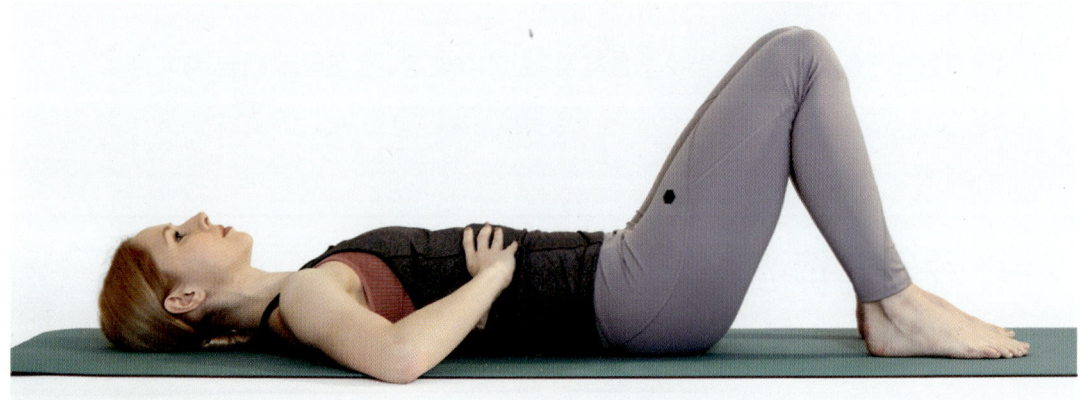

헌드레드 2단계

동작

01/ 숨을 들이마시며 준비한다.

02/ 숨을 내쉬며 머리를 숙이고 척추를 말아 올린다. 양팔은 매트에서 살짝 들어 올린다.

시작 자세

이완 자세(61쪽)

03/ 컬 업 자세를 유지하며 팔을 위아래로 움직인다. 그러면서 다섯을 세는 동안 숨을 들이마시고, 다섯을 세는 동안 숨을 내쉰다. 이렇게 팔을 위아래로 움직이고 호흡하는 동작을 최대 10번(100번 흔들기) 반복한다.

04/ 팔은 그대로 두고 숨을 내쉬며 말아 내려온다.

헌드레드 3단계

3단계는 2단계와 똑같지만 두 다리를 평행하게 양쪽 무릎 접기(110쪽) 자세로 만든다.

이완 자세(61쪽)를 취한 뒤 안정적인 상태에서 한 번에 한 다리씩 양쪽 무릎 접기를 한다. 양쪽 다리가 함께 평행할 수 있도록 안쪽 허벅지를 붙인다.

앞의 모든 순서를 따라 한 뒤 몸을 말아 내려온다. 두 발은 한 번에 한쪽씩 안정적으로 매트에 내린다.

헌드레드 4단계

3단계와 동일하되, 컬 업 동작으로 말아 올릴 때 양쪽 다리를 매트에서 대략 80도가 되도록 펴준다.

100번 흔들기가 끝나면 양쪽 무릎을 굽히고 몸을 말아 내려온다. 두 발은 한 번에 한쪽씩 안정적으로 매트에 내린다.

헌드레드 5단계

필라테스 익스프레스 프로그램에 어울리는 마지막 동작이다. 전반적인 건강, 호흡, 면역, 심지어 심장 건강이 좋아지게 만드는 운동이 필요하다면, 헌드레드가 답이다.

5단계는 시작 자세가 약간 다르다. 양쪽 무릎 접기(110쪽) 자세에서 두 다리를 골반 바깥쪽을 향해 돌린 뒤 발가락을 붙여준다.

4단계의 설명을 따르되, 양쪽 다리를 펴면 자동으로 발끝이 밖을 향하는 필라테스 자세가 된다. 이 동작을 할 때는 허벅지 안쪽을 꼭 붙인다.

도전 과제와 이점

- 얼마나 버틸 수 있는지 시험한다. 특히 복근의 힘에 도전한다.

- 호흡과 체력을 증진시킨다.

- 척추, 골반, 어깨의 가동성을 높인다.

- 햄스트링을 길게 늘인다(다리를 펴는 경우).

⚠️ 주의할 점

- 코어를 적절하게 연결하여 정렬과 움직임을 통제한다.

- 반드시 코어 연결을 유지하는 데 초점을 맞춘다. 골반을 움직이지 않고 안정적으로 유지하면서 흉곽 뒤쪽으로 넓게 호흡한다.

- 호흡에 집중한다. 내쉬는 숨에 공기를 쥐어짜듯 남김없이 내뱉는다.

- 쇄골과 어깨뼈를 계속해서 넓게 열어준다.

- 팔을 위아래로 움직일 때 시선은 계속 치골을 바라보고 있어야 한다.

- 팔을 펴고 길게 늘인 상태를 유지하되, 팔꿈치가 잠기지 않도록 주의한다.

- 손과 손가락을 길게 늘인다. 팔, 손목, 손은 하나로 움직이고, 움직임은 오직 어깨 관절에서만 나와야 한다. 절대로 손목만 움직여서는 안 된다.

2부

하루 10분 필라테스 프로그램

필라테스 익스프레스와 함께하는 하루

코로나19는 우리의 평범한 일상을 빼앗아갔다. 많은 사람이 근무 시간 중에 잠깐씩 숨을 돌릴 수 있었던 평범한 습관들을 할 수 없게 되었다. 나 역시 엄청난 상실감을 느꼈다. '땅에 발을 디디고' 설 수 있게 만들어주는 하루 동안의 사소한 습관들이 더욱더 절실해졌다.

아침을 깨우는 뜨거운 물과 라임, 늦은 아침에 마시는 에스프레소, 욕조에 물을 받으며 하는 운동……. 이러한 일상은 몸이 타고난 생체 리듬으로 맞춰지는 데 늘 도움을 준다. 아침, 점심, 저녁에 하면 좋은, 이 책에서 소개하는 짧은 운동 프로그램이 일상이 된다면 하루를 좀 더 활기차게 보낼 수 있게 될 것이다.

항상 새벽 일찍 일어날 수는 없지만 매일 아침 같은 시각에 알람을 맞춰 두는 것은 가능하다. 아침 운동을 위해 10분만 할애하자. 아침 식사를 하기 전이 가장 좋지만, 그게 힘들다면 운동을 하기 전에 아침에 먹은 음식을 소화할 시간을 충분히 가져야 한다. 마찬가지로 점심 운동도 점심 식사를 하기 전이 가장 좋다. 물론 점심 운동 프로그램을 늦은 아침이나 늦은 오후에 할 수도 있다. 아니면 3번 다 해도 좋다! 338쪽에 소개한 앉았다가 일어서고, 일어섰다가 앉아서 하는 운동 프로그램은 직장에서 유용하게 활용하기 바란다. 저녁 운동 프로그램은 두 가지 종류가 있다. 하나는 몸을 튼튼하게 만드는 데 초점을 맞추었고, 다른 하나는 잠들기 전에 긴장을 풀어주는 데 초점을 맞추었다.

짧은 운동 프로그램은 하루 중 각기 다른 시간대에 맞춰 만들어졌지만, 자유롭게 섞어 사용해도 된다. 하나의 운동 프로그램에는 8~10개의 운동이 포함되어 있고, 척추의 움직임, 다시 말해 척추의 굴곡, 회전, 측면 굴곡, 신전을 균형 있게 배치했다. 거의 모든 관절을 사용하여 유연성을 기르고, 주요 근육을 목표로 삼아 건강을 유지할 수 있도록 최선의 노력을 기울였다. 또한 힘과 유연성을 위한 운동 프로그램을 제외한 모든 운동 프로그램에는 한 가지 특정한 호흡 운동을 포함시켰다. 힘과 유연성을 위한 운동 프로그램은 몸을 풀 시간이 따로 필요하기 때문이다. 언제나 시작과 끝에 깊은 복식 호흡(96쪽)을 추가로 선택할 수 있다. 각각의 운동을 몇 번이나 반복할지 결정하는 것은 각자의 몫이다. 자신만의 속도로 운동을 하면 된다.

시간을 재어보니 모든 운동 프로그램을 10분 안에 끝낼 수 있었지만, 나는 필라테스 전문가이고 모든 동작을 잘 알고 있다는 점을 감안해야 한다. 동작들을 충분히 익히고 운동 프로그램을 마치기까지는 시간이 꽤 걸릴 수도 있다. 하지만 포기하지 않는다면 분명 해낼 수 있을 것이다.

354쪽에는 마음 챙김을 더한 필라테스 운동을 예시와 함께 설명해두었다. 아침 운동 프로그램 마지막 부분에는 '야외에서 운동할 때의 팁'을 소개했다(331쪽).

주의: 지금부터 소개하는 운동 프로그램에 앞서 소개한 모든 운동이 포함된 것은 아니다. 어떤 운동들은 단순히 좀 더 복잡한 동작을 할 때 필요한 움직임의 기술을 가르쳐주기 위한 것이었다.

마지막으로, 가장 좋은 선생님이자 안내자인 자신의 몸에 항상 귀를 기울이자. 운동보다는 휴식이나 산책이 필요한 날도 있을 것이다.

아침 운동 프로그램

여러분을 잠에서 깨우고 그날 하루를 활기차게 보낼 수 있도록 구성했다. 매트에서 하는 운동 프로그램과 일어서서 하는 운동 프로그램 중 하나를 선택하자.

매트 운동 프로그램

운동 프로그램 1

01/ 이완 자세: 턱 당기기와 목 돌리기(66쪽)
02/ 엇갈리게 어깨 떨어뜨리기(128쪽)
03/ 팔로 원 그리며 골반 돌리기(204쪽)
04/ 양쪽 무릎 열며 컬 업(259쪽)
05/ 엇갈린 자세로 고양이(145쪽)
06/ 다트 자세로 옆으로 굽히기 동작 후 휴식 자세(224쪽)
07/ 휴식 자세에서 등으로 호흡하기(177쪽)
08/ 무릎으로 서서 옆으로 내려가기 심화 버전(294쪽)

09/ 스키 스쿼트(283쪽)

운동 프로그램 2

01/ 이완 자세: 코로 나선형 그리기(232쪽)

02/ 척추 회전시키기(234쪽)

03/ 무릎을 접고 뻗으며 컬 업(257쪽)

04/ 옆구리 늘이기(187쪽)

05/ 다이아몬드 프레스(163쪽)

06/ 흔들 고양이 동작 후 휴식 자세(261쪽)

07/ 옆으로 누운 자세에서 활과 화살(155쪽)

08/ 가슴 확장(191쪽)

09/ 롤 다운(169쪽)

운동 프로그램 3

01/ 이완 자세: 목으로 무지개 모양 그리기 (230쪽)

02/ 무릎 돌리기, 무릎 열기와 지그재그(116쪽)

03/ 파도(254쪽)

04/ 갈비뼈 돌리며 골반 돌리기(202쪽)

05/ 오이스터(122쪽)

06/ 코브라 준비 운동 후 휴식 자세(165쪽)

07/ 테이블 탑 다리 늘이기(267쪽)

08/ 옆으로 내려가기(161쪽)

09/ 천사 날개 호흡(182쪽)

운동 프로그램 4

01/ 360도 헌드레드 호흡(180쪽)

02/ 이완 자세: 턱 당기기와 목 돌리기(66쪽)

03/ 흉곽 닫기를 하면서 척추 말기(130쪽, 139쪽)

04/ 창문 동작을 하면서 척추 말기(236쪽, 139쪽)

05/ 사선으로 컬 업(198쪽)

06/ 헌드레드 3단계(가능한 경우)(319쪽)

07/ 다트 자세로 옆으로 굽히기 동작 후 휴식 자세(224쪽)

08/ 바늘 꿰기 스트레칭(208쪽)

09/ 스키 스쿼트(283쪽)

운동 프로그램 5

01/ 이완 자세: 목으로 무지개 모양 그리기 (230쪽)

02/ 엇갈린 자세로 척추 말기(141쪽)

03/ 양쪽 무릎 열며 컬 업(259쪽)

04/ 코브라 준비 운동(165쪽)

05/ 흔들 고양이 동작 후 휴식 자세(261쪽)

06/ 앉은 자세에서 활과 화살(157쪽)

07/ 무릎으로 서서 옆으로 내려가기 심화 버전 (294쪽)

08/ 가슴 확장(191쪽)

운동 프로그램 6

01/ 갈비뼈를 밀면서 호흡하기(184쪽)

02/ 이완 자세: 무릎 돌리기, 무릎 열기와 지그재그(116쪽)

03/ 흉곽 닫기를 하면서 척추 말기(130쪽, 139쪽)

04/ 갈비뼈 돌리며 골반 돌리기(202쪽)

05/ 다트 자세로 옆으로 굽히기(224쪽)

06/ 엇갈린 자세로 고양이 동작 후 휴식 자세(145쪽)

07/ 일어서서 창문 자세로 문 열기(238쪽)

08/ 제자리 걷기 스쿼트(281쪽)

운동 프로그램 7

01/ 이완 자세: 코로 나선형 그리기(232쪽)

02/ 흉곽 닫기를 하면서 척추 말기(130쪽, 139쪽)

03/ 무릎 돌리기, 무릎 열기와 지그재그(116쪽)

04/ 무릎을 접고 뻗으며 컬 업(257쪽)

05/ 헌드레드 3단계(가능한 경우)(319쪽)

06/ 코브라 준비 운동(165쪽)

07/ 흔들 고양이 동작 후 휴식 자세(261쪽)

08/ 옆으로 누운 자세에서 활과 화살(155쪽)

09/ 인어(217쪽)

10/ 제자리 걷기 스쿼트(281쪽)

일어서서 하는 운동 프로그램

점심 운동 프로그램에서는 일어서서 하는 운동 프로그램을 더 많이 볼 수 있을 것이다. 여기에서 소개하는 대부분의 운동 프로그램에는 일어서서 하는 고양이 동작이 포함되어 있다. 그만큼 척추와 엉덩이를 움직일 수 있는 훌륭한 방법이기 때문이다.

운동 프로그램 1

01/ 천사 날개 호흡(182쪽)
02/ 제자리에서 걷기×2(244쪽)
03/ 일어선 자세에서 고양이×2(149쪽)
04/ 일어선 자세에서 활과 화살×3(157쪽)
05/ 고정 런지 변형 동작×2(286쪽)
06/ 옆으로 내려가기×2(161쪽)
07/ 일어서서 창문 자세로 문 열기×3(238쪽)
08/ 롤 다운×2(169쪽)

운동 프로그램 2

01/ 갈비뼈를 밀면서 호흡하기(184쪽)
02/ 제자리 걷기 스쿼트(281쪽)
03/ 엇갈린 자세로 허리 비틀기(194쪽)
04/ 일어선 자세에서 고양이(149쪽)
05/ 굽히고 펴면서 문 열기(215쪽)
06/ 옆으로 내려가기(161쪽)
07/ 흉곽 닫기를 하면서 다이내믹 런지(130쪽, 292쪽)
08/ 박스 호흡(174쪽)

운동 프로그램 3

01/ 한쪽 폐로 호흡하기(176쪽)

02/ 제자리에서 걷기(244쪽)

03/ 스키 스쿼트(283쪽)

04/ 일어선 자세에서 고양이(149쪽)

05/ 엇갈린 자세로 팔로 원 그리며 비틀기(196쪽)

06/ 옆으로 내려가기(161쪽)

07/ 굽히고 펴면서 문 열기(215쪽)

08/ 가슴 확장하며 다이내믹 런지(191쪽, 292쪽)

야외에서 운동할 때의 팁

조셉 필라테스는 야외에서 여가 활동을 하는 것을 중요하게 생각했다. 특히 신선한 공기와 햇빛이 몸에 닿을 수 있도록 최소한의 옷만 입는 것을 좋아했다.

- 가능하다면 밖에 나갈 때는 매트를 챙기자. 아니면 야외에서는 유산소 운동을 하도록 하자. 숲속을 빠르게 걷는 것은 러닝머신 위에서 빠르게 걷는 것보다 훨씬 좋다(게다가 무료다!). 야외에서 자전거를 타는 것이 실내 자전거보다 훨씬 낫고, 잔디밭에서 하는 테니스가 스쿼시보다 훨씬 낫다.

- 날씨와 상관없이 옷을 적당히 입자. 자유롭게 움직일 수 있도록 옷을 여러 겹 입고 필요에 따라 벗거나 껴입도록 하자.

- 신발을 신어야 할 수도 있다. 그런 경우, 발동작을 정확하게 할 수 있도록 밑창이 잘 구부러지는 신발을 신도록 하자.

- 매트(2개가 필요할 수도 있다)를 깔 수 있는 평평한 땅을 찾자. 그렇지 않으면 골반과 척추의 중립 상태를 찾기가 쉽지 않을 것이다.

- 그늘진 장소를 고르자. 날씨가 점점 더워지는 계절에는 선크림을 발랐더라도 그늘이 없는 곳에서 운동을 하면 안 된다. 한낮에는 밖으로 나가기 전에 반드시 자외선 차단 지수가 높은 선크림을 바르고, 중간 중간 덧발라야 한다. 이른 아침이나 늦은 오후에 운동한다면 화상이나 일사병의 위험을 최소한으로 줄일 수 있다. 그러나 점점 추워지는 계절에는 어느 정도 따스한 햇볕이 반갑고 이롭다. 가능하다면 매일 10분간 햇볕을 쬐도록 하자. 그러면 건강에 전반적으로 도움이 되고, 특히 뼈 건강에 이롭다.

- 야외에서 운동할 때는 물을 충분히 섭취하자.

- 적당히 평평한 곳을 찾지 못했다면 일어서서 하는 운동 프로그램(334쪽)을 하도록 하자.

점심 운동 프로그램

일주일에 5일 일한다고 가정하고 하루에 하나씩 할 수 있도록 5개의 운동 프로그램을 준비했다. 68쪽 제대로 앉는 방법에 관한 내용을 다시 살펴보자.

만약 대부분의 시간을 책상에 앉아서 일을 한다면 혈액 순환을 위해 적어도 30분에 한 번은 일어나 돌아다니는 것이 좋다. 조금이라도 도움을 주기 위해 일어섰다가 앉아서 하는 운동을 마련했다. 342쪽을 참고하기 바란다. 그전에 우선 3가지 종류의 운동 프로그램을 살펴보자. 의자에 발이 묶여 있을 때 앉아서 하는 운동 프로그램, 일어서서 하는 운동 프로그램, 앉았다가 일어서고, 일어섰다가 앉아서 하는 운동 프로그램이다.

앉아서 하는 운동 프로그램

운동 프로그램 1

01/ 앉아서 천사 날개 호흡(182쪽)
02/ 앉아서 빠르게 몸풀기(251쪽)
03/ 앉은 자세에서 고양이(146쪽)
04/ 앉아서 창문 자세로 문 열기(238쪽)
05/ 앉아서 허리 비틀기(153쪽)
06/ 앉아서 가슴 확장(191쪽)
07/ 앉아서 옆으로 내려가기(161쪽)
08/ 앉아서 미주신경 긴장도 호흡(175쪽)

운동 프로그램 2

운동 프로그램 2에는 한쪽 팔로 문 열기 동작이 있다. 기억해야 할 점은 척추 회전을 통제해야 한다는 것이다.

01/ 앉아서 한쪽 폐로 호흡하기×2(176쪽)
02/ 앉아서 빠르게 몸풀기×2(251쪽)
03/ 앉아서 옆으로 내려가기×2(161쪽)
04/ 앉아서 무릎 돌리기×2(113쪽)
05/ 앉아서 한쪽 팔로 문 열기×2(213쪽)
06/ 앉은 자세에서 활과 화살×3(157쪽)
07/ 앉은 자세에서 고양이×2(146쪽)
08/ 박스 호흡×1(174쪽)

운동 프로그램 4

01/ 앉아서 갈비뼈를 밀면서 호흡하기(184쪽)

02/ 앉아서 빠르게 몸풀기(251쪽)

03/ 앉은 자세에서 활과 화살(157쪽)

04/ 앉아서 무릎 돌리기, 무릎 열기와 지그재그(118쪽)

05/ 앉은 자세에서 고양이(146쪽)

06/ 앉아서 옆으로 내려가기(161쪽)

07/ 앉아서 창문 자세로 문 열기(238쪽)

08/ 앉아서 가슴 확장(191쪽)

운동 프로그램 3

01/ 앉아서 360도 헌드레드 호흡(180쪽)

02/ 앉아서 한쪽 팔 띄우기(132쪽)

03/ 앉아서 제자리 걷기(246쪽)

04/ 앉아서 무릎 열기(107쪽)

05/ 앉은 자세에서 고양이(146쪽)

06/ 앉아서 허리 비틀기(153쪽)

07/ 앉아서 옆으로 내려가기(161쪽)

08/ 앉아서 미주신경 긴장도 호흡(175쪽)

운동 프로그램 5

01/ 앉아서 코로 나선형 그리기(232쪽)

02/ 앉아서 천사 날개(182쪽)

03/ 앉아서 빠르게 몸풀기(251쪽)

04/ 앉아서 허리 비틀기(153쪽)

05/ 앉은 자세에서 고양이(146쪽)

06/ 앉아서 한쪽 팔로 문 열기(213쪽)

07/ 앉아서 옆으로 내려가기(161쪽)

08/ 박스 호흡(174쪽)

일어서서 하는 운동 프로그램

운동 프로그램 1

01/ 일어서서 빠르게 몸풀기(248쪽)
02/ 일어서서 팔로 원 그리기(136쪽)
03/ 제자리 걷기 스쿼트(281쪽)
04/ 일어선 자세에서 고양이(149쪽)
05/ 엇갈린 자세로 허리 비틀기(194쪽)
06/ 런지 자세에서 옆으로 내려가기(286쪽, 161쪽)
07/ 일어서서 창문 자세로 문 열기(238쪽)
08/ 일어서서 뒤로 굽히기(167쪽)
09/ 가슴 확장(191쪽)

운동 프로그램 2

01/ 천사 날개 호흡(182쪽)
02/ 제자리에서 걷기(244쪽)
03/ 허리 비틀기(153쪽)
04/ 일어선 자세에서 고양이(149쪽)
05/ 옆으로 내려가기(161쪽)
06/ 굽히고 펴면서 문 열기(215쪽)
07/ 스키 스쿼트(283쪽)
08/ 롤 다운(169쪽)

운동 프로그램 3

01/ 일어서서 빠르게 몸풀기(248쪽)
02/ 가슴 확장(191쪽)
03/ 흉곽 닫기를 하면서 스쿼트(130쪽, 279쪽)
04/ 일어선 자세에서 고양이(149쪽)
05/ 엇갈린 자세로 팔로 원 그리며 비틀기(196쪽)
06/ 롤 다운(169쪽)
07/ 흉곽 닫기를 하면서 다이내믹 런지(130쪽, 292쪽)
08/ 일어서서 박스 호흡(174쪽)

운동 프로그램 4

01/ 갈비뼈를 밀면서 호흡하기(184쪽)
02/ 제자리 걷기 스쿼트(281쪽)
03/ 일어서서 팔로 원 그리기(136쪽)
04/ 일어선 자세에서 고양이(149쪽)
05/ 고정 런지 자세에서 허리 비틀기(286쪽, 153쪽)
06/ 옆으로 내려가기(161쪽)
07/ 문 열기(212쪽)
08/ 롤 다운(169쪽)

운동 프로그램 4

운동 프로그램 5

01/ 일어서서 빠르게 몸풀기×2(248쪽)

02/ 일어서서 창문 자세로 문 열기×4(238쪽)

03/ 일어선 자세에서 고양이×2(149쪽)

04/ 일어서서 옆구리 늘이기×2(189쪽)

05/ 엇갈린 자세로 팔로 원 그리며 비틀기×2(196쪽)

06/ 스키 스쿼트×1(283쪽)

07/ 일어서서 뒤로 굽히기×2(167쪽)

08/ 커트시 스쿼트×2(289쪽)

09/ 가슴 확장×2(191쪽)

앉았다가 일어서기/일어섰다가 앉기 Sit to Stand/Stand to Sit, STS

여기에서 소개하는 5개의 운동 프로그램에는 앉아서 하는 운동과 일어서서 하는 운동이 모두 포함되어 있다. 가장 중요한 것은 앉았다가 일어서고, 일어섰다가 앉아서 하는 운동이다. 둔근은 앉았다가 일어서는 동작에서 매우 중요하다. 이 커다란 근육은 운동 중에 마이오카인(호르몬)을 분비하는 주요 골격근 중 하나다. 마이오카인은 근육이 수축하는 동안 혈액으로 몰래 들어가 당뇨병과 비만과 같은 대사질환은 물론이고 염증과 싸우는 데 도움을 준다.

시작하기 전에 우선 일어서고 다시 앉는 방법을 정확히 익혀야 한다. 여기에서 소개하는 운동 프로그램을 할 때는 자기 자신에게 친절해지도록 하자. 연습을 거듭하면 완벽해지겠지만, 그래도 여전히 어렵다면 엉덩이 밑에 쿠션(앉아서 하는 동작을 할 때는 제거해야 한다)을 놓아 몸을 높여주거나 더 높은 의자를 사용하도록 하자.

주의: 운동 프로그램 5가 가장 어렵다. 의자가 흔들리거나 밀리지 않아야 한다.

먼저 엉덩이를 의자 앞쪽으로 '걸어오게' 하는 것부터 시작한다. 자세 정렬을 확인할 수 있는 시간을 갖도록 하자.

빠르게 점검하기

- 머리는 척추의 가장 위에서 가운데에 두고 균형을 잡는다.
- 흉곽은 골반 위에 둔다.
- 척추의 자연스러운 곡선을 유지한다.
- 어깨 긴장을 푼다.

- 체중은 양쪽 좌골에 똑같이 싣는다.

팔 모양

팔 모양은 다음과 같이 다양하다.

01/ 양쪽 팔을 몸 옆에 길게 늘어뜨린다.

02/ 양팔을 가슴 위에서 교차시킨다. 이때 쇄골은 계속 넓게 펴준다.

03/ 양팔을 어깨높이 바로 아래에 오도록 몸 앞으로 뻗는다.

04/ 양팔을 몸 옆에 두고 손바닥은 안쪽이나 뒤쪽을 향하게 둔다. 그런 다음, 일어나면서 팔을 뒤로 보낸다. 이 자세를 '스키 스쿼트 팔 자세Ski Squat arms'라고 부른다.

하지 않았으면 하는 행동 한 가지는 팔걸이를 이용해 올라가는 것이다. 그건 속임수다.

시작 자세

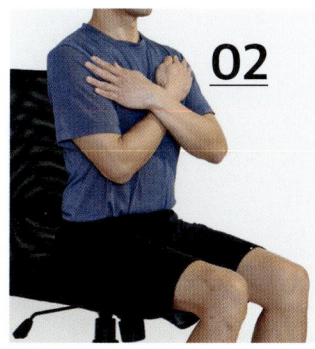
02

03

04

발 모양

운동 목적에 따라 발 모양은 여러 가지로 달라질 수 있다.

01/ 발은 무릎과 일직선, 무릎은 엉덩이와 일직선을 유지한다. 53쪽에서 소개한 올바른 정렬을 다시 확인해보자.

02/ 발을 골반 너비로 평행하게 벌린 뒤 땅에 완전히 붙여준다.

03/ 발을 골반 너비로 평행하게 벌린 뒤 한쪽 발 뒤꿈치를 들어 올린다.

04/ 두 발을 뒤로 살짝 옮겨 의자 아래에 둔다. 그러면 양발 앞꿈치로 딛게 된다.

05/ 한쪽 발을 반대쪽 발 살짝 뒤에 두어 엇갈린 자세를 만들고, 뒤쪽에 있는 발앞꿈치로 딛는다.

06/ 동작을 좀 더 어렵게 만들려면, 체중을 한쪽 발로 옮기면 된다. 한쪽 다리로 앉았다가 일어서는 동작을 하는 것은 매우 어려우므로, 한쪽 발뒤꿈치를 들어 올려 체중을 발앞꿈치(와 발가락)에 싣도록 하자. 그런 다음, 발바닥을 완전히 바닥에 붙이고 있는 반대쪽 발에 체중을 약간 이동시키자. 일어설 때(혹은 다시 앉을 때) 땅에 완전히 붙이고 있는 발로 올라가고 내려오게 될 것이다.

07/ 발가락을 넓게 벌려 사용한다.

08/ 양쪽 다리가 고르게 운동이 되려면, 앉았다가 일어서는 운동을 할 때 양쪽 발을 번갈아 가며 뒤로 보내야 한다.

09/ 일단 일어서면 발 모양을 바꿔야 할 때도 있

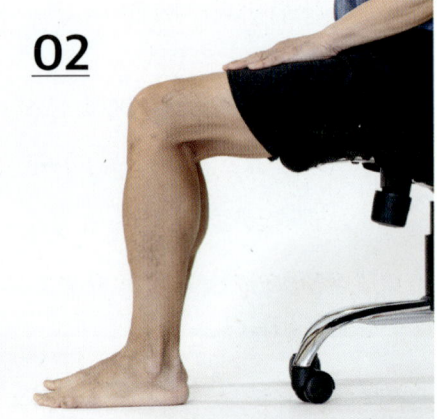

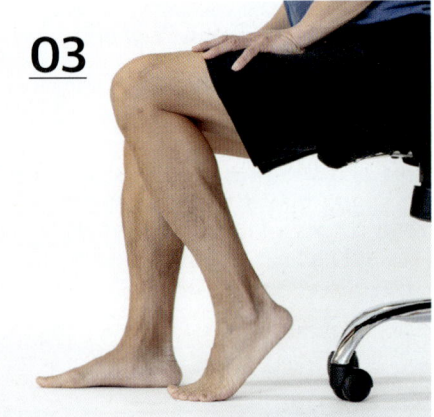

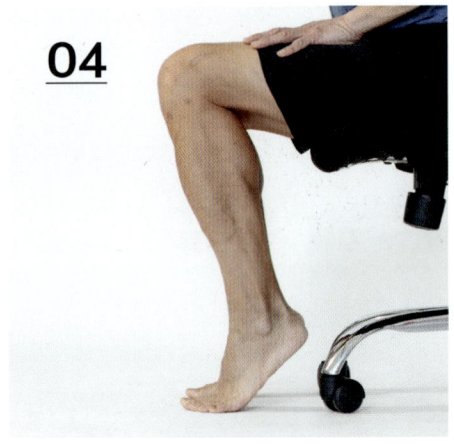

다. 그 내용은 조금 복잡하다. 좀 더 쉽게 설명하고 글자를 기울여 표기했으니 주의 깊게 읽어보기 바란다.

발 모양에 꽤 많은 부분을 할애했는데, 그만큼 발 모양은 매우 중요하다.

마지막으로, 힙 힌지와 앉았다가 일어서는 동작이다. 힙 힌지에 대한 설명은 125쪽에 실려 있다. 빠르게 살펴보자.

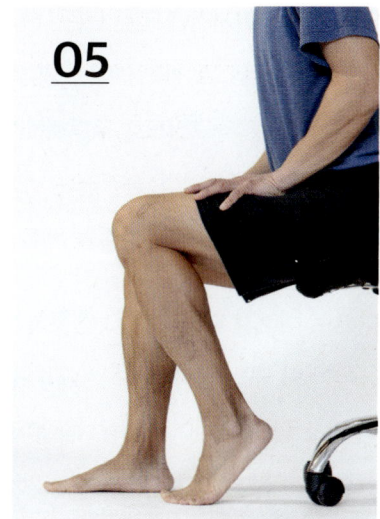

- 길게 늘인 척추를 직선(그렇지만 자연스러운 곡선은 유지)으로 된 하나의 덩어리로 움직인다.

- 머리, 흉곽, 골반을 일직선으로 유지한다.

- 머리를 떨어뜨리거나 뒤로 기울이지 않는다.

- 경첩을 움직이듯 골반에서부터 앞으로 기울인다.

- 스쿼트 자세로 올라가기 전에 힙 힌지 동작에서 코가 발가락 위로 와야 한다. 그렇지 않으면 일어서는 것이 불가능할 것이다.

- 힘을 줄 때는 허벅지 근육(물론 허벅지 근육도 쓰이겠지만!)보다 둔근을 사용하자. 둔근을 인지하고 둔근에게 일을 시키자! 만약 둔근이 일하지 않는다면 위로 올라갈 때 둔근을 쥐어짜도록 하자.

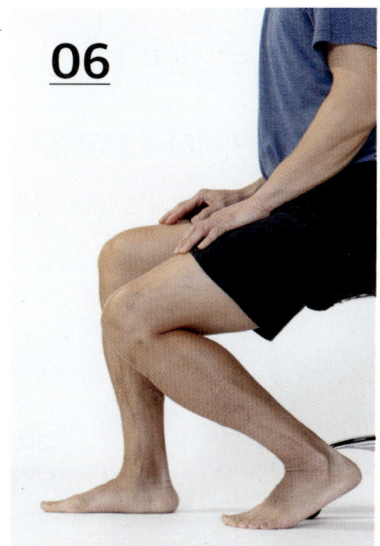

앉았다가 일어서기에 관한 모든 내용이 일어섰다가 앉기에 똑같이 적용되지만, 허벅지 근육은 전혀 다르게 쓰인다. 아래로 내려갈 때는 허벅지 근육을 길게 늘인다. 앉는 동작은 무릎에 무리가 되기 때문에 더 어려울 수도 있다. 그러므로 무릎뼈(슬개골)가 올바른 길로 움직일 수 있도록 다리 정렬을 올바르게 하는 것이 무엇보다 중요하다. 슬개골은 제대로 작동하면 대퇴골의 끝부분 근처에 있는 홈에 미끄러지듯 부드럽게 들어갈 것이다. 올바른 길을 아주 조금이라도 벗어난다면 통증과 부기가 발생할 수도 있다.

아래로 내려갈 때는 천천히 정확하게 몸을 통제해야 한다. 앉았다가 일어서기/일어섰다가 앉기(STS/STS) 동작을 할 때는 반복할 수도 있고, 한 번만 할 수도 있다. 엇갈린 자세로 운동을 할 때는 한쪽 발을 편애하지 말고 앞으로 내미는 발을 번갈아가며 사용하자. 발 모양이 바뀔 수도 있으므로 일어섰다가 다시 앉을 때는 앉기 전에 의자가 여전히 그곳에 있는지 반드시 확인하자!

운동 프로그램 1

양발을 골반 너비로 평행하게 벌리고 시작한다.

01/ 앉은 자세에서 고양이(146쪽)

02/ 앉아서 빠르게 몸풀기(251쪽)

오른발을 뒤로 옮기고 발뒤꿈치를 들어 올린다.

03/ 힙 힌지로 일어서기(125쪽). 뒤에 두는 발을 번갈아가며 STS/STS 동작을 최대 6번 반복한다. 그런 다음, 일어선 자세를 유지한다.

발을 엇갈리게 둔다.

04/ 엇갈린 자세로 팔로 원 그리며 비틀기(196쪽). 4번 반복한 뒤 발을 바꾼다.

양발을 어깨너비로 벌리고 평행하게 벌린다.

05/ 옆으로 내려가기(161쪽)

발을 다시 골반 너비로 벌린다.

06/ 제자리에서 걷기(244쪽)

왼발을 뒤에 옮기고 발뒤꿈치를 들어 올린다.

    07/ 스키 스쿼트로 다시 앉기(283쪽). 스키 스쿼트 자세로 STS/STS를 4번 반복한다.

    08/ 앉아서 박스 호흡(174쪽)

다음에 이 운동 프로그램을 할 때는 왼발/오른발을 바꾼다.

운동 프로그램 2

양발을 골반 너비로 평행하게 벌리고 시작한다.

    01/ 앉아서 창문 자세로 문 열기(238쪽)

왼발 뒤꿈치를 들어 올린다. 체중을 오른발로 옮긴다.

    02/ 힙 힌지로 일어서기(125쪽). 뒤에 두는 발을 번갈아가며 STS/STS 동작을 최대 6번 반복한다. 그런 다음, 일어선 자세를 유지한다.

이제 양발을 모두 땅에 붙이고 골반 너비로 벌린다.

    03/ 일어선 자세에서 고양이(149쪽)

    04/ 제자리 걷기 스쿼트(281쪽)

    05/ 일어선 자세에서 활과 화살(157쪽)

양발을 교차시킨다.

    06/ 일어서서 옆구리 늘이기(189쪽)

양발을 다시 골반 너비로 벌린 뒤 오른발 뒤꿈치를 들어 올리고, 체중을 왼발로 옮긴다.

    07/ 스쿼트로 앉기(279쪽). STS/STS 스쿼트를 4번 반복한다.

    08/ 앉아서 미주신경 긴장도 호흡(175쪽)

다음에 이 운동 프로그램을 할 때는 왼발/오른발을 바꾼다.

운동 프로그램 3

이제 어떻게 해야 할지 잘 알고 있을 것이다.

    01/ 앉아서 가슴 확장(191쪽)

    02/ 앉아서 빠르게 몸풀기(251쪽)

오른발을 뒤에 두고 발뒤꿈치를 들어 올린다. 이번에는 체중을 양쪽 발에 똑같이 싣는다.

    03/ 양팔을 교차시킨 뒤 힙 힌지로 일어서기(125쪽)

발은 골반 너비로 벌리고 평행하게 둔다.

    04/ 일어선 자세에서 고양이(149쪽)

    05/ 팔로 원 그리며 다이내믹 런지(292쪽)

양발을 어깨너비로 벌린다.

    06/ 옆으로 내려가기(161쪽)

양발을 다시 골반 너비로 벌린다.

    07/ 허리 비틀기(153쪽)

왼발을 뒤에 두고 발뒤꿈치를 들어 올린다. 체중은 양쪽 발에 똑같이 싣는다.

    08/ 양팔을 교차시킨 뒤 스쿼트로 앉기(279쪽)

다음에 이 운동 프로그램을 할 때는 왼발/오른발을 바꾼다.

운동 프로그램 4

01/ 앉아서 박스 호흡(174쪽)

02/ 앉아서 빠르게 몸풀기(251쪽)

양발을 평행하게 둔 뒤 오른발 뒤꿈치를 들어 올리고, 체중의 대부분을 왼발로 옮긴다.

03/ 힙 힙지로 일어서기(125쪽). 뒤에 두는 발을 번갈아가며 STS/STS 동작을 6번 반복한다.

양발을 모두 땅에 붙인다.

04/ 일어선 자세에서 활과 화살(157쪽)

양발을 교차시킨다.

05/ 일어서서 옆구리 늘이기(189쪽)

양발을 다시 골반 너비로 평행하게 벌린다.

06/ 가슴을 확장하며 스쿼트(191쪽, 279쪽)

07/ 일어선 자세에서 고양이(149쪽)

양발을 평행하게 둔 뒤 왼발 뒤꿈치는 들어 올리고, 체중의 대부분을 오른발로 옮긴다.

08/ 스쿼트로 앉기(279쪽). 뒤에 두는 발을 번갈아가며 STS/STS 동작을 최대 6번 반복한다.

다음에 이 운동 프로그램을 할 때는 왼발/오른발을 바꾼다.

운동 프로그램 5

살짝 더 길고 더 어려운 운동 프로그램이다.

01/ 앉아서 360도 헌드레드 호흡(180쪽)

02/ 앉아서 제자리 걷기(246쪽)

오른발 뒤꿈치를 뒤에 두고 발뒤꿈치를 들어 올린다. 체중은 양쪽 발에 똑같이 싣는다.

03/ 힙 힌지(125쪽)로 일어서다가 중간에 멈춘다. 이 자세를 유지하고(호흡을 멈추지는 않는다) 천천히 다섯을 센 뒤 마저 일어선다. 뒤에 두는 발을 번갈아가며 STS/STS 동작을 최대 3번 반복한다.

발을 엇갈리게 둔다.

04/ 엇갈린 자세로 허리 비틀기(153쪽). 4번 반복한 뒤 발을 바꾼다.

두 발을 골반 너비로 벌린 뒤 평행하게 둔다.

05/ 일어선 자세에서 고양이(149쪽)

양발을 어깨너비로 벌린다.

06/ 옆으로 내려가기(161쪽)

양발을 골반 너비로 벌린다.

07/ 천사 날개 호흡(182쪽)

왼발을 뒤에 두고 발뒤꿈치를 들어 올린다.

08/ 스쿼트(279쪽)로 앉다가 중간에 멈춘다. 이 자세를 유지하고 천천히 다섯을 센 뒤 마저 앉는다. 뒤에 두는 발을 번갈아가며 STS/STS 동작을 최대 6번 반복한다.

09/ 앉아서 미주신경 긴장도 호흡(175쪽)

다음에 이 운동 프로그램을 할 때는 왼발/오른발을 바꾼다.

나아가… 정렬을 완벽하게 유지하며 앉았다가 일어서고, 일어섰다가 앉는 동작을 할 수 있게 되면 팔 동작을 추가할 수도 있다.

예를 들면, 흉곽 닫기(130쪽), 팔로 원 그리기(136쪽), 천사 날개 호흡(182쪽), 혹은 균형 잡기 운동을 추가한다. 위로 올라가는 동작을 할 때는 발가락으로 서서 위로 올라간다.

저녁 운동 프로그램

저녁이 되면 힘과 유연성에 초점을 맞추어 더 열심히 운동하고 싶은 날이 있다. 또 너무 힘든 하루를 보내 몸을 이완시켜주는 차분한 운동을 하고 싶은 날도 있다. 두 종류 모두 준비했다.

힘과 유연성 운동 프로그램

운동 프로그램 1

01/ 이완 자세: 턱 당기기와 목 돌리기(66쪽)

02/ 팔로 원 그리며 척추 말기(139쪽)

03/ 골반 돌리기(159쪽)

04/ 사선으로 컬 업(198쪽)

05/ 롤 업을 위한 준비 운동(310쪽)

06/ 한쪽 다리 늘이기(307쪽)

07/ 등으로 호흡하며 풀 코브라 동작 후 휴식 자세(177쪽, 305쪽)

08/ 옆으로 차기 시리즈: 앞과 뒤(275쪽)

09/ 갈비뼈 돌리며 인어(220쪽)

10/ 흉곽 닫기를 하며 다이내믹 런지(130쪽, 292쪽)

운동 프로그램 2

01/ 이완 자세: 목으로 무지개 모양 그리기(230쪽)

02/ 창문 자세로 척추 말기(236쪽, 139쪽)

03/ 척추 회전시키기(234쪽)

04/ 헌드레드와 롤 업을 위한 준비 운동(310쪽)

05/ 의자 들어 올리기(277쪽)

06/ 팔을 밀고 한쪽 발뒤꿈치를 차면서 코브라 준비 운동 후 휴식 자세(302쪽)

07/ 테이블 탑 탭(265쪽)

08/ 무릎으로 서서 옆으로 내려가기 심화 버전(294쪽)

09/ 커트시 스쿼트(289쪽)

10/ 롤 다운(169쪽)

운동 프로그램 3

01/ 흉곽 닫기를 하며 스쿼트(130쪽, 279쪽)
02/ 이완 자세: 코로 나선형 그리기(232쪽)
03/ 파도(254쪽)
04/ 헌드레드(318쪽)
05/ 옆으로 누운 자세에서 활과 화살(155쪽)
06/ 다트 자세로 거수경례하며 옆으로 굽히기 (227쪽)
07/ 엇갈린 자세로 고양이 동작 후 휴식 자세 (145쪽)
08/ 등으로 호흡하며 휴식 자세(177쪽)
09/ 백 브릿지 자세로 내려가기(298쪽)
10/ 가슴 확장하며 다이내믹 런지(191쪽, 292쪽)

운동 프로그램 4

01/ 이완 자세: 코로 나선형 그리기(232쪽)
02/ 흉곽 닫기를 하며 척추 말기(130쪽, 139쪽)
03/ 갈비뼈 돌리며 사선으로 말기(200쪽)
04/ 한쪽 다리 늘이기(307쪽)
05/ 사이드 프레스 업(316쪽)
06/ 오이스터(122쪽)
07/ 다트로 별 모양(299쪽)
08/ 흔들 고양이 동작 후 휴식 자세(261쪽)
09/ 인어(217쪽)
10/ 제자리 걷기 스쿼트(281쪽)

운동 프로그램 5

01/ 이완 자세: 턱 당기기와 목 돌리기(66쪽)
02/ 팔로 원 그리며 척추 말기(139쪽)
03/ 갈비뼈 돌리며 골반 돌리기(202쪽)
04/ 헌드레드와 롤 업을 위한 준비 운동(310쪽)
05/ 헌드레드(318쪽)
06/ 다트 자세로 거수경례하며 옆으로 굽히기 (227쪽)
07/ 흔들 고양이 동작 후 휴식 자세(261쪽)
08/ 한쪽 다리 앞으로 당기기 준비 운동(272쪽)
09/ 엇갈린 자세로 팔로 원 그리며 비틀기 (196쪽)
10/ 롤 다운(169쪽)

운동 프로그램 6

01/ 이완 자세: 턱 당기기와 목 돌리기(66쪽)
02/ 팔로 원 그리며 척추 말기(139쪽)
03/ 양쪽 무릎 열며 컬 업(259쪽)
04/ 헌드레드와 롤 업을 위한 준비 운동(310쪽)
05/ 풀 코브라 동작 후 휴식 자세(305쪽)
06/ 바늘 꿰기 스트레칭 심화 버전(210쪽)
07/ 백 브릿지 자세로 내려가기(298쪽)
08/ 의자 들어 올리기(277쪽)
09/ 옆으로 내려가기(161쪽)
10/ 흉곽 닫기를 하며 다이내믹 런지(130쪽, 292쪽)

운동 프로그램 7

01/ 가슴 확장×2(191쪽)

02/ 제자리 걷기 스쿼트×2(281쪽)

03/ 파도×2(254쪽)

04/ 헌드레드×2(318쪽)

05/ 다트 자세로 거수경례하며 옆으로 굽히기(227쪽)

06/ 흔들 고양이 동작 후 휴식 자세×4(261쪽)

07/ 한쪽 다리 앞으로 당기기 준비 운동×3(272쪽)

08/ 고정 런지 자세에서 허리 비틀기(286쪽, 153쪽)

09/ 롤 다운×2(169쪽)

이완 운동 프로그램

잠들기 전에 할 수 있는 완벽한 운동 프로그램이다. 운동을 마무리할 때쯤에는 편안한 밤을 보내는 방법을 알게 될 것이다.

운동 프로그램 1

01/ 한쪽 폐로 호흡하기(176쪽)
02/ 어깨 떨어뜨리기×2(127쪽)
03/ 팔로 원 그리며 척추 말기×2(139쪽)
04/ 갈비뼈 돌리며 골반 돌리기×2(202쪽)
05/ 고양이 동작 후 휴식 자세×2(142쪽, 177쪽)
06/ 바늘 꿰기 스트레칭×2(208쪽)
07/ 무릎으로 서서 옆으로 내려가기 심화 버전 ×2(294쪽)
08/ 롤 다운×2(169쪽)

운동 프로그램 2

01/ 천사 날개 호흡(182쪽)
02/ 인어(217쪽)
03/ 이완 자세: 코로 나선형 그리기(232쪽)
04/ 척추 회전시키기(234쪽)
05/ 코브라 준비 운동(165쪽)
06/ 엇갈린 자세로 고양이 동작 후 휴식 자세 (145쪽, 177쪽)
07/ 돌면서 원 그리기(241쪽)
08/ 이완 자세: 미주신경 긴장도 호흡(175쪽)

운동 프로그램 3

01/ 이완 자세: 목으로 무지개 모양 그리기 (230쪽)
02/ 흉곽 닫기를 하며 척추 말기(130쪽, 139쪽)
03/ 무릎 돌리기, 무릎 열기와 지그재그(116쪽)
04/ 갈비뼈 돌리며 골반 돌리기(202쪽)
05/ 다트 자세로 거수경례하며 옆으로 굽히기 (227쪽)
06/ 고양이 동작 후 휴식 자세(142쪽, 177쪽)
07/ 옆으로 차기 시리즈: 앞과 뒤(275쪽)
08/ 옆구리 늘이기, 미주신경 긴장도 호흡 추 가(187쪽, 175쪽)

운동 프로그램 4

01/ 이완 자세: 턱 당기기와 목 돌리기(66쪽)
02/ 무릎 돌리기, 무릎 열기와 지그재그(116쪽)
03/ 엇갈린 자세로 척추 말기(141쪽)
04/ 다이아몬드 프레스(163쪽)
05/ 등으로 호흡하며 고양이 동작 후 휴식 자 세(142쪽, 177쪽)
06/ 돌면서 원 그리기(241쪽)
07/ 앉아서 옆으로 내려가기(161쪽)
08/ 앉아서 미주신경 긴장도 호흡(175쪽)

운동 프로그램 5

01/ 이완 자세: 창문(236쪽)

02/ 척추 회전시키기(234쪽)

03/ 무릎 돌리기, 무릎 열기와 지그재그(116쪽)

04/ 풀 스타(269쪽)

05/ 흔들 고양이 동작 후 휴식 자세(261쪽)

06/ 옆으로 누운 자세에서 활과 화살(155쪽)

07/ 인어(217쪽)

08/ 앉거나 이완 자세: 한쪽 폐로 호흡하기 (176쪽)

운동 프로그램 6

01/ 다리 밀어내기 동작을 하며 흉곽 닫기 (106쪽, 130쪽)

02/ 무릎을 접고 뻗기(112쪽)

03/ 파도(254쪽)

04/ 팔을 밀고 한쪽 발뒤꿈치를 차면서 코브라 준비 운동 후 휴식 자세(302쪽)

05/ 바늘 꿰기 스트레칭(208쪽)

06/ 앉아서 옆으로 내려가기(161쪽)

07/ 돌면서 원 그리기(241쪽)

08/ 이완 자세: 천사 날개 호흡(182쪽)

운동 프로그램 7

01/ 이완 자세: 엇갈리게 어깨 떨어뜨리기 (128쪽)

02/ 팔로 원 그리며 척추 말기(139쪽)

03/ 갈비뼈 돌리며 골반 돌리기(202쪽)

04/ 옆으로 차기 시리즈: 앞과 뒤(275쪽)

05/ 다이아몬드 프레스(163쪽)

06/ 고양이 동작 후 휴식 자세(142쪽, 177쪽)

07/ 인어(217쪽)

08/ 앉거나 이완 자세: 미주신경 긴장도 호흡 (175쪽)

운동 프로그램 1

마음 챙김 필라테스

이번에는 척추 말기 동작에 마음 챙김을 더해보자. 똑같은 '공식'을 골반 돌리기(159쪽), 옆으로 내려가기(161쪽), 허리 비틀기(153쪽), 고양이(142쪽), 기립(81쪽)과 같은 다른 운동에 적용할 수 있다. 여러 가지 동작이 섞인 복잡한 운동보다는 다음 순서를 걱정할 필요 없는, 간단한 동작으로 이루어진 운동을 추천한다.

마음 챙김 필라테스 기술을 만드는 데 도움을 준 나의 친구이자 동료인 브렌턴 소저너^{Brenton Surgenor}에게 깊은 감사의 인사를 전한다.

마음 챙김을 더한 척추 말기

자신의 모든 감각을 사용하라. 듣고, 보고, 냄새 맡고, 맛보고, 느끼고, 감지하고, 지금 이 순간에만 온전히 집중하라. 우선 이완 자세(61쪽)를 취한다. 양발을 땅에 잘 둔 뒤 천장을 향해 슬개골을 띄운다. 양팔은 몸 옆에 길게 늘이고, 손바닥은 아래를 향하게 한다.

주목할 점

- 마음 상태
- 가지고 있는 생각이나 느낌
- 호흡의 리듬
- 숨을 들이마시고 내쉬는 사이의 순간
- 숨을 들이마실 때 움직이는 신체 부위와 숨을 내쉴 때 움직이는 신체 부위
- 바닥에 느껴지는 몸의 무게
- 바닥에서 무겁게 느껴지는 신체 부위와 가볍게 느껴지는 신체 부위
- 양발에 느껴지는 무게
- 골반에 느껴지는 무게
- 흉곽에 느껴지는 무게
- 머리에 느껴지는 무게

어떠한 판단도 내리지 말고 지금 이 순간의 생각과 느낌에, 호흡에, 몸에 주목한다.

긴장한 부분이 있는가? 균형 잡힌 느낌이 드는가? 몸의 정렬에서 바꾸고 싶은 부분을 생각해보자. 지금 자신이 어디에 있는지 관찰하자. 자신에게 너그러운 마음으로 몸에 남은 긴장을 풀고 좀 더 균형을 잡을 수 있도록 해보자.

자신의 몸을 의식한다.

01/ 천천히, 편안하게 숨을 들이마시며 골반을 의식한다.

02/ 숨을 내쉬며 꼬리뼈를 말아 바닥에서 떼어 내고, 척추를 분절하여 어깨뼈 아랫부분까지 말아 올린다. 이때 무릎은 골반, 어깨와 일직선이 되어야 한다.

03/ 편안하게 숨을 들이마시며 어깨에서부터 골반을 지나 무릎까지 몸의 길이를 의식한다. 바닥에 놓인 발에 느껴지는 무게와 무릎과 골반, 무릎과 발의 관계에 주목한다.

04/ 숨을 내쉬며 척추를 길게 늘이면서 천천히 마디마디 말아 내린다. 시작 자세로 돌아간다.

몸에서 어떠한 감각이 느껴졌는가? 매번 반복할 때마다 동일한 감각이 느껴졌는가, 아니면 느껴지는 감각이 달라졌는가? 느낀 감각들과 변화를 기억하자.

이 동작을 2번 반복한다.

다시 자신의 몸을 의식한다.

주목할 점

- 바닥에 있는 자신의 몸과 몸에서 느껴지는 감각

- 호흡 상태

- 마음 상태와 어떠한 생각과 감정

어떠한 판단도 내리지 말고 지금 이 순간 몸에서 느껴지는 감각과 호흡, 생각과 감정에 주목한다.

건강한 심장을 위한 심혈관 운동

건강을 유지하기 위해서는 심장 역시 다른 근육과 마찬가지로 규칙적인 운동이 필요하다. 여기에서 운동은 심혈관 운동을 의미한다. 필라테스는 몸을 가꿀 수 있는 훌륭한 운동이지만, 헌드레드 동작과 팔도 함께 움직이는 다이내믹 런지, 스쿼트 동작들을 제외하면 심혈관 운동은 아니다. 건강한 심장을 위해서는 각자의 일정표에 심혈관 운동을 추가해야 한다.

심혈관, 혹은 유산소 운동은 몸 전체, 특히 다리와 같은 큰 근육을 움직이는 운동이다. 심혈관, 혹은 유산소 운동을 하게 되면 근육을 움직이기 위해 산소가 필요하다. 유산소 운동으로 건강해지면 몸은 훨씬 효율적으로 산소를 운반할 수 있게 된다.

심혈관 운동이 건강에 미치는 주요 이점들은 다음과 같다.

- 심장, 폐, 순환계를 더 건강하게 만든다.
- 심장병의 위험을 줄여준다.
- 혈압을 낮춰준다.
- 혈중 콜레스테롤과 중성지방 수치가 개선된다.
- 기분이 좋아지는 호르몬인 엔도르핀을 분비하고, 그 결과 스트레스 수치가 내려가고 우울증에 도움이 된다.
- 근력을 높인다.
- 체중 관리에 도움이 된다.

세계보건기구의 건강 가이드라인

세계보건기구는 의학적으로 문제가 없는 18~64세 성인의 경우, 매주 150~300분의 중강도 운동이나 75~150분의 고강도 운동을 권장한다. 또한 이틀 이상 주요 근육들을 모두 움직이는 근력 운동을 권장한다. 이전의 권장 사항보다 시간이 훨씬 길어졌다. 65세 이상인 경우에도 운동량은 동일하며, 낙상을 예방하고 신체의 전반적인 기능을 향상시키기 위해 적어도 일주일에 3번은 기능적 균형 운동과 근력 운동을 추가해야 한다.

어린이와 청소년을 위한 가이드라인은 매주가 아닌 매일에 관한 내용이다. 매일 한 시간의 중고강도 운동과 더불어 일주일에 3번 근력 운동을 권장한다. 아기들은 매일 30분간 배밀이 연습을 해야 한다!

할 수 있는 신체 활동의 종류는 매우 많다. 절망하지 말고 여러분의 하루에 유산소 활동을 서서히 늘려나가자. 같은 방식으로 근력 운동 또한 늘려나가야 한다.

중강도의 유산소 활동

- 빠르게 걷기
- 수중 에어로빅
- 평평한 땅이나 언덕이 거의 없는 곳에서 자전거 타기
- 복식 테니스
- 하이킹
- 스케이트보드 타기
- 롤러블레이드 타기
- 배구
- 농구
- 무용

고강도의 유산소 활동

- 조깅이나 러닝
- 빠르게 수영하기
- 자전거를 빠르게 타거나 언덕에서 타기
- 단식 테니스
- 스쿼시
- 축구

- 럭비
- 줄넘기
- 하키
- 에어로빅
- 체조
- 무술

부수적인 유산소 활동

자신에게 가장 적합한 것이 무엇인지 결정해야 한다. 중간 강도의 운동과 고강도의 운동을 섞을 수도 있고, 부수적인 활동으로 움직일 수도 있으며, 철저한 계획하에 운동을 할 수도 있다. 이때 가능하면 부수적인 유산소 활동을 최대한 많이 하기를 바란다. 스스로 계속해서 동기 부여를 하기 위해 자신이 즐길 수 있는 활동을 선택하도록 하자.

알맞은 강도로 운동하기

심혈관 운동을 할 때 중요한 것은 심박수를 계속 확인하는 것이다. 우선 안정 시 심박수를 측정한다. 이 수치는 편안한 상태에서 1분간 심장이 뛰는 횟수를 의미한다. 심박수를 측정하기에 좋은 시간은 잘 자고 일어나 커피나 차를 마시기 전이다.

보통 사람들의 정상 심박수는 1분에 60~100회(bpm) 정도다. 그런데 심박수는 스트레스, 불안, 호르몬, 약물과 같은 요인들과 신체적으로 얼마나 활동적인지에 따라 달라질 수 있다. 몸이 건강한 상태라면, 심장 근육이 더 건강해지고 심장 박동을 일정하게 유지하기 위해 힘들게 일할 필요가 없으므로 심박수는 낮아질 것이다.

심박수 측정하기

- 엄지손가락과 가까운 손목 안쪽에서 맥박을 측정한다.
- 앞에 있는 2개의 손가락(엄지손가락 제외) 끝으로 동맥 위를 가볍게 누른다.
- 30초 동안 맥박을 측정한 뒤 2를 곱하면 분당 심박수를 알 수 있다.

다음 표는 각 연령의 목표 심박수를 정리한 것이다. 최대 심박수는 220에서 자신의 나이를 뺀 수와 비슷하다. 자신의 나이와 가장 가까운 나이를 찾아 목표 심박수를 찾아보자. 중강도의 활동을 하는 동안 목표 심박수는 최대 심박수의 50~70퍼센트 정도이고, 고강도의 활동을 하는 동안 목표 심박수는 최대 심박수의 70~85퍼센트 정도다. 이런 수치들은 평균값이므로 일반적인 가이드로 참고하자.

심박수가 너무 높다면 과도하게 운동을 하고 있다는 증거다. 심박수가 너무 낮고 운동 강도가 '약함'에서 '중간' 정도로 느껴진다면 좀 더 힘들게 운동을 해야 할 필요가 있다. 특히 체중 감량을 원하는 경우라면 말이다. 한동안 몸을 움직이지 않았다면 목표 심박수 구간에서 낮은 수치(50퍼센트)를 목표로 하고 점차 높여 나가도록 하자. 머지않아 최대 심박수의 85퍼센트에 도달해도 편안하게 운동할 수 있는 날이 올 것이다.

나이	목표 심박수 구간(50~85%)	평균 최대 심박수(100%)
20세	100~170bpm	200bpm
30세	95~162bpm	190bpm
35세	93~157bpm	185bpm
40세	90~153bpm	180bpm
45세	88~149bpm	175bpm
50세	85~145bpm	170bpm
55세	83~140bpm	165bpm
60세	80~136bpm	160bpm
65세	78~132bpm	155bpm
70세	75~128bpm	150bpm

부수적인 운동
— 한 걸음
한 걸음

자신의 하루에 부수적인 운동을 추가하는 방법은 수도 없이 많다. 한 가지 방법은 하루에 걷는 걸음 수를 늘리는 것이다. 하루(하루에 걸쳐)에 4,000보를 걸으면 건강이 좋아지기 시작할 것이다. 체력이 좋아지려면 7,000보 이상을 걸어야 하고, 살을 빼려면 10,000보 이상을 걸어야 한다.

걸을 때는 심박수를 올릴 수 있을 만큼 충분히 빠른 속도로 걸어야 한다. 그래야 유산소 운동을 했다고 말할 수 있다. 다시 말해, 한가롭게 공원을 산책하는 것으로는 충분하지 않다. 너무 천천히 걸으면 하루에 10,000보 이상을 걸었다 해도 심장을 건강하게 유지하는 데 필요한 유산소 운동의 양에는 미치지 못한다는 사실을 명심하자.

더 잘 걸어보자

평균적으로 인간은 평생 2억 1,600만 보를 걷는다고 한다. 지구를 5바퀴 정도 도는 셈이다! 걷는 데는 돈이 들지 않는다. 또한 몸에 부담을 주지 않으면서 신체 건강뿐 아니라 정신 건강에도 좋다는 사실이 증명되었다.

호흡, 일어서기, 앉기, 앉았다가 일어서기, 일어섰다가 앉기와 마찬가지로, 걷기 역시 스스로 걷는 방식을 고심하고 의식함으로써 더욱 좋아질 수 있다. 누구나 자신만의 걸음걸이를 가지고 있지만, 걷는 방식을 개선하는 데 도움이 되는 몇 가지 간단한 방법을 소개하도록 하겠다.

• 도움이 되는 신발을 신자. 이왕이면 발을 잘 움직일 수 있도록 밑창이 쉽게 구부러지는 신발이 좋다. 좋

은 신발 한 켤레로 모든 것이 달라질 것이다. 신발은 발에 전해지는 충격을 흡수하고 발목을 지탱하여 부상을 방지할 수 있어야 한다.

- 가방은 팔의 움직임을 제한하고 몸의 어느 한 부분에만 하중이 실리게 하므로 가능하면 메지 않는 것이 좋다. 꼭 메야 한다면 몸의 한가운데에 위치해 있을 수 있는 배낭이 가장 좋은데, 배낭을 좋아하지 않는 사람이 꽤 많다. 따라서 가방을 멜 때는 어깨를 번갈아가며 균형을 맞추도록 하자.

- 항상 몸을 꼿꼿하게 세우고 걷자. 구부정한 자세는 안 된다. 어깨는 뒤로 당기기보다는 긴장을 풀어야 한다. 배를 내밀고 다니라는 것은 아니지만, 걷는 동안 계속해서 코어 근육이 관여하는 것은 사실상 불가능하고, 그렇게 하려고 노력하면 움직임에 제약이 있을 수 있다. 이 책에서 제안하는 운동 프로그램의 목적은 의식적으로 노력을 기울이지 않고도 심부 코어 근육이 자연스럽게 일을 하도록 만드는 것이다. 또한 온종일 바른 자세를 유지할 수 있도록 지구력을 기르는 것이다. 머리는 흉곽 위에, 흉곽은 골반 위에 두고, 어깨는 긴장을 풀고 아래로 내린다. 그리고 몸을 꼿꼿이 세우고 서기 전에 잠시 시간을 갖자. 배운 내용을 떠올리며 부드럽게 코어 근육을 연결하자. 그런 다음 걸으면서 코어 근육의 긴장을 풀어주자. 언제든 배운 내용을 떠올려야 한다.

- 양팔은 '세차게 흔들기'보다는 자연스럽게 낮은 곡선을 그리며 흔들리게 두자. 세차게 흔들면 불필요한 긴장이 만들어질 수도 있다. 팔이 그리는 곡선은 빠르게 걸을수록 커질 것이다.

- 한 걸음마다 앞으로 나간 발과 반대쪽 팔이 똑바로 앞을 향해 움직여야 한다. 팔이 몸을 지나 사선으로 움직이면 안 된다. 그런 다음 앞으로 나간 발이 다시 뒤로 오면 반대쪽 팔이 뒤를 향해 똑바로 움직여야 한다. 걸으면서 흉곽과 골반은 자연스럽고 편안하게 회전해야 한다.

- 아래가 아닌 앞을 바라보자(매우 험난한 지형을 걷고 있는 경우는 제외). 아래를 바라보면 목과 척추 윗부분에 엄청난 부담을 주게 된다. 대략 3~6미터 앞을 주시하자. 머리는 눈의 방향을 따라가야 한다.

- 발동작도 상당히 중요하다. 발뒤꿈치로 땅을 디딘 다음, 뒤꿈치에서부터 발가락까지 발을 굴린 뒤 다시 뒤에 있는 발의 발가락의 아랫면을 떼고 앞으로 나아간다. 주의: 올바르게 나아가기 위해서는 엄지발가락 아랫면의 유연성을 유지하는 것이 매우 중요하다. 만약 이 관절이 잠기면 걸음걸이가 이상해지고, 허리에 이상이 생길 수도 있다. 이러한 내용은 이 책에서 계속 강조되었다. 283쪽에 소개한 스키 스쿼트와 같이 발가락으로 서서 동작을 하는 경우 발과 발목의 유연성과 안정성에 중점을 두었다. 계속 언급했던 골반, 무릎, 발목의 정렬 또한 발을 제대로 굴리는 데 도움이 될 것이다. 안쪽이나 바깥쪽으로 굴리면 안 된다.

- 보폭을 지나치게 넓게 만들지 말자. 보폭이 너무 넓으면 다리 아랫부분 관절에 부담이 갈 수도 있다.

- 처음 몇 분 동안은 차분하고 편안한 속도로 걷고 점점 속도를 높인다. 이때 숨이 차지 않고 대화를 나눌

수 있어야 한다. 그럴 수 있다면 속도를 중간 강도로 올린다. 중간 강도의 속도는 호흡에 영향을 미쳐 호흡이 힘들어지기 시작한다(그렇다고 이야기를 못할 정도로 힘든 것은 아니다). 이러한 속도를 30분 정도 유지하자. 그런 다음 속도를 서서히 줄여나가자. 심박수가 안정될 수 있도록 느려진 속도로 10분 정도 걷는다.

- 시간과 환경에 제약이 있다면 걷기 전과 후에 '필라테스 익스프레스' 운동을 몇 가지 해보자. 일어서서 하는 운동 프로그램 중 하나를 하는 것이 가장 좋지만, 시간이 없다면 일어서서 빠르게 몸풀기(248쪽), 일어선 자세에서 고양이(149쪽), 엇갈린 자세로 팔로 원 그리며 비틀기(196쪽), 스키 스쿼트(283쪽) 중 몇 가지 동작이라도 해보자.

이번에는 걸음 수를 늘리는 방법에 대해 몇 가지 조언하고자 한다.

- 도착 장소에서 조금 멀리 떨어진 곳에 주차한다.
- 대중교통을 이용하기보다는 걷는 것을 습관화한다.
- 엘리베이터보다는 계단을 이용한다.
- 에스컬레이터나 무빙워크가 있다면 가만히 서 있지 말고 걷는다.
- 점심 식사를 하기 전에 식당 근처를 몇 바퀴 돈다.
- 근무 중에 잠깐 시간을 내 몸을 움직이며 일을 처리한다.
- 휴대폰으로 통화를 할 때 주변을 걸어 다닌다.
- 동료에게 할 말이 있다면 전화나 이메일을 사용하기보다는 직접 찾아가 이야기한다.
- 친구와 함께 즐겁게 걷는다.
- 앉아서 게임을 하기보다는 몸을 움직이면서 논다.
- 자녀, 혹은 손주들과 함께 신체 활동 놀이를 한다.

마지막으로 영국의 최고 의료 책임자의 말을 전하며 마치도록 하겠다.

"좋은 소식은 작은 변화라도 시간이 흐르면 큰 차이를 만들 수 있다는 것이다. 약간도 좋고, 많아지면 더 좋다. 몸을 움직이면 기분이 좋아진다. 가능한 한 많은 사람이 자신의 건강을 지키고 더 건강한 삶으로의 여행을 떠나길 바란다."

감사의 글

책을 18권이나 썼으니 더는 할 이야기가 없을 거라고 생각하는 사람도 있을 것이다. 하지만 공부를 하다 보면 나누고 싶은 이야기가 계속해서 생겨난다. 이 책은 코로나19가 발생하기 훨씬 이전에 구상했지만, 코로나19 팬데믹 기간 동안 집필했다. 코로나19로 인해 삶의 우선순위가 바뀌었고, 그 결과 이 책의 내용도 변하게 되었다. 나는 필라테스가 면역과 호흡기 건강에 어떻게 도움이 되는지, 필라테스가 어떻게 스트레스를 줄일 수 있는지 연구했고, 그 결과 두 권 분량의 책을 쓰게 되었다.

이 책이 세상에 나올 수 있도록 도와준 마이클과 주디스에게 감사 인사를 전한다. 나의 원고를 멋진 책으로 만들어준 카일북스의 편집부, 이 책을 읽기 편하게 디자인해준 스튜디오 닉&루의 엠마, 멋지고 감각적인 사진을 찍어준 클레어에게도 고맙다는 말을 전하고 싶다.

화상회의 플랫폼 줌^{Zoom}을 통해 소중한 친구이자 동료인 사라와 함께 이 책의 운동 프로그램을 만들었다. 사라는 잘못된 정렬을 가려내는 뛰어난 능력을 가지고 있다. 그녀는 열 걸음 밖에서도 잘못된 관절을 찾아낼 수 있을 것이다! 사라가 없었다면 나는 아무 일도 하지 못했을 것이다. 정말 고맙다.

사진 촬영은 코로나19 방역 수칙을 철저히 준수하며 각기 다른 상황에서 이루어졌다. 용기를 내 자발적으로 참여해준 모델들에게도 감사 인사를 전한다. 여러분의 인내와 배려에 박수를 보낸다.

프레야 필드(freyafield@hotmail.co.uk)

툰드 올라예라(tundepilates.co.uk)

샨탈 필브로우(thankupilates.com)

존 애슈턴(www.ashtonpilates.com)

레미기우시 쿠바스(인스타그램: kubas_boxing_academy)

데릭 차우(www.restorebalancepilates.com)

대니얼 듀허스트(instagram.com/dan_does_pilates)

또한 필라테스 수강생들에게도 많은 도움을 받았다. 특히 새로운 동작들을 모두 테스트해준 린다에게 감사의 마음을 전한다.

'보디 컨트롤 필라테스'는 뛰어난 선생님들과 직원들이 없었다면 살아남지 못했을 것이다. 또한 코로나19 팬데믹 기간 동안 보디 컨트롤 필라테스의 커뮤니티에 속한 1,500명의 선생님, 수백 명의 학생, 수만 명의 수강생이 보내준 응원은 우리가 25년 전에 보디 컨트롤 필라테스를 설립했을 때는 상상조차 하지 못한 일이었다. 모두에게 감사하다.

마지막으로, 나는 필라테스를 너무나 사랑하는 사람이기 이전에 자랑스러운 엄마이자 더 자랑스러운 할머니다. 멋지고 사랑스러운 가족이 옆에 있어 너무 행복하다. 코로나19 팬데믹 기간 중에 태어난 손주 헨리는 벌써 매력이 흘러넘친다. 헨리의 웃는 모습을 보고 있으면 이 세상에 두려울 게 없다. 언제나 기쁨만을 전해주는 에이미와 이브에게도 사랑의 마음을 전한다.

가족, 친구, 동료, 선생님, 수강생, 그리고 이 책을 읽고 있는 독자들의 건강과 행복을 기원한다.

하루 10분 필라테스 수업의 기술
체력과 면역력을 키우는 에브리데이 필라테스 시퀀스

발행일 | 2024년 2월 8일
발행처 | 동글디자인
발행인 | 현호영
지은이 | 린 로빈슨
옮긴이 | 임윤경
편　집 | 김동화, 황현아
디자인 | 강지연
주　소 | 서울특별시 마포구 백범로 35, 서강대학교 곤자가홀 1층
팩　스 | 070.8224.4322

ISBN　979-11-91925-16-6

PILATES EXPRESS
Copyright © 2022 Lynne Robinson
Korean Translation Copyright © 2024 by Dongle Design

Korean edition is published by arrangement with
Marco Rodino Agency through Duran Kim Agency.

이 책의 한국어판 저작권은 듀란킴 에이전시를 통한 Marco Rodino Agency와 독점계약한 동글디자인에 있습니다. 저작권법에 의하여 한국 내에서 보호를 받는 저작물이므로 무단전재와 무단복제를 금합니다

*잘못 만든 책은 구입하신 서점에서 바꿔 드립니다.

좋은 아이디어와 제안이 있으시면 출판을 통해 가치를 나누시길 바랍니다.
투고 및 제안 : dongledesign@gmail.com